JN156732

The 1st step to distribution system

1からの
流通システム

崔 相鐵
岸本徹也　編著

発行所：碩学舎
発売元：中央経済社

序　文

❖ 小売業態の浮沈と経営者

　財界にはさほど関心のない人でも、日本を代表する流通グループであるセブン＆アイ・ホールディングスの会長として、マスコミにも頻繁に登場していた鈴木敏文という経営者の名前は覚えているのではないだろうか。日本の流通業界のカリスマ経営者としてその名を馳せた鈴木だったが、2016年4月に経営の第一線から身を引くと自ら発表した。セブン＆アイ・ホールディングスをイオンと共に日本の二大小売グループに導いた経営者として、その手腕と功績が高く評価されていたがために、突然の引退表明は世間を騒がせた。

　鈴木の退陣の理由は、高齢などいろいろな理由が取り沙汰された。その中でも、到来したEコマース時代への対応として、グループの中核企業であるセブン-イレブン・ジャパン（以下、セブン-イレブン）を中心にグループ内のすべての実店舗とオンライン店舗を融合する取り組みであるオムニチャネル戦略について、鈴木と他の経営陣との間に意見の対立があったことで突然の辞任に至ったのではないかという報道は、注目すべきである。ずっと「小売業は変化対応業である」と唱えていた鈴木としては、Eコマース時代の到来という環境変化に対して、新たなリーダーへのバトンタッチという形で戦略的対応を図ったのだと結果的には言えるかもしれない。

　広く知られているように、日本におけるコンビニエンスストア・ビジネスをゼロからスタートさせ、セブン-イレブンを1974年の創業から30年も経たないうちに売上高において日本最大の小売企業に育て上げたのが、鈴木である。2017年2月期に約4兆5,000億円の売上高を誇るセブン-イレブンの勢いはしばらく続きそうだが、コンビニの成熟期突入は避けられないというのが周知の事実であろう。今後は、楽天やアマゾン・ジャパンなど、飛ぶ鳥を落とす勢いの新興企業からの挑戦を受けることになるだろう。

　時計の針を、鈴木のセブン-イレブンが売上高で日本最大の小売企業になった2001年に戻そう。この年、セブン-イレブンに小売業界トップの地位を奪われたのが、今はイオンの軍門に下ったダイエーである。ダイエーは、亡き中内㓛が主に

❖ 序　文

薬を売る薬局から始めた企業である。米国のチェーン経営に心酔した中内は、さまざまな試行錯誤を経た末にダイエーを進化させた結果、生鮮食品までを取り扱う日本独特の総合スーパー企業として生まれ変わらせた。1972年に当時の花形小売業態であった百貨店の三越をしのぎ、ダイエーを売上高最大の小売企業に成長させたために、中内は長らく日本の流通業界を代表する経営者として評価された。ただし、ダイエーが売上高首位の座をセブン-イレブンに譲ったその年に中内は、経営不振の責任をとって経営の第一線から身を引くことになる。

高度成長期からバブル崩壊後の低成長期を経て、インターネットの時代を迎えることになった今、ネット通販という新たな小売業態が登場することになった。インターネット革命の嵐が吹き荒れる中で、セブン-イレブンを売上高トップ企業に育て上げた鈴木が引退することになったことは象徴的な出来事であった。強いて言えば、中内と鈴木といった偉大な小売経営者も、小売業態の新旧交代という歴史の波に飲み込まれる運命には逆らえなかったといえそうだ。

❖ 本書の位置づけと特徴

このような小売業態の主役交代あるいは流行り廃りの模様を理論的に分析するために、従来の流通論（または商業論）という学問分野は、多くの理論を用意している。現に世の中にはすでに小売研究者によって多くの小売関連のテキストが出版されている。それらのテキストに比べ後発であるものの、本書は、いくつかの点で差別的な特徴をもっている。

まず本書の第1の特徴として、日本の小売業態の歴史的展開過程を述べるため「小売ライフサイクル理論」に依拠するという点である。「小売の輪の理論」や「真空地帯理論」などが主に用いられている従来のテキストとは差別的だといえそうだ。度重なる流通革命期の荒波を乗り越えてきた日本のさまざまな小売業態が、売上高（と利益率）の側面で、導入期、成長期、成熟期を経て、やがて衰退期を迎える模様を説明するにおいて適していると判断し、小売ライフサイクル理論に依拠した。したがって本書では、日本のさまざまな小売業態を、百貨店からネット通販に至るまで時間軸で追っていく。

第2の特徴は、従来のテキストではさほど触れられてこなかった、小売経営者と小売業態との関係を重視したという点である。経営学の分野では、主に製造業の分析において国内外の有力メーカーを創り上げた創業経営者を取り上げ、その分析のために「リーダーシップ論」を用いてきたことがよく知られている。それに比べれ

ば、日本の流通論は小売業態の生成と発展に貢献した小売経営者の分析に、きわめて消極的である。おそらくその理由は、彼らが最初に構築したビジネスモデルとその後の小売業態が、基本的に米国からの移転の産物だという前提に立っているからであろう。本書では、各小売業態生成の最初の第一歩が、新たな時代を切り開く慧眼をもつ小売経営者の思いと意志によって踏み出されることを強調している。

本書の第3の特徴としては、特定の小売店舗（小売企業）のビジネスモデルが、その集合概念としての小売業態に昇華するための媒介要因として、「バリューネットワーク」概念を取り入れている点があげられる。バリューネットワークとは、サプライヤーや卸売企業・ベンダー、物流企業などと自社との協業を意味する「サプライチェーン」よりさらに広い概念である。製販におけるライバル企業や消費者をも含んだ、すべてのステークホルダーと自社とが共に顧客価値創造に励むネットワークを指す。強固なバリューネットワークが成立した時に初めて、小売業態が誕生することになる。優れた小売経営者というエリートだけに小売業態生成の多くを還元させず、彼とバリューネットワークのメンバーとで織り成される集団知性による産物が小売業態にほかならない、と考える。

本書の第4の特徴は、「日本流」小売業態論を示そうとしている点である。江戸時代から約300年の歴史をもつ呉服店発百貨店と、庶民の足である電鉄会社から生まれたターミナル型百貨店とで2分される日本の百貨店業態は、米国からさまざまな影響を受けているとしても、そのルーツはやはり日本である。同様に、他のほとんどの小売業態における理念的経営ノウハウとなっている「チェーン経営」が米国発祥であることは否定できないが、日本の消費者が日々通う総合スーパーやコンビニエンスストア、均一価格店などの小売店舗は、その実践的運営の仕組みにおいて米国のそれとはあまりにも異なる。製造業の場合も、経営管理や組織、戦略面での多くのノウハウが米国から日本に移転されてきたが、しかし終身雇用制、年功序列制、企業別組合などの面で米国とは全く異なる日本的経営論が持てはやされてきた。本書は、多くの小売業態が米国生まれ（Born in America）であることを認識しつつも、日本でその多くが創造的適応を通して生まれ変わった（Reborn in Japan）と認識している。

❖ 本書の構成と執筆経緯

本章の構成について簡略に述べよう。日本の小売業態全体を俯瞰する章としての第1章は、続く各章の筆者が意識的に共有した概念的枠組みについて述べており、

❖ 序　　文

伝統的流通論の知見を借りながらも、本書固有の分析視点を提示しようと試みた。本書の第2章から第15章までは、上述の小売ライフサイクル理論に従い、日本の小売業態をそのパイオニア企業を中心に時間軸で記述しているが、読者の理解を助けるために、3部構成とした。

第2～4章で構成される第1部では、ひとまず、小売業態とは言えないものの、古くから存在しながら、数々の小売業態を生み出す基盤である商店街について説明した後、「伝統的な日本の小売業態」として呉服系百貨店と電鉄系百貨店を取り上げる。第5～7章で成り立つ第2部では、「戦後の日本経済成長を支えた小売業態」として、総合スーパー、食品スーパー、そしてコンビニエンスストアについて述べる。第8～15章で構成される第3部では、今でも消費者のニーズに応えるべく進化しながら、「新たな価値創造に挑む新小売業態」について見ていく。

各章では共通して、革新的経営者が第一歩を踏み出した時の思いや意志がビジネスモデルに反映される模様を説明する。そして、その可能性を信じたさまざまな関連企業が集まることでバリューネットワークが出来上がり、その結果として消費者が共通認識する集合概念として小売業態が誕生する、という枠組みに沿って記述している。

本書の執筆経緯について付け加えたい。2016年秋に日本の小売業態を網羅的に語る本書を構想するにおいて、われわれ2人の編者は、各小売業態および事例企業においてすでに研究実績がある研究者、または当該業態の関連企業に勤務経験がある方を執筆候補者として選び、各位から承諾を得た。それから全筆者の参加による2回の研究会（2016年12月、2017年3月）を開催したが、そこでは日本の小売業態を語るにおいて、創業経営者を登場させてからビジネスモデルと小売業態を述べる、という新たな試みでの執筆に取りかかることに意見が一致し、非常に早いスピードで本書がまとめ上げられた。この場を借りて、度重なる修正・補完のリクエストと督促のメールに快く応えていただいた執筆者の皆さんに御礼を申し上げたい。

とりわけ第7章の執筆者でありながら、本書の企画から入稿に至るまで、いろいろな点でご助言やご協力を惜しまなかった流通科学大学・清水信年教授には、記して感謝する次第である。

最後に2点ほど付記したい。1つは、本書のタイトルである『1からの流通システム』についてである。米国から日本に移転された後は、独自の発展・進化の途をたどった小売業態を時間軸に沿って解説しているという点で、本書のタイトルを『1からの小売業』にする案も浮かび上がった。ただし、すでに発刊されている

序　文

『1からの流通論』と姉妹編の意味合いをもつこと、さらに小売業態の誕生にはライバル企業を含めたさまざまな関連企業に開かれたオープンシステムとして小売業態を把握することが望ましい、という点で「流通システム」というタームがふさわしいという意見が強かった。

　もう1つは、本書ではこの序文を含め、すべての章の記述において経営者の敬称は省略したことについてである。これは、もっぱら字数の制約のためであることをお許しいただきたい。この序文を書きながら、編者のわれわれは改めて、本書の主役であるそれぞれの偉大な創業経営者への尊敬の念がいっそう増していることを強く感じる次第である。

執筆者を代表して
崔　相鐵・岸本徹也

CONTENTS

序　文　i

第1章　日本における小売業態の生成と進化 ── 1

1　はじめに……………………………………………………… 2
2　流通論における小売業態………………………………………… 3
　小売業態とは何か・3
　小売業態が出来上がる前の商人の姿・3
　業態店の登場と小売業態の成立・4
3　日本における小売業態の流行り廃り…………………………… 6
　前近代的な商店街と高度成長期の2大小売業態・6
　栄枯盛衰を繰り返す小売業態・7
　小売業態のライフサイクル理論・8
4　革新的経営者とバリューネットワーク
　：日本型小売業態の生成…………………………………… 10
　米国で生まれた小売業態の日本移転・10
　小売経営者の意志とビジネスモデルの構築・11
　バリューネットワークの形成・13
　小売業態の誕生・14
5　おわりに……………………………………………………… 15

コラム1-1　行商と市・5
コラム1-2　先発者優位性とカルフールの日本撤退・16
考えてみよう／次に読んでほしい本・17

目次

第1部 伝統的な日本の小売業態

第2章 商業集積
──中小小売商の集まりとしての商店街の行方 …… 21

1 はじめに …… 22
2 昭和初期に店舗の集合体以上の商店街を目指した中村金治郎 …… 22
　台風被害からの復旧・23
　「1つの経営体」としての商店街・23
3 今日における商店街の組織活動 …… 26
　商店街とスタンプ事業・26
　いかにスタンプ事業を成功させたか・27
4 商店街における集団的対応とその限界 …… 28
　商店街における集団的対応のメリット・28
　商店街における集団的対応の限界・29
5 商業集積のマネジメント …… 30
　管理型商業集積（ショッピングセンター）の発展・30
　ショッピングセンターのビジネスモデル・32
6 おわりに …… 33
　コラム2-1　地域を支える商人としての「街商人（まちあきんど）」・25
　コラム2-2　中小小売商ならではの強み・31
　考えてみよう／次に読んでほしい本・34

第3章 呉服系百貨店
──日本の小売業態の始まりを告げた三越 …… 35

1 はじめに …… 36
2 呉服屋から百貨店に引き継がれる「革新」を生み出した三井高利 …… 36
　現代の小売業の基礎を築いた三井高利・36

　　　　小売業態の誕生・39
3　人々の欲望を満たし、さらに創造する百貨店…………………41
　　　　創業当時の百貨店の姿・41
　　　　ワンストップ・ショッピングによる欲望創出・42
4　百貨店のマネジメント・システムと課題………………………43
　　　　部門別管理制度・43
　　　　3つの仕入形態・44
　　　　派遣店員制度・45
5　百貨店のこれから…………………………………………………47
6　おわりに……………………………………………………………48
　　　　コラム3-1　外商・37
　　　　コラム3-2　商品取扱い技術・40
　　　　考えてみよう／次に読んでほしい本・49

第4章　電鉄系百貨店
　　　―日本初となるターミナル型百貨店を誕生させた阪急百貨店― 51

1　はじめに……………………………………………………………52
2　鉄道会社の経営者から百貨店事業を夢見た小林一三…………52
　　　　阪急百貨店とは・52
　　　　鉄道の開発・53
3　小売経営への方針転換……………………………………………54
　　　　商業施設開業への想い・54
　　　　商業への取り組みのスタート・56
　　　　阪急マーケットの開業・58
4　ターミナル型百貨店の誕生………………………………………60
　　　　立地の特性・60
　　　　呉服系百貨店との顧客層の違い・61
　　　　ターミナル型百貨店としての品揃え・61
　　　　他の百貨店への影響・63
5　おわりに……………………………………………………………64

❖ 目　次

　　コラム4-1　阪急電鉄と宝塚歌劇団・55
　　コラム4-2　駅ビルの歴史・65
　　考えてみよう／次に読んでほしい本・66

第2部　戦後の日本経済成長を支えた小売業態

第5章　総合スーパー
　　　　　―流通革命の扉を開けたダイエー ────── 69
1　はじめに…………………………………………………… 70
2　創業15年で日本一の小売企業をつくった中内㓛 ……… 70
　　戦地で見たすき焼きの夢・71
　　「主婦が喜ぶ店」の創業・71
　　チェーン経営の導入・72
　　売上高日本一・73
3　メーカーとの対立とプライベートブランド商品の開発 …… 76
　　大手メーカーとの対立・76
　　独自の商品調達ルート開拓・76
　　小売企業による商品開発・77
4　日本型総合スーパーの完成………………………………… 79
　　日本独自の品揃え・79
　　ショッピングセンター開発と品揃えの上質化・80
　　総合スーパーの苦悩・82
5　おわりに…………………………………………………… 82
　　コラム5-1　経済の高度成長・75
　　コラム5-2　総合生活産業化・81
　　考えてみよう／次に読んでほしい本・83

第6章　食品スーパー
　　　　　―仕組みを創り業界に普及させた関西スーパーマーケット ── 85

目　次

1　はじめに……………………………………………………… 86
2　食品スーパーづくりに夢を見つけた北野祐次……………… 86
　　北野の生い立ち・86
　　食品スーパーとの出会い・88
3　食品スーパーのビジネスモデルづくりと組織間関係……… 88
　　同業者との知識共有の組織間関係・89
　　設備・資材メーカーとの共同開発の組織間関係・91
　　仕入先との厚い信頼の組織間関係・93
4　関西スーパーのチェーン展開とさまざまな食品スーパー… 95
　　チェーン展開・95
　　さまざまな食品スーパー・97
5　おわりに……………………………………………………… 98
　　コラム6-1　関西スーパーのノウハウ公開に関する効果・94
　　コラム6-2　売場の科学・96
　　考えてみよう／次に読んでほしい本・98

第7章　コンビニエンスストア
　　　　　―日本独自のシステムを創ったセブン-イレブン・ジャパン ── 101

1　はじめに……………………………………………………… 102
2　米国での出会いに賭けた鈴木敏文…………………………… 103
　　新興チェーンに飛び込んだ門外漢・103
　　コンビニエンスストアとの出会い・104
3　日本型コンビニの仕組み構築………………………………… 106
　　コンビニを1からつくる覚悟・106
　　日本型コンビニの特徴・108
　　魅力的な商品が並ぶ仕組み・108
4　革新が生まれ続ける日本型コンビニ………………………… 111
　　「変化対応」と「仮説検証」の重要性・111
　　独自の魅力創出に挑戦する競合コンビニ・112
5　おわりに……………………………………………………… 113

❖ 目　　次

　　　コラム7-1　本家の経営危機を救ったセブン－イレブン・ジャパン・110
　　　コラム7-2　地域コミュニティの中心になるコンビニ・113
　　　考えてみよう／次に読んでほしい本・114

第3部　新たな価値創造に挑む日本の小売業態

第8章　均一価格店 ……………………………………………117
　　　―自己否定で成長を遂げた大創産業

1　はじめに……………………………………………………………118
2　進化を続けるために自己否定を積み重ねる矢野博丈………119
　　100円均一のスタート・119
　　転機の訪れ・120
　　常設店の出店と急成長・120
3　均一価格店のビジネスモデル……………………………………122
　　大量販売を実現するための品揃えと大量出店・122
　　大量仕入と仕入価格の抑制・124
　　ローコスト運営・126
4　市場の拡大とビジネスモデルの深化……………………………126
　　環境の変化と自己否定の改革の推進・126
　　品揃えの改革・127
　　店舗運営の改革・128
　　ファッション性の追求・128
　　物流改革・129
5　おわりに……………………………………………………………130
　　コラム8-1　江戸時代から存在した均一価格店・121
　　コラム8-2　バイイングパワーと法規制・125
　　考えてみよう／次に読んでほしい本・130

第9章　ドラッグストア
　　　　　—薬局のイメージを変えたマツモトキヨシ　　　　133

1　はじめに……………………………………………………… 134
2　マツモトキヨシの基礎を築き上げた松本清……………… 134
　マツモトキヨシの創業期・134
　都市型店舗への転換・135
　テレビCMを用いた知名度の向上・137
3　業態コンセプトの明確化…………………………………… 138
　PB商品の開発・販売・139
　健康と美容に特化した新たな成長戦略・141
4　品揃えと収益力の工夫から生まれた業態の革新性……… 142
　業界全体における品揃えおよび収益力の特徴・142
　競合他社との戦略の違い・144
5　おわりに……………………………………………………… 146
　コラム9-1　改正薬事法・139
　コラム9-2　粗利ミックス・145
　考えてみよう／次に読んでほしい本・146

第10章　総合ディスカウントストア
　　　　　—独自のビジネスモデルを生み出したドン・キホーテ　　149

1　はじめに……………………………………………………… 150
2　独自のビジネスモデルを創り上げた安田隆夫…………… 151
　ドン・キホーテのビジネスモデル・151
　「泥棒市場」の経営から生まれたビジネスモデル・153
3　店舗運営方法の模索………………………………………… 155
　業界の常識にとらわれない発想・155
　圧縮陳列と権限委譲・157
4　権限委譲の店舗運営方法の確立…………………………… 158
　権限委譲・158
　人事制度・159

◆ 目　次

　　5　おわりに……………………………………………………………… 160
　　　　コラム10-1　総合DS業界・152
　　　　コラム10-2　「仕入れの掟『5つのセオリー』」と「優秀仕入れ担当者の鉄則10ヵ条」・156
　　　　考えてみよう／次に読んでほしい本・161

第11章　家電量販店
　　　　──家電から住宅へと品揃えを拡大するヤマダ電機　　163

　　1　はじめに……………………………………………………………… 164
　　2　**松下電器(現・パナソニック)の系列店から独立した山田昇** 164
　　　　困難を極めたヤマダ電化センター・164
　　　　多店舗展開に立ちふさがるライバル・165
　　3　**ヤマダ電機の物流戦略・資金調達戦略**………………………… 166
　　　　メーカーに頼らない物流網の構築・166
　　　　銀行に冷たくあしらわれ、資金調達の多様化へ・168
　　4　**ヤマダ電機の出店戦略**…………………………………………… 168
　　　　新しい形の家電量販店業界の競争──ライバル店の真横に出店・168
　　　　ヤマダ電機に吹いた追い風・170
　　5　**家電量販店から住宅・家丸ごとの提案へ**……………………… 172
　　　　家電から日用品へ・172
　　　　リフォームから家丸ごとへ・174
　　6　おわりに……………………………………………………………… 174
　　　　コラム11-1　北関東価格・167
　　　　コラム11-2　間接金融と直接金融・169
　　　　考えてみよう／次に読んでほしい本・174

第12章　紳士服量販店
　　　　──市場の流れを読み解いて売れる仕組みを創った洋服の青山　177

　　1　はじめに……………………………………………………………… 178
　　2　**仲間との試行錯誤から成長のチャンスをつかんだ青山五郎** 178
　　　　起業に至るまで・178

ボランタリー・チェーンの設立・179
3 **紳士服量販店業態の創造と普及**……………………………… 180
　紳士服量販店の仕組み考案のきっかけ・180
　紳士服量販店の普及と競合との対峙・182
4 **紳士服量販店業態を支える仕組み**……………………………… 185
　紳士服量販店業態を支える4つの仕組み・186
　紳士服量販店の強みを生み出す仕組みの連動・188
5 **おわりに**………………………………………………………… 189
　コラム12-1　ボランタリー・チェーン・181
　コラム12-2　カテゴリーキラー・183
　考えてみよう／次に読んでほしい本・190

第13章　家具専門店
　―ロマンとビジョンで家具業界を動かすニトリ ─── 191

1 **はじめに**………………………………………………………… 192
2 **家具業界に旋風を巻き起こした似鳥昭雄**……………………… 192
　家具専門店のパイオニア・192
　苦難の創業期・193
　師匠との出会いと企業文化の確立・194
　ホームファニシング・ニトリの実現・196
3 **国際商品調達ネットワーク**……………………………………… 198
　海外仕入先の開拓・198
　自前でビジネスを作り上げる・199
4 **垂直統合型ビジネスモデル**……………………………………… 201
　少しでも安く売りたい・201
　「製造小売業」から「製造物流小売業」へ・201
5 **おわりに**………………………………………………………… 204
　コラム13-1　家具製品の寿命の長さと品揃えの再編成・197
　コラム13-2　日本の家具専門店における競争・203
　考えてみよう／次に読んでほしい本・204

❖ 目　　次

第14章　衣料専門店
─日本から世界トップに挑戦するファーストリテイリング ── 207

1　はじめに………………………………………………………………… 208
2　1代で世界第3位の衣料専門店を創り上げた柳井正……… 208
　　ユニクロの誕生・208
　　ユニクロの急成長・211
　　失敗の歴史・212
3　ユニクロのSPAの仕組み……………………………………………… 213
　　SPAとは・213
　　ユニクロSPAの主な機能・役割・213
4　SPAの類型……………………………………………………………… 216
　　SPAの類型・216
　　メーカー型SPAのインディテックス（ザラ）・217
　　アパレル型SPAのワールド・217
　　小売型SPAのユニクロ・218
　　それぞれの事業がSPAに行き着く・218
5　在庫ロスと販売機会ロス…………………………………………… 219
　　ファッション商品の2つのロス・219
　　ロスに対する考え方・220
　　戦略的パートナーシップで商品開発の精度アップとロスの極小化を・221
6　おわりに………………………………………………………………… 221
　　コラム14-1　世界のCEOベスト100・211
　　コラム14-2　しまむらとの比較・219
　　考えてみよう／次に読んでほしい本・222

第15章　オンラインモール
─人間味あふれるネット通販の場を提供する楽天 ── 223

1　はじめに………………………………………………………………… 224
2　インターネットの力と将来性を信じた三木谷浩史………… 224
　　創業までの経緯・224

　　　　当時のネット通販の状況・225
　　　　オンラインモールで三木谷が目指したもの・226
　3　**楽天市場の基本的な仕組み**……………………………………… 227
　　　　初期のビジネスモデル：定額・低額の出店料・227
　　　　店舗運営システム「RMS」・228
　　　　ビジネスモデルの転換：従量課金制への移行・228
　4　**利用者の保護と出店者の支援**………………………………… 232
　　　　安心してネット通販を利用できる環境の整備・232
　　　　出店者の商売を指導・支援する取組み・232
　　　　出店者の成功事例：㈱ヤッホーブルーイング・233
　5　**おわりに**……………………………………………………………… 234
　　　　コラム15-1　電子商取引（EC）：B to B、B to C、C to C・231
　　　　コラム15-2　LTV（顧客生涯価値）とオムニチャネル・235
　　　　考えてみよう／次に読んでほしい本・236

参考文献……………………………………………………………………… 237
索　　引……………………………………………………………………… 241

第 1 章

日本における小売業態の生成と進化

1　はじめに
2　流通論における小売業態
3　日本における小売業態の流行り廃り
4　革新的経営者とバリューネットワーク：日本型小売業態の生成
5　おわりに

❖ 第1章　日本における小売業態の生成と進化

1　はじめに

　アジア人観光客が、お土産を選ぶためにドラッグストアや家電量販店、均一価格店などの店舗に群がり、時には長蛇の列ができている光景をよく目にする。6万店時代を迎えて日本中の至るところで営業しているコンビニエンスストア（以下、コンビニ）でも、彼らがレジ前に立っている姿をよく見かける。買い物を終え、両手に袋を抱えたアジア人観光客が満面の笑みを浮かべている様子から、これらの店が彼らにとって大人気のスポットであることがわかる。

　彼らがこれほど惜しみなくお金を使う理由は、その国の所得水準の向上、円安の持続、日本政府による免税対象拡大政策、さらには異国の旅先で気が大きくなっているという心理的要因もあるだろうが、やはり彼らを引き寄せる小売店舗が持つ魅力、たとえば豊富な品揃えやリーズナブルな価格、綺麗でよく整った店内や親切な店員によるサービスなどが素晴らしいからだろう。

　発展著しいアジアの国々にも、日本と同様にさまざまな近代的小売店舗がすでに存在している。その多くは、元をたどれば先進国、とくに米国からさまざまな経営ノウハウが移転された店舗である。ただし、日本の小売店舗の場合は、同様に米国からこれまで多くを学んできたものの、世界で最も目が肥えていると言われる日本の消費者に対して、アジアの他の国々とは相当異なる形で適応かつ進化したのである。アジア人観光客は、自国の店舗で買い物をする時には経験できない価値を日本の小売店舗が提供してくれる、と思っているのではないだろうか。

　本章では、皆さんに強調したいポイントとして、第1に、アジアの国々とは異なる形で営業しているさまざまな日本の小売店舗が、革新的小売経営者の意志によって優れた「ビジネスモデル」を備えながら創り上げられる経緯を説明する。第2に、そのビジネスモデルの可能性に惹かれた二番手が追随することによって、小売店舗の集合体、すなわち「小売業態」が出来上がる模様について述べる。

　ただし、その前に、皆さんの理解を助けるために、ひとまず小売業態という概念はどのような理屈で捉えるべきなのか、それから小売業態は日本においてどのような発展過程を歩んできたのかについて解説することにしたい。

2 流通論における小売業態

❖ 小売業態とは何か

　アジア人観光客がよく訪れる小売店舗は、ドラッグストア、家電量販店、均一価格店、コンビニなどのカテゴリーに属するが、皆さんも買い物でこれらの小売店舗にはよく立ち寄るに違いない。それほど頻度は高くないかもしれないが、百貨店、食品スーパー（スーパーマーケット）などのカテゴリーの店舗も時々利用するだろう。

　ところで、これらの小売店舗が、（セルフか対面販売かという）販売方法、開店時間や店舗の大きさ、立地などの点で異なる営業形態をとっていることに、皆さんは気づいているだろう。このように、すでに多くの人が商品の売り方や経営方法が互いに似ているとイメージできる小売店舗の集まりのことを、流通論（または商業論）という学問分野では一般に「小売業態」と呼ぶ。百貨店、総合スーパー、コンビニ、ドラッグストアは、それぞれが明らかに営業形態の異なる小売店舗の集まりなので、別々の小売業態に分類される。ちなみに、皆さんがタブレットやスマートフォンを通していつでもどこでもアクセスできる「オンラインモール」も、実際に訪れる店舗とはだいぶ異なるものの、小売業態の一種である。

　一般に、各国の小売業態はその種類や出現の時期には、経済発展の程度により違いが出てくる。アジアの国々では未だコンビニやドラッグストアが存在しない国もあるが、日本のように欧米諸国以上にさまざまな小売業態が揃っている国もある。百貨店や総合スーパーは、日本ではだいぶ前から売上高が減少しているが、アジアの発展途上国では今も消費者に支持され発展著しい小売業態である。国によって、小売業態はその発展の様相が異なることがうかがえる。

❖ 小売業態が出来上がる前の商人の姿

　現在の日本のように多様な小売業態が存在する以前、人々はどこで買い物をしたのだろうか。大昔の自給自足時代は、交換という行為そのものが行われなかったた

❖ 第1章　日本における小売業態の生成と進化

め生産者と消費者をつなぐ商人は要らなかった。しかし、分業化社会に入ると少量の商品を担いで売り回る行商が登場する。彼らは、次第に市(いち)と呼ばれる場に集まって客が来るのを待つようになり、文明の発展に従い不定期市から定期市へと居場所を変えて、最終的には常設市で自ら店を構える小売商となった（コラム1-1を参照）。買う側からすれば、いつ来るかわからない行商を待つ不便な時代から、今や好きな商品を近くの小売店舗で買うことができるようになったわけである。

　ところで、常設市の小売商は萬屋(よろずや)と呼ばれ、いわゆる何でも屋さんだった。規模が小さく商品の種類も限られるが、近場で店を構え必要な商品は一応揃えているので便利であった。今風に言えば、狭い商圏で日常生活に必要な商品を揃えるコンビニのようなものである。ただし、商品の販売状況を単品ごとに集計する「POS（point of sales）システム」を備えたコンビニとはほど遠く、萬屋はただ商人の経験と勘にもとづき商品が並んでいるだけの前近代的な水準に留まっていた。皆さんがまだ経済発展が遅れているアジアの途上国に旅すれば、おそらく今でも萬屋のような店をよく見かけるだろう。

　常設市の時代には、小売商全体が扱う商品の種類や数量も急増した。新たな時代が到来すれば、人々のニーズが旺盛かつ多様になるのは当然のことである。にもかかわらず、旧来の商売をする萬屋的商人は多岐にわたって流通する商品の知識についていけず、さらに店の設備を拡充する経済的余裕もなかった。そこから抜け出すために彼らの中から、取り扱う商品を限定して仕入れや販売を行う者が現れる。そうした、米屋や魚屋のように特定分野の商品のみを専門的に扱う店のことを、一般に「業種店」と呼ぶ。

❖ 業態店の登場と小売業態の成立

　ただし、業種店だけでは消費者にとっては「関連購買」という点で不便になる。たとえば、魚だけを扱っている業種店である鮮魚店を考えてみよう。夕食は鍋料理にしようと考えたお母さんは、まず鮮魚店を訪れる。店主は、鮮度のよい魚を上手に三枚おろしにさばいてくれる。しかし、鍋料理には野菜も必要なので、お母さんはそこから離れた八百屋にも足を運ぶことになる。さらには乾物屋も豆腐屋も探さないといけない。

　こうしてお母さんは、鍋料理のために複数の業種店を歩き回るという苦労を強いられる。しかし、もし近所に多くの生鮮食品や関連商品を揃える店が一軒あれば、

第 1 章　日本における小売業態の生成と進化

コラム 1 − 1

行商と市

　大昔の自給自足時代を想像してみよう。自ら生産し自ら消費する、さらには家族や近場の親族間でモノがやりとりされる時代だったのだから、当然ながら（モノを作る）生産者と（モノを消費する）消費者を繋ぐ商人は要らなかった。やがて、分業化社会の時代に入ると生産者と消費者を結ぶ商いを営むことで収入を得ようとする者が登場する。彼らは、生産活動を行いながら商いもしていたという意味で専業商人とはいえないものの、ひとまず商人の登場とみなせる。

　その時代の商人は、限られた種類の商品を自ら担いで歩き回る「行商」だったと思われる。間もなく行商は、移動するのではなく特定の場所に陣取れば取り扱える商品の数や種類が飛躍的に増えることのメリットに気づく。消費者から見れば、他の商品と比較しながら購買ができたり、関連した商品の購買もできるという点で非常に便利であるため、それに惹かれ大勢が集まるからである。このように、バラバラだった行商が一層の販売機会を追い求め集まる場所こそが「市（または市場）」に他ならない。ちなみに現在、日本の至るところにある商店街の起源は、こうした市が開かれていたことが習慣化しさまざまな店がそこに定住したのだ、という説もある。

　こうして自然発生的に出来た市だが、当初はいつ開かれるかわからない「不定期市」であった。しかし、販売機会の安定や拡大を求める行商と、さらなる買い物の便利さを求める消費者の、双方の必要性によって徐々に「定期市」となっていく。そして間もなく定期市は、行商と消費者がいつでも売買できる「常設市」に姿を変える。奈良時代や平安時代には、大都市だった都に現れた常設市で行商は自ら店を構え、商いを専門的に行う「小売商」として生まれ変わることになる。

　当初の市は割と狭い地域で形成されたために、そこへ集まる商人のほとんどは小売商である。その後、生産力が拡大し輸送手段や保存技術も発達することによって商圏が広域化していき、商人が取り扱う商品の種類と分量も多くなる。そうして、生産者と小売商の間にさらに商人が介入し効率的な売買を実現するために現れたのが「卸売商」である。

（原田英生・向山雅夫・渡辺達朗『ベーシック流通と商業・新版』有斐閣、2010年）

話は違ってくる。お母さんはその店で必要な鍋料理の材料をすべて選び、レジに持って行けば済む。その店は、お母さんのような顧客に対して鮮度のよい魚と野菜、

そして醤油や豆腐も揃えるというワンストップ・ショッピングの便利さを提供するばかりか、清潔な売場に高価な冷蔵・冷凍機器を備えるという、他の業種店とはひと味違うサービスを提供してくれるのである。

衣服や靴、アクセサリーでも同じである。それぞれの業種店を回るのではなく、ファッションに敏感な若い女性客のためにおしゃれな衣服や靴、流行のアクセサリーまで揃えてトータル・コーディネーションを提案する店のほうが人気が出そうだ。

このように商品そのものだけでなく販売方法や関連サービスなどの営業形態によって消費者ニーズに応えようとする店は「業態店」と呼ばれる。業態店は従来の業種店に比べ消費者の支持を得やすくなるから、先見の明がある者が業種店から業態店に衣替えする。そうした業態店（また、そのような店を運営する企業）の集まりが消費者に広く受け入れられると、それぞれ「食品スーパー」や「セレクトショップ」のような「小売業態」になる。経済が発展すると、業種店よりも消費者ニーズに応えようとする業態店、そしてその集まりとしての小売業態が興隆することとなる。

3 日本における小売業態の流行り廃り

❖ 前近代的な商店街と高度成長期の２大小売業態

日本における小売業態の始まりを探ろうとすれば、１世紀以上前の三越呉服店による「デパートメントストア宣言」までさかのぼる。百貨店は、当初は日用品を主に扱っていたのが次第に高級ブランド商品中心になり、比較購買と関連購買ができるワンストップ・ショッピングの買い物スポットとしての小売業態になったわけである。

小売業態はまさに、消費が旺盛になった近代化の賜物と言えそうだ。ただし、百貨店は主に都心部で営業するため、一般の消費者からすればなかなか近づき難いところであった。その代わりによく利用されたのが、全国津々浦々に立地している商店街であった。商店街は、先述した定期市が常設市に変わる過程の産物である。人々とモノが集まる所に自然に店が発生し、そのうち店の数が増えて一定の規模に

なったのである。

商店街は、一見すればワンストップ・ショッピングで関連購買も比較購買も充分可能であるものの、小売業態とは呼べない。最初の小売業態である百貨店のように、特定の主体によって周到に企画され一度に作り上げられたものではなく、さらに組織的な運営も行われないからである。実際に、商店街には同じ商品を提供する店（とりわけ業種店）が複数あることも多く、また周辺住民の年齢構成や所得階層など消費者の特性や好みに合った店の集まりになっているとは限らない。さらに、店によって営業日や営業時間などもバラバラになっていることも多々ある。こうした意味で、百貨店に比べれば前近代的な店の集まりとして認識されてしまう。それでも商店街は、百貨店以外に買い物の場所がなかった時代には繁盛するところも多くあったが、徐々に消費者の支持を失い衰退していく。ちなみに商店街は、現在の消費者が流行りの小売業態としてよく利用する、計画的に設置・運営されている「ショッピングセンター」と比較してもやはり異なる。

百貨店はどこも、高度経済成長の時代にはその波に乗って業績を伸ばしていた時期があったが、そこに強力なライバル小売業態が現れた。1950年代後半の、ダイエーを筆頭とした総合スーパーという小売業態の登場である。立地が主に都心部に限られる百貨店は、急速な店舗網の拡大ができなかったために、安い値段と良質な商品の豊富な品揃えを武器に全国へ大量出店攻勢をかけた総合スーパーに、徐々に客を奪われていった。

❖ 栄枯盛衰を繰り返す小売業態

百貨店と総合スーパーは日本の小売業界をリードしてきた２大小売業態であったが、1990年代に入ってからは、ともに売上高が減少する苦しい状況に置かれている。いったん消費者に受け入れられた小売業態でも、その支持がずっと続くのは難しいことがわかる。日本の小売業界は厳しい戦場なのである。小売業態の盛衰の模様を、1970年代に時計の針を戻して眺めてみよう。

1970年代は、日本の小売業態の「雄」が変わった時代である。その象徴的な出来事が、長らく小売企業の売上高ランキング首位だった三越が、1972年にその座をダイエーに明け渡したことである。２大小売業態の競争で、総合スーパーが相対的に優位に立ったことを意味する。ちなみに1970年代は、経済面で豊かになった多くの日本人が、多様な消費者ニーズを持つようになった時期でもある。それに対

❖ 第1章　日本における小売業態の生成と進化

応するため、有名ブランドを扱う専門店が地方都市にも出店したり、大きなショッピングセンターが建てられたりして、さまざまなタイプの小売業態が登場し始めた。現在の小売業界で主役となったコンビニが誕生したのも、この時期である。ただし、そのコンビニも今後ずっと繁盛するとは限らない。コンビニ店舗が増えすぎて新たな出店場所がなくなったり、深夜営業する食品スーパーが現れたり、さらに全く時間と場所に縛られず利用できるネットショップが勢いを増しているからである。売上減少が止まらない百貨店と総合スーパーの店舗閉鎖と経営統合の事例が後を絶たなくなった昨今の事態は、コンビニにとって反面教師になるはずである。

　一方、近年になり勢いを増している小売業態と言えば、やはり特定の商品分野を幅広く取り揃えて低価格で多店舗展開を推し進めてきた、専門店のカテゴリーである。ドラッグストア業態のマツモトキヨシや家電量販店業態のヤマダ電機、ファストファッション業態のユニクロを展開するファーストリテイリングや家具専門店業態のニトリなどが、苦戦している百貨店や総合スーパーの特定の商品分野に狙いを定めて、低価格で高品質な商品を武器に、いずれも好業績を誇っている。最近は無店舗販売業態、とりわけEコマース革命の申し子としてオンラインモールを展開する楽天などが急激に業容を広げている。

❖ 小売業態のライフサイクル理論

　これまで見てきたように、日本の小売業界の歴史は、新たな小売業態が古い業態に代わり、消費者の支持を得ることが繰り返し演じられてきた歴史であることがわかる。なぜ一時期には繁盛した業態が時間の経過と共に勢いを失ってしまうのか。実は、流通論（または商業論）では、その疑問について「小売ライフサイクル理論」をもって説明を試みている。

　小売ライフサイクル理論のもととなるのは、マーケティング戦略論でよく取り上げられる「製品ライフサイクル（Product Life Cycle）理論」である。そこでは、新製品の市場導入から退場までを、「導入期」「成長期」「成熟期」「衰退期」の4段階に分けて、その商品の売上高と利益率の浮沈の模様を説明している。

　小売ライフサイクル理論も、基本的に同じ考えに基づく。図表1－1は、横軸に時間の経過を、縦軸は市場占有率と収益性の多寡を示している。さまざまな日本の小売業態がそれぞれ、売上高が少ない「導入期」、売上が増える「成長期」、売上高の増加が止まる「成熟期」、そして売上高が減少する「衰退期」までのライフサイ

クル段階に入っている模様を示している。導入期には、売上高は伸びるが、いろいろな費用がかかり、利益は少ない。成長期では、新業態が消費者に受け入れられ、売上高と利益が急速に伸びる。成熟期では、需要が横ばいになり、かつ競争が激化するために利益は減少傾向になる。衰退期では、売上高が急速に減少し、利益は見込めなくなる。

　現在の日本の小売業態をライフサイクル理論に沿って分析すると、百貨店と総合スーパーが衰退期に、食品スーパーは成熟期に入っているといえる。一方で、コンビニは成長期を過ぎ、そろそろ成熟期に差し掛かっており、専門店チェーンはこれから本格的な成長期に突入している。他方で、発展著しいネット通販は導入期から成長期の段階に入ろうとしている。

　小売ライフサイクル理論を通して、商品の品揃えや価格、品質、店の雰囲気など、消費者の支持を得るための革新的な仕組みをもった小売業態が一世を風靡しても、そのままいつまでも主役の地位を保つことは至難の業であることがうかがえる。

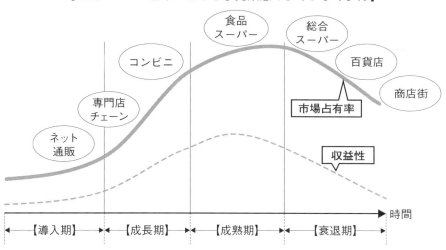

【図表１−１　日本における小売業態のライフサイクル】

注：横軸の右端に位置づけられ、いち早く衰退期に入っていることになっている商店街は、小売業態とはいえないものの、日本の小売業界で長らく重要な地位を占めてきたために、ここでは示した。

出所：筆者作成

4　革新的経営者とバリューネットワーク：日本型小売業態の生成

❖ 米国で生まれた小売業態の日本移転

　戦後、ゼロから再出発した日本経済は、世界中が驚くスピードで先進国の仲間入りを果たした。それが可能であった理由として、製造業をはじめさまざまな産業分野で米国からの経営ノウハウ（と技術）が模倣や学習を通して日本に移転されたことがよくあげられる。

　日本の小売業も、その例外ではなかったといえそうだ。米国から日本の小売業に模倣・学習を通して移転された経営ノウハウとして最も重要なものは、「チェーン経営（chain store management）」であろう。チェーンストア（chain store）が「連鎖店」と訳されることから推測できるように、チェーン経営とはある企業が本店（または本部）を軸に、支店（チェーン店）を多数展開する多店舗経営手法を指す。本部は各店舗の経営を集中的に管理する。何よりも本部は一括して大量の商品仕入れを行う。そのために、本部は仕入れ先に対して価格などについて交渉力を発揮できる。当然ながら低価格の商品が各店舗に陳列される。基本的に各店舗は、安くなった商品の販売に専念すればよい。低価格販売で評判が上がれば、新たな出店が可能になり、本部はさらに強気で仕入れ先と交渉できる。その結果、大量仕入と大量販売の好循環が続く。

　こうしてチェーン経営は、経営近代化の波に乗ろうとする日本の小売業においては避けて通れない基本思想のように広く移転された。これまで述べてきたさまざまな日本の小売業態、とりわけ総合スーパーや食品スーパー、コンビニなどに強い影響を及ぼしたのは言うまでもない。

　ところで、チェーン経営という枠組みは日本に移転できても、米国の小売業態そのものが日本に持ち込まれたとは必ずしも言えない点が多々ある。日米のそれぞれの小売業態に属する店舗内で販売される商品をみれば、その違いは明らかである。

　まず、米国ではGMS（General Merchandise Store）と呼ばれていた小売業態は、米国での実績と有望性のために日本に移転され、総合スーパーとなった。日本の総合スーパーでは食料品と非食料品を一緒に扱ったが、米国のGMSは、もと

もと食料品は扱わなかった。次に、ドラッグストアも米国からやってきたと言われるが、日本の店舗では今や医薬品より化粧品の品揃えのほうが多いほどである。本家の米国では大半が調剤薬であることを勘案すれば、その違いは明らかである。他でも、コンビニ、均一価格店、ディスカウントストア、ショッピングセンターなどの小売業態も米国が本家だとされるが、やはり日本の品揃えとは相当異なる。

　米国生まれの小売業態が、チェーン経営という経営ノウハウと共に日本に移転されたことは間違いない。ただし、日米の小売業態が実際の店舗で販売される商品レベルで現在のように相異なることもまた事実である。なぜ日米間でこの違いが生じたのだろうか。

❖ 小売経営者の意志とビジネスモデルの構築

　日米の小売業態における品揃えが明らかに異なるのは、ずばり「ビジネスモデル」が日米間で異なるからである。ビジネスモデルとは、大まかに言えば企業が顧客に商品やサービスを提供することで利益が得られる事業の仕組みを指すが、それは主に「経営者」の戦略的意思決定によって決まる。

　ここで、総合スーパー業態のパイオニア企業であるダイエーを創業した中内㓛を登場させよう。繰り返すが、ビジネスモデルの多くは経営者の戦略的意思決定に従う。当然ながら彼の意思決定にはその経験と意志が影響を及ぼす。そのために、後に総合スーパーという小売業態の生成にむけて歴史的第一歩を踏み出したダイエーの経営には、中内の稀有な経歴と並々ならぬ意志が色濃く反映されている。波乱に満ちた中内の履歴について、簡単に触れたい。

　太平洋戦争が中盤を迎えた1943年1月に20歳の中内は出征する。戦地で文字通り九死に一生を得、やっと1945年11月に捕虜収容所から解放され故郷の神戸に戻ることができた中内は、勝算も名分もない戦争を起こした国家権力に対して激しく怒っていた。後に中内が舵を取るダイエーのビジネスモデルの相当な部分が、この原体験から説明できる。数多くある中内の伝記や自叙伝から、その点を確認しよう。

　まず、中内が最後の戦場となったフィリピンでのゲリラ活動中に米軍に対して抱いた気持ちは、敵対心よりは、米国の豊かさへのあこがれが強かったそうだ。当時の日本兵は「ガソリンの一滴は血の一滴」と教え込まれていたが、中内らが夜に食糧調達のため敵陣に切り込むと、米軍はガソリン発動機でアイスクリームを作って

❖ 第 1 章　日本における小売業態の生成と進化

いたという。この国とは戦っても勝てないと彼は悟った。中内の米国への思いは、1962年に全米スーパーマーケット協会の大会に訪米団の団長として初訪米した際に、当時のジョン・F・ケネディ大統領が発した「米国とソ連の違いはスーパーマーケットがあるか否かにある」というメッセージを聞いた時に確信に変わった。中内の進むべき道は決まった。米国の食品スーパーが取り組んでいたチェーン経営を通した豊かな社会への貢献であった。

　次に、軍国主義時代の絶対権力者に対する中内の強烈な反抗心は、日本の流通経路における新たな権力者として浮上した大手メーカーとの戦いで遺憾なく発揮される。ダイエーの草創期、メーカー側が決めた定価より2割前後安く販売するダイエーに対して、大手メーカーは出荷禁止という対応措置をとった。中内にとってずっと心に残っていた戦時の国家権力への反抗心は、間もなく流通経路を支配しようとする大手メーカーに向かい、やがて戦うべき対象となっていく。家電最大手メーカーである松下電器（現・パナソニック）、日用雑貨の花王、化粧品の資生堂などからの出荷禁止措置とこれへの訴訟合戦が、ダイエーの歴史の中で重要な比重を占める理由がここにある。

　さらに、中内が大手メーカーとの戦いで勝利することを流通革命と定義し、消費者と小売企業、そして中小メーカーとで構成される革命同盟軍の結成を急いだ点も注目すべきである。中内は自分が主導する流通革命を妨害する大手メーカーだけでなく、大人しく地域で安住していた同業者に対しても怒りをあらわにする。それが結果的に消耗戦のような出店競争、さらに同業者の買収合併という形で現れた。また、中堅・中小メーカーを傘下に収め、大手メーカーの商品に対抗できるプライベートブランド（PB: Private Brand）の開発にも積極的に取り組んでいく。

　以上から、戦地で中内が抱いた米国への思いは、米国からチェーン経営を積極的に受け入れる契機になったと推測できる。そして中内の怒りが大手メーカーへ立ち向かう一方で、長きにわたりダイエーにとって重荷となるPB戦略への特別なこだわりと繋がっていることも理解できる。こうして中内の原体験が、ダイエーがまだ全国的な規模の大手企業になる前の段階で、同社のビジネスモデルを構築するきっかけになったと類推することができるだろう。

　中内以外でも、日本でそれぞれの小売業態を代表する企業を創り上げた多くの革新的経営者は、多かれ少なかれ、言葉で表せないほど大変な経験の持ち主である。そのような経験が脳裏に焼き付き、まもなく企業経営への強い意志として姿を変え、ビジネスモデルの構築に影響を与えることになる。

❖ バリューネットワークの形成

「バリューネットワーク」は、ハーバード大学のクレイトン・クリステンセン教授が名著『イノベーションのジレンマ』で示した概念である。彼によると、企業は他社であるサプライヤーや卸・小売企業、物流企業などからなるバリューネットワークという生態系環境のなかで協力することで、顧客のニーズを満たせる価値（バリュー）を提供でき、利益を得ることができる。さらに吟味すれば、競合企業や社内外の関連組織も、このネットワークの一員になる。

このバリューネットワークの概念は、小売業態にも当てはめることができる。セブン-イレブンのビジネスモデルから始まったコンビニ業態の形成を、バリューネットワークとの関連で説明すればわかりやすい。

セブン-イレブンを日本で実質的に創り上げたのが、2016年に引退したセブン＆アイ・ホールディングスの前会長である鈴木敏文（すずきとしふみ）である。当時、鈴木は総合スーパーのイトーヨーカ堂に勤めていた。大型店舗の地方出店を規制する動きが強まる中で、鈴木は総合スーパーの小売業態として限界が現れたために、米国で新たな可能性を探ろうと海を渡った。鈴木が米国全土を旅しながら見つけたのが、小規模であっても長時間営業で豊富な日用雑貨品を取り揃えていたセブン-イレブンであった。鈴木は、1973年に運営会社である米国のサウスランド社とライセンス契約を交わし、日本にセブン-イレブンを持ち込んだ。しかし、米国で通用したビジネスモデルはほとんど役に立たず、ただセブン-イレブンという看板と会計方式のみが移転された。鈴木はゼロからの再出発が不可避と思った。

親会社のイトーヨーカ堂から自立を言い渡された鈴木は、まず酒販店など中小小売商を中心にセブン-イレブン加盟店を募集していくことにした。ところが当時、流通経路で大きな役割を果たしていた卸売企業は、最少でも1ダース単位での注文しか受け付けなかった。これはもともと中小小売商だったコンビニ店舗の乏しい在庫スペースしかない状況にとって、多すぎる量である。少量の商品を頻繁に店に届ける「多頻度小口配送」に卸売企業を応じさせるためには、一定地域内に集中して多店舗を出店させる、いわゆる「ドミナント方式」が求められた。鈴木は、セブン-イレブン1号店がオープンした東京都江東区豊洲に店を集中させるため、部下らに檄を飛ばして加盟店集めに奔走させた。

このようなドミナント戦略はまた、物流効率を向上させコストを抑えるので、卸

❖ 第1章 日本における小売業態の生成と進化

売企業だけでなく物流企業もセブン-イレブンの要求に応じることになり、結果的にスムーズな商品供給が可能になった。1976年には首都圏で麺類や練り物を作る日配食品メーカーらによる共同配送が始まった。一方、ダイエー系のローソンや西友系のファミリーマートもセブン-イレブンのビジネスモデルに追随し、広く消費者にこの新たな企業群の存在が知られることとなる。当然、巨大になっていくビジネスチャンスに惹かれる関連企業はますます増えていった。

セブン-イレブンが始めたビジネスモデルは、こうしてさまざまな分野の協力企業とライバル企業を巻き込んだバリューネットワークとして進化していく。このバリューネットワークに属する企業は、このネットワーク内にメンバーとして存在することこそが期待以上の利益をもたらす源泉であることを強く感じることになる。また、新たな価値の提供に満足する消費者は、このバリューネットワークをコンビニエンスストアという新たな小売業態として認識することになる。こうして、新小売業態の誕生が告げられたのである。

❖ 小売業態の誕生

革新的経営者によるビジネスモデルの構築がバリューネットワークの形成につながり、結果的にコンビニ業態の誕生をもたらしたことを紹介した。他の小売業態でも、同様の説明が可能である。図表1－2は、そのことを示している。本章に続く各章で、それぞれの小売業態の分析を通じてその具体的な内容を確認できる。

改めて強調したいのは、小売業態を創り上げたのは決して1人の傑出した経営者のみによってではないということである。彼による優れたビジネスモデルの構築が小売業態生成の第一歩であるのは間違いないが、小売業態の生成そのものはバリューネットワークの構成員全体の貢献によって可能なのだという点こそが重要である。

なお、その優れた経営者の小売企業には別途、市場からのご褒美がもたらされる。まだ誰も参入していない段階で好立地を確保できるうえに、元祖の企業として消費者からの高い支持を得る可能性が高い。つまり、「先発者優位性」（コラム1－2参照）というご褒美である。ダイエーは、総合スーパー業界はもちろんのこと、1972年から約30年間にわたり日本の小売業界トップの地位を享受できた。一方で、セブン-イレブンは創業期からずっとコンビニ業界トップ、そして2000年以降は小売業界トップの地位を維持している。

第1章　日本における小売業態の生成と進化

【図表1－2　小売業態の誕生のプロセス】

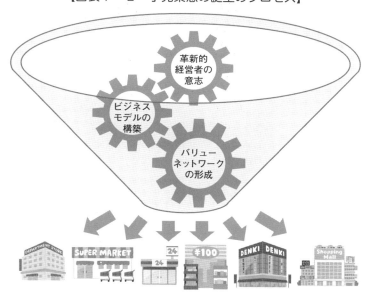

出所：筆者作成

5　おわりに

　日本の小売業界という舞台の幕開けは、革新的経営者がそれまで存在しなかった優れた事業の仕組み（ビジネスモデル）を備えた小売店舗を世に出すところから始まる。消費者がそれに支持を表すことで、まずは可能性を感じた後発企業が追随し、次に新たなビジネスチャンスをうかがう卸や物流などの関連企業が積極的にサポートすることになる。

　バリューネットワークが形成され舞台の役者が揃うことで、巨大な消費者市場に遭遇する新小売業態が誕生する。その契機となる最初のビジネスモデルを提案した創業経営者の名が広く知れわたり、彼の企業は最初の一歩を踏み出した元祖だという消費者認知上の支持を得る。こうして、いわゆる「先発者優位性」を享受しながら隆盛を極めたのちに舞台はクライマックスを迎える。本書の各章では、日本を代表する小売業態の事例分析を通して、そうした舞台の裏側の模様まで示される。

　最後に、本章で紹介した小売業態のライフサイクルの教訓に注意を払っていただ

コラム1-2

先発者優位性とカルフールの日本撤退

　ダイエーは、30年以上も総合スーパー業態で売上高トップを維持でき、セブン-イレブンは、コンビニ業態で1970年代半ばの創業期からずっと売上高トップの地位を譲らなかった。両社がトップの地位を長く維持できる理由は、「先発者優位性（first-mover advantage）」という概念で説明できる。

　両社のような小売業態のパイオニア企業の場合、以下の3つの側面で先発者としての業態トップの説明が可能である。まず、先駆的小売企業が当時まで世の中に存在しなかったビジネス・ノウハウを備えた店舗を出したために、その名声や可能性に惹かれたメーカーや卸、物流企業との取引で後発企業より有利な条件を引き出せることを意味する。次に、商売に向いている好立地は限られており、そこに後発企業よりも先に出店できるという点も実に重要である。さらに、多くの消費者はいったん気に入った店舗を利用し続ける傾向がある、つまり店舗忠誠度（ストアロイヤルティ）を後発企業より先に高めることができるので、後から他店舗に客を奪われることを防げる可能性がある。

　ただし、優れた小売企業であっても先発者優位性を過信すれば、惨憺たる失敗を味わうことになる。2000年12月に千葉県の幕張に第1号店を出し、当時「黒船の来襲」として日本の小売業界を震撼させたフランスの大手小売企業・カルフールが僅か4年数カ月後に日本から撤退することになったのは、その典型例である。同社は、日本進出にあたってハイパーマーケット業態を選んだ。これは、カルフールが展開するさまざまな小売業態のうち、同社が生みの親とされフランス国内外で絶大な競争優位を発揮してきたものである。破格の低価格で商品を販売し、ワンフロアのみで1万㎡ほどの広大な売場に食料品や衣料品、家庭用品などを揃えワンストップ・ショッピングができることがこの業態の特徴である。カルフール側は、これこそ世界中で実績を積んだ小売業態であり、日本で間違いなく先発者優位性を発揮できると信じていた。

　しかし、日本の消費者にとってハイパーマーケットは、新しく魅力的な小売業態とは思われなかった。当時すでに成熟期を迎えていた総合スーパーとほぼ同じもののように見えたのだ。そのために全く革新的とは受けとめられず、何よりも好立地は日本全域で先占されており、結果的に消費者の店舗忠誠度も得られなかったために、撤退することになったのである。

きたい。たとえ成長期を迎え巨大な規模の市場で躍動する小売業態であっても、いつか到来する成熟期や衰退期には、新しいビジネスモデルを持つ企業の登場と新小売業態の誕生によって、その構図は一変する恐れがあるという点である。当該の小売業態の誕生を告げていたバリューネットワークであっても、いつかは小売業界を取り巻く内外環境の変化と飽きやすい消費者のニーズに応えられなくなるからである。このときに革新的経営者が創り上げた企業、さらに当該企業が属した小売業態も、日本の小売業界という舞台の主演の地位から降板する結末にたどり着く。

このような小売業態の栄枯盛衰の歴史が演じられてきたのが日本の小売業界に他ならないことを、ぜひ皆さんに学んでほしい。

❓ 考えてみよう

1. アジアで営業しているセブン‐イレブンとダイソーの店舗は、日本とは、いろいろな点で異なる。アジア旅行の際の経験、新聞雑誌またはインターネットの情報を参考にしながら、具体的な違いを記述した上で、なぜそのような違いが生じたのかを考えてみよう。
2. 本章で述べた小売業態のライフサイクル理論以外にも、小売業態の浮沈を説明する理論として、「小売の輪の理論」と「真空地帯理論」は有名である。この2つの理論の概要と特徴を調べ、ライフサイクル理論との違いを考えてみよう。
3. 「日本の商店街は、さまざまな小売業態が生まれた母なる基盤である」という主張がありうる。具体的な企業の例を取り上げて、この主張が正しいかを考えてみよう。

次に読んでほしい本

井本省吾『流通戦国時代の風雲児たち』日本経済新聞社、2000年。
田村正紀『業態の盛衰：現代流通の激流』千倉書房、2008年。
矢作敏行編著『日本の優秀小売企業の底力』日本経済新聞出版社、2011年。

第1部

伝統的な日本の小売業態

第2章

商業集積
―中小小売商の集まりとしての商店街の行方

1　はじめに
2　昭和初期に店舗の集合体以上の商店街を目指した中村金治郎
3　今日における商店街の組織活動
4　商店街における集団的対応とその限界
5　商業集積のマネジメント
6　おわりに

1 はじめに

　皆さんの普段の買い物では、どのようなお店を思い浮かべるだろうか。それは百貨店や総合スーパーであったり、衣料や家具などの専門店、もっと身近にはコンビニであったりするかもしれない。これらの多くは、全国に展開している大手の小売企業という共通した特徴がある。しかし、皆さんは意外に思うかもしれないが、日本の小売構造において店舗数の割合では、中小小売業が圧倒的に多いのである。

　では、これら中小小売業はどのような形で存在しているだろうか。実は多くの中小小売業はある空間に集合するように立地している。それは商店街のような商業集積がもっとも典型的な形である。現在、日本には商店街が1万ヵ所以上あるとされているが、皆さんにはかなり多く感じられるかもしれない。しかし、このことはそれだけ多くの中小小売業が存在していることを意味しているのである。

　商店街は次章以降の小売業態とは異なり、独立した複数の小売商が地域に根ざす形で集積を形成している。したがって、商店街は個別の小売商がいかにまとまって活動を展開できるかが重要になると同時に、その地域との密着した取り組みが大事になる。そこで本章では、商店街の活動が商業集積としてどのように展開され、どのような広がりをみせたのかについて学んでいこう。

2 昭和初期に店舗の集合体以上の商店街を目指した中村金治郎

　商店街誕生の歴史は古く、街道沿いの宿場町など自然発生的に小売商が集まった状態を含めると江戸時代の近世以前にまでさかのぼることができる。しかし、たまたま店舗が集合したというだけでなく、そこでの組織的な活動の必要性が認識され、強調されるようになったのは戦前の昭和初期まで時代が下る。特にこのことを強く主張し、当時の運動をリードしていたのが中村金治郎であった。中村は上福島聖天通浄正橋通商店街の理事長で、呉服商を営む商人であった。同商店街は現在の大阪梅田の西に位置しており、当時では心斎橋、九条新道、十丁目筋（現在の天神橋筋）とともに、大阪の四大商店街として賑わいをみせていた。

　また、中村は当時の大阪府商店会連盟の理事長も務めており、商店街の活動に対

して一商人というだけではない広い視野をもっていた。実際、中村は業界誌にも積極的に論考を発表しており、その内容は単に商店街の取組内容を紹介するものではなく、商店街全体を広く見渡したものであった。では、中村が目指した商店街とはどのようなものだろうか。以下では、それについて確認していこう。

❖ 台風被害からの復旧

　中村は商店街を単なる店舗の集合とみるのではなく、「1つの経営体」として捉えることの重要性を主張していた。その1つのきっかけとなったのは、1934年の室戸台風による被害の経験があげられる。この台風によって、中村の所属する商店街の多くの店舗が看板を破損するという被害に見舞われた。商店街は、国からの補助で復旧することになるが、その際に看板の材質やサイズ、表記も「右書き・横書き・邦語」に統一して新設をした。

　それまでの看板は左書きや縦書き、英語表記などバラバラの状態で雑然とした印象を与えていたが、統一した看板の設置によって商店街の雰囲気は一新されたのである。実際に、同商店街は統一感のある景観を形成しているとして、当時の都市計画関係者からも高い評価を得ていた。このできごとは中村にとって、商店街が単なる店舗の集合体以上の存在であり、「1つの経営体」として捉えることの重要性に気づかされる経験になったと考えられる。

❖ 「1つの経営体」としての商店街

　もう1つ、当時の時代背景として特に都市部の商店街には百貨店との競争問題があった。というのは、圧倒的な競争力を有していた百貨店に対抗するためには、個々の小売商がバラバラにではなく、商店街としてまとまって対応しなくてはならなかったからだ。そういった経験や背景から中村が目指した「1つの経営体」としての商店街とはどのようなものだろうか。

　まずもって商店街とは「良い商品を安く売る」だけではなく、顧客に対して「満足」を提供する場でなければならないことを強調する（図表2－1）。単に商品の販売をする場ではないとの考えは、今となっては当たり前のことだが、戦前・昭和初期の主張と考えれば、その先見性がよくわかるだろう。その上で商店街が備えるべき要件として、大まかには次の2点にまとめることができる。

❖ 第1部　伝統的な日本の小売業態

【図表2－1　中村金治郎による商店街が果たすべき消費者の要望】

1	誰に遠慮気兼なく、縁日や夜店で物を買ふやうに買物したい
2	品物は勝手に手に取り、見もして自由に選択したい
3	品物を買ふと共に、心の満足も得たい
4	愉快に、気持よく遊び半分に買物したい
5	今日はスピードの時代で、お客はせっかちである
6	買物は帰りがけに持たないで、配達して欲しい
7	小さい店よりも、代表的な大きな店で買物したい
8	暑い時は涼しい処で、寒い時は暖い処で買物したい
9	雨が降っても、風が吹いても、雨にあたらず風に吹かれず買物したい
10	危くない安全な処で買物したい
11	自由に休憩も化粧も出来る処で買物したい
12	此処彼処（ここかしこ―筆者）かけ廻らず、一処で入用を揃へたい

注：満薗勇（2015）『商店街はいま必要なのか』講談社現代新書、150頁でも確認できる。
　なお表記についてかな遣いは原文に従ったが、旧漢字は新漢字にあらためた。
出所：中村金治郎（1936）「商店街商業組合と諸問題」『商業組合』第2巻第1号、53頁より作成

　1つは、これまでも述べてきた単なる店舗の集合ではなく、統一的形態としての商店街である。そのためには商店街内の小売商が利害を共有し、有機的に結合した構成をもたなくてはならない。中村はこの点についてかなり踏み込んだ主張をする。それは先の看板を統一した経験とも直接的に関連するが、商店街の空間を統一することで全体をまとまった施設として演出する。さらには、商店街内の業種構成や店舗配置についても全体として統制すべきと主張する。これは、今日でいうところのショッピングセンター（以下、SC）の運営の考え方に近いものだ。つまり、「1つの経営体」とはSCのように設備や営業を全体としてまとめて商店街を展開していくことを意味する。

　もう1つは、百貨店との競争においての商店街の存在意義や独自性についてである。当時、商店街が百貨店に対抗する方向性は「横の百貨店」化を目指すべきとの考えが主流であった。しかし、中村は商店街を百貨店と単純に同列化するという考え方には疑問を呈する。というのも、商店街には顧客に商品を販売する経済的な役割以上の存在意義があるとしているからだ。つまり、百貨店は企業としての性格を前面に出して商品販売を行うが、商店街は商品販売とともに地域に根ざしたコミュニティ機能としての性格を有している（コラム2－1）。また、これこそが百貨店

> コラム2-1
>
> ## 地域を支える商人としての「街商人(まちあきんど)」
>
> 　中小小売商にとって地域との関わりは重要である。例えば、チェーン展開している大手小売企業であれば、仮にその場所で失敗したとしても他店舗でカバーでき、新たな場所へ開店することもできる。ところが中小小売商の多くは単独出店であるため、その場所で失敗したからといって簡単に変えることができない。
>
> 　極論だが、大手小売企業はその場所に縛られることがないため、地域の状況よりも自身の経営に集中することができる。それに比べて、中小小売商は圧倒的に地域の状況に影響を受けることから、出店地域周辺への考慮が必要になる。その意味で、中小小売商にとって地域が活性化することは重要だといえる。こうした地域との関わりを前提として、自身の経営の充実化と地域の発展を重ねて活動する商人を「街商人」というが、以下では、その特徴として2点をあげる。
>
> 　1点目は、地域コミュニティの担い手である。地域で営業しているということは、商店主が意図するしないにかかわらず、その場所の見守りにつながる。そうして商店街は地域住民が安心して歩ける場所を形成している。また中小小売商はその地域で働き暮らしているからこそ、PTAなど地域活動を担いやすく、住民の中心的な存在としての役割も果たすことができる。さらに、一般企業のような転勤などの流動性もないため、蓄積される地域文化の継承にも一役買うことができる。
>
> 　2点目は、地域の個性や賑わいの創出である。多種多様な中小小売商が集積することで多数の消費者が吸引される。というのは、消費者は特定の目的で街に出向くよりも、ぼんやりとした期待で出向くことのほうが多いからである。また多くの店舗と人々が集まることで賑わいが生まれるが、宿場町や駅前など集積の仕方・場所によって、街の個性は大きく変わる。その意味で地域を前提として活動する街商人は、地域の個性を形成し賑わいを生み出す役割を果たしているということができる。
>
> （石原武政『小売業の外部性とまちづくり』有斐閣、2006年）

との差別化として商店街の強みになるとしている。

　以上、中村の主張は今日にも通じる先進的な内容を含んでいたが、結果的にそれが浸透するまでには至らなかった。というのは、その後に戦争が始まったことで商店街としての活動も途切れることになったからだ。しかし、それ以上に根本的な理由として、商店街における個々の小売商が協調的にまとまることができなかったこ

❖ 第 1 部　伝統的な日本の小売業態

とがあげられる。中村の主張に呼応するほどの高い意識を有する小売商は多くなかった。特に商店街内を統制するような内容については総論で賛成だったとしても、それがいざ自身に降り掛かってくるとなると簡単に受け入れることができなかったのである。つまり、商店街は個々の独立した小売商の集まりであり、それをいかに動機づけ組織としてまとめるかが重要だということである。

3　今日における商店街の組織活動

❖ 商店街とスタンプ事業

　では、今日において商店街の組織活動がどのように展開されたかを具体的な事例から簡単に確認しよう。以下では、東京都世田谷区の「烏山駅前通り商店街（えるも〜る烏山）」の理事長である桑島俊彦が、個別店舗の集まりである商店街を全体としてどのようにまとめ「スタンプ事業」を成功させたのかについてみていく。ここでスタンプ事業とは、買い物をして発行されたスタンプを貯めることによって金券などに使えるようになる「固客化」をねらった販売促進策である。現在でいうところの、ポイントカードと考えればわかりやすいだろう。

【写真 2 − 1　ダイヤスタンプとダイヤスタンプ台紙】

出所：烏山駅前通り商店街振興組合提供

　同商店街は戦後の京王線千歳烏山駅の開設に伴って、周辺の宅地開発で住民が増える中で徐々に店舗の集積が形成された。主に生鮮食品や生活雑貨など日常的な商

品を取り扱う近隣・地域型の商店街である。スタンプ事業そのものは大阪の小売市場でも行われていたことから特に目新しいわけではなかったが、多くはそれが失敗に終わっていた。そうした中で同商店街はスタンプ事業を利益化し、それを継続させているのである。

スタンプ事業は1965年から始まったが、もともとのきっかけとしては、都心への顧客流出を食い止めたいということと、近隣への総合スーパーの進出であった。例えば新宿や渋谷など都心へのアクセスが20分程度という立地であり、地元顧客の70％が流出していたといわれる。総合スーパーも当時の商店街全体の売場面積と同規模での進出であり、価格競争に陥ると規模の面で敵わない商店街にとっては大きな問題であった。

❖ いかにスタンプ事業を成功させたか

桑島がスタンプ事業を成功させる上でもっとも重視したことは「愚直進呈」、すなわち徹底してスタンプを顧客に出すことだった。基本的な仕組みはこうだ（図表2-2）。スタンプ事業加盟店は商店街の組合からスタンプを1枚2円で買い取り、

【図表2-2　スタンプ事業の仕組み】

(a) 発行・進呈

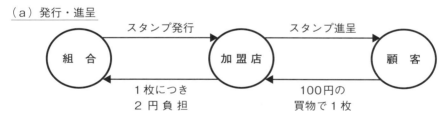

(b) 台紙回収

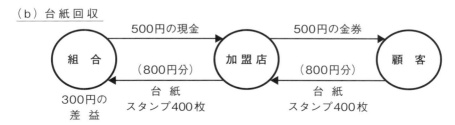

出所：筆者作成

それを原則100円の買い物につき1枚を顧客に進呈する。スタンプを台紙に400枚貼ることで500円分の金券として使用できる。加盟店はその台紙を組合へ納めることで現金化できる。単純に計算すると、100円の買い物につき2円のスタンプ進呈をすることは、加盟店にとり2％の負担となる。

また400枚分の台紙を500円分の金券とすることは、商店街側にとって300円分の差益があることを意味する。この差益があるからこそ、スタンプの印刷費や商店街内のさまざまな活動の原資とすることができるようになる。

重要なことは、桑島はスタンプ発行と台紙回収の金額を区別することで、加盟店にとってのスタンプ発行以外の負担をなくしていることである。「スタンプ事業は加盟店のため」と強調することで、加盟店はスタンプを出し渋らずに積極的に顧客へ進呈することから、結果的に顧客からの信頼を獲得できることになる。実際に台紙の回収率は90％以上になったこともあり、それだけ多くの顧客が「固客化」している。スタンプの年間発行額も約1億円で、単純計算すると商店街として50億円も売り上げているのである。

従来のスタンプ事業は、例えばスタンプ発行と台紙回収の差益を考えておらず、結局、加盟店にスタンプや台紙の印刷費、その他手数料を負担させることになっていた。これではスタンプが発行・回収されるほど加盟店の負担は大きくなり、顧客にスタンプを出し渋ってしまいやすくなる。こうした本末転倒の状況ではスタンプが生かせず「固客化」を失敗に終わらせてしまうのであった。だからこそ桑島の発想は「加盟店のため」を強調し余計な負担を減らすことで、スタンプの「愚直進呈」を全体としてまとまって行うことができたのである。

4 商店街における集団的対応とその限界

❖ 商店街における集団的対応のメリット

商店街は、独立した小売商が集積していることが特徴であることは「はじめに」で述べた。歴史的には宿場町など人の集まる場所に、商機を見出した小売商たちが集まることで自然発生的に商店街が形成された。そもそも小売商が集まるのは、そのことによるメリットがあるからである。まず容易に思い浮かぶのは、集積による

顧客の増加があるだろう。多数の小売商が集まることで、多様な買い物目的をもった顧客に対応することができる。それだけでなく、街路灯や広告・販売促進などの店舗を運営する費用も単独で負担するよりも、複数で負担するほうがはるかに節約できる。このような集積化することで得られるメリットを「集積の経済」という。

　要するに、小売商が集積立地することで単独立地する以上の波及や節約の効果を得ることができ、同時に利便性の高まりなど顧客の満足も高まる。だからこそ、商店街はそのメリットを大きくするための意識的な集団的対応をしようとするのだ。前にふれた中村が、商店街の看板を統一したことで高い評価を獲得し、「1つの経営体」を主張したことも集積の経済を高めることを目指したものであった。

　また、桑島がスタンプの「愚直進呈」を徹底したのも、集積による事業の効果を最大化するためであった。ただし、そのためには参加する小売商が納得しうる具体的な仕組みと強いリーダーシップが必要になる。いまや商店街のスタンプ事業のスタンダードとなっている烏山方式では、スタンプ回収による差益がでる仕組みで、「加盟店のため」であることを示しているのである。たしかにスタンプ発行の2％分は加盟店の負担となるが、長期的な視点での波及効果を生み出すことを認識させている。

　また商店街において集団的対応を実行するには、それに参加する小売商の合意が必要となる。理想的には対象者全員が合意して参加することだが、現実的にはそれほど簡単ではない。とすれば、どうすればよいのだろうか。現実的には合意形成の工夫が必要になるだろう。烏山駅前通り商店街でも、スタンプ事業の開始当初は半数以下の30店程度しか参加していなかった。それがいまや90店舗の参加となり、さらには近隣の商店街からも参加の要望があったことで約120店の規模になっている。このことからもわかるように、現実的には「この指とまれ」方式で意欲ある参加者で始め、徐々に合意形成を拡大していったのである。もちろんその間には成果を示し、参加者を拡大するためのリーダーの積極的な行動が必要になる。

❖ 商店街における集団的対応の限界

　商店街において集団的対応をすることは、集積の経済を高めることを狙ったものである。しかし、理由は後述するが、中村の目指したものが挫折したことを考えると、それほど簡単ではない。たしかに合意形成の工夫によって、時間をかけて拡大するやり方もあるが、集団的対応の実現には阻害要因がある。

❖ 第1部　伝統的な日本の小売業態

　1つは、個別の小売商における「日常的業務の束縛」の強さである。特に中小小売商であれば、人員的にも時間的にも自身の商売にかかる割合が多くなりやすい。そうすると、商店街としての集団的対応に加わる余裕がもちにくくなる。もう1つはメンバー間の「ねたみ」である。例えば、集団的対応によって得られるメリットの配分にメンバー間での差があれば、得られるメリットの少ないメンバーは不公平感を抱くことになるだろう。また、そういったメリットの配分はわかりやすい指標で示せないことの方が多いため、実際に集団的対応に参加することを躊躇させてしまう。烏山駅前通り商店街のスタンプ事業が半数以下から始まったのも、それを示している。

　なぜ、商店街はこのような制約があるのだろうか。それは自然発生的に形成された「所縁型（ゆかりがた）」の特性に由来する。所縁型組織は、集積の形成において何らかの調整があったわけではなく、経営方針や資金力などの能力にバラつきをもった小売商が偶然的に集まっている。その結果、メンバー間の利害が調整できず合意形成も難しくなる。つまり、商店街はその組織特性により集団的対応の実現が難しくなるのである。特に中村の目指したような業種構成や店舗配置の考え方などは、小売商の自由な営業活動を制限することにつながるため、なおのこと難しいとわかるだろう。

5　商業集積のマネジメント

❖ 管理型商業集積（ショッピングセンター）の発展

　自然発生的な集積である商店街では、集団的対応をするにあたって組織特性上の限界があることがわかった。現実に多くの商店街が疲弊しているにもかかわらず、なかなかその状況を打開できないのは、そういった理由によるところも大きい。そうした中で、集団的対応の限界を克服しようとする動きがみられるようになる。

　1970年代後半から1990年代にかけて郊外地域（suburb）の発展に伴い、そこに市場機会を見出す形でSCが進出していった。SCは偶然的に集まった商店街のような集積とは異なり、全体を管理しマネジメントすることで、集積の経済を適切にコントロールしようとする業態である。

　そうした側面から、多くの革新的小売業を指導してきたペガサスクラブの渥美俊

> **コラム2-2**
>
> ## 中小小売商ならではの強み
>
> 　本章では、中小小売商が商業集積として集団的に対応することの側面を強調しているが、もちろん個別の中小小売商だからこその強みもある。ここでは次の3点をあげよう。
>
> 　1点目は、地域需要への高度な適応である。通常、消費者の嗜好は地域ごとで異なるが、大手小売企業がそれにきめ細かく対応することは難しい。大手小売企業はチェーン展開している分の大量販売が必要であり、それは多数の平均的な消費者を求めることになる。そのためチェーン店舗間において品揃えや接客などを標準化することで効率的な経営を実現しているが、他方で地域ごとのきめ細やかな適応には限界をもつことになる。その点、中小小売商の多くは単独店だからこそ地域との関わりも深くなり、そこでの長年の経験を通して熟知した地域へのよりきめ細かい対応が可能になるのである。
>
> 　だからこそ2点目として、消費者との深いなじみ関係をもつことができる。地域に根ざした長年の経験は顧客との間に個別的な関係を醸成する。セルフ販売を主とした大手小売企業とは異なり、対面販売による消費者との接客を通した濃密なコミュニケーションは「売手－買手」以上の関係をもたらしうる。こうした関係によって、消費者は自身の好みを把握してもらっている信頼感をもつことができ、安心して買い物をすることができる。
>
> 　3点目は、商品への深いこだわりをもち、それを消費者に提供することができる。中小小売商はただ商品を並べて売るのではなく、当該商品の専門家でありいわばその道のプロといえる。大手小売企業はどうしても平均的な商品の取り扱いが中心となるが、中小小売商は、専門家としての資質や信念に基づいて、個性的でこだわりのある商品を取り扱い、消費者に提供することができるのである。
>
> 　このように中小小売商の強みとは、まさに規模が中小だからこそ消費者との関係や商品へのこだわりを深掘りできる点にあるということができる。
> （渡辺幸男・小川正博・黒瀬直宏・向山雅夫『21世紀中小企業論＜新版＞』有斐閣、2006年）

一も、店舗形態としてSCが増加することに注目していた。つまり、SC内のテナントとして出店し成長していくと考え、成長途上にあった当時の小売商に対してそのような指導を行った。また、実際に商店街の意欲ある小売商もSCにテナント出店する動きもあった。

❖ 第1部　伝統的な日本の小売業態

【写真2-2　日本初の郊外型ショッピングセンター（ダイエー香里店）】

出所：流通科学大学提供

❖ ショッピングセンターのビジネスモデル

　それでは、集積における集団的対応をコントロールし、集積の経済を最大化しようとするSCのビジネスモデルとはどのようなものだろうか。一般的にSCは、デベロッパーが施設全体を所有・管理しており、そこに複数のテナントが入店して実際の販売業務を行っている。つまりデベロッパーは所有者として、各テナントから賃料を得ている大家のような存在である。ではSCはどのように集積をマネジメントしているのか。

　魅力的な集積を形成するには、どのようなテナントを誘致し、どのように配置するかが重要である。商店街の場合は自然発生的に形成されているため、その構成は偶然的でありコントロールすることは難しい。しかも、それが形成された後のさまざまな環境変化に対応しようにも、それぞれが独立した商業者であるため容易に変更することができない。このことは、前述の中村の挫折からもわかるだろう。

　他方でSCはテナントが営業をしていても、その場所の所有者がデベロッパーであるため、集積の形成時・形成後もテナントの誘致と配置を行うことができ、集積全体のマネジメントをしていくことができる。つまり、デベロッパーによる施設全体の所有と、テナントによるそれぞれの店舗営業を分離することが、集積全体のマネジメントを可能にする根拠となっている。ただし、それが可能になるといっても、デベロッパーが積極的に集積をマネジメントする理由にはならない。SCにおける

テナント賃料の多くは、テナント売上と連動する歩合制の要素が組み込まれているが、このことがデベロッパーの集積マネジメントを積極化させるインセンティブとなる。

　商店街においても、このような土地・店舗の所有と利用を分離しようとする考えが広まっている。商店街をSCのように運営するための、デベロッパーの役割を適用しようとした「まちづくり会社」はまさにそれを目指したものである。ただし、各小売商の権利関係をどのように調整するのかといったことは、それほど簡単なことではない。今後の課題は、この「所有と利用の分離」をいかに確立させるか、ということが重要になっている。

6　おわりに

　本章では、多くの中小小売商が商店街という形で集積化していることを確認し、その側面からの展開をみてきた。小売商は集積しているからこそ、単独よりも大きなメリットを得ることができた。偶然的な店舗の集合である商店街を「1つの経営体」と捉えることで、集積の経済を高めることができると気づき、それを主張したのが中村であった。また、単に企業的な集積という発想ではなく、あくまでも商店街の独自性は地域に根ざしたコミュニティ機能にあるとしていた。

　ただし、独立した商店街においてそれを実現することは決して簡単ではない。だからこそ桑島のスタンプ事業のような漸進的な合意形成の拡大といった、集団的対応の工夫が必要なのであった。

　集積において集団的対応が難しいのは、所縁型組織というメンバー間の利害を調整できない特性が根本的な要因としてあった。そうした集積の限界を克服する動きとして、新たに管理型商業集積であるSCの発展がみられた。SCは所有と利用を分離することで、集積のマネジメントを可能にした。そうすることで集積の経済を適切にコントロールすることをねらったのであった。

　現在、商店街において集積のマネジメントをいかに導入するかが重要な課題となっている。それは、戦前からの中村の主張であった「1つの経営体」としての商店街を目指すものであった。今あらためて商店街の存在が問われているということができる。

❖ 第1部　伝統的な日本の小売業態

? 考えてみよう

1. 皆さんの地元で古くからあると思われる商店街の歴史を調べてみよう。地域の図書館などを使って情報収集し、それがどのような経緯で形成されたのかといったことや、現在の状態との比較をしてみよう。
2. 商店街において土地や店舗の所有と利用が分離されていないことで、どのような問題が起こっているだろうか。SCと比較しながら、問題が起こる理由について考えてみよう。
3. 皆さんの周りで繁盛していると思われる個店（中小小売商）を調べてみよう。それらは、取り扱っている商品や品揃え、店舗の雰囲気やお店の人とお客さんの関係などにどのような特徴があるか整理してみよう。

次に読んでほしい本

石原武政『小売業の外部性とまちづくり』有斐閣、2006年。
斉藤徹『ショッピングモールの社会史』彩流社、2017年。
松田温郎『小売商のフィールドワーク：八百屋の品揃えと商品取扱い技術』碩学舎、2017年。

第3章

呉服系百貨店
―日本の小売業態の始まりを告げた三越

1　はじめに
2　呉服屋から百貨店に引き継がれる「革新」を生み出した三井高利
3　人々の欲望を満たし、さらに創造する百貨店
4　百貨店のマネジメント・システムと課題
5　百貨店のこれから
6　おわりに

❖ 第1部　伝統的な日本の小売業態

1　はじめに

　想像してみて欲しい。友人との待ち合わせまでの時間つぶしに店に入ることができなくなった世界を。休日にショッピングセンターや百貨店のような商業施設で買い物をして遊ぶことなどできなくなった世界を。さらに想像力を膨らませて、店に入り、陳列されている商品を眺め、購入する商品やブランドを決め、値札を見て購入可能かどうかを確かめることができなくなった世界を。1つのお店で衣食住すべてが揃うなどということがなくなってしまった世界を。

　想像してみて欲しいと言われても、多くの読者がそのような世界を想像できないのではないだろうか。あるいは、そんな想像に何の意味があるのかと疑問を抱くであろう。本章で取り扱う百貨店が存在しなければ、本当にこういった「世界」が実在したかもしれないのだ。それくらい日本の流通業において百貨店が果たしたことの意味は大きい。この章では、百貨店が創業当初から行った革新について説明するとともに、現在の百貨店を成り立たせる仕組みについて概説する。

2　呉服屋から百貨店に引き継がれる「革新」を生み出した三井高利

❖ 現代の小売業の基礎を築いた三井高利

　三井物産、商船三井、三井住友銀行、三井化学といえば大学生の就職企業先人気ランキングの常連に名を連ねる会社である。これら「三井」の源流にいる経営者の三井高利(みついたかとし)は、1622年現在の三重県松阪市で生まれ、1673年に江戸で本格的な呉服店、越後屋を営みだしたとされている。

　三井がいた時代の小売業のスタイルは、武士などの富裕層と密接な関係を結び、その屋敷まで商品をもっていって販売するというのが一般的だった。これを「屋敷売り」という。そこで販売される商品はおおむね一着分の幅・丈の大きさである一反というのが原則であった。その際、商品に値札はついておらず、値引き交渉を前提に高めの価格設定（掛け値）がなされており、売買が行われるたびに交渉が行わ

コラム3－1

外　商

　百貨店において、店内で商品を販売するのではなく、直接顧客のところに訪問して販売することを外商、それを行う人のことを外商員という。その中でも個人を相手にしたものを個人外商、官公庁や会社などを対象としたものを法人外商という。本文中で「屋敷売り」と書かれている活動は江戸時代から呉服屋で行われていた活動であるが、これも現代風にいうなら外商活動ということができる。一般的な消費者が店頭を訪れても目にすることはできない外商活動であるが、その売上げは日本では長らく百貨店売上高の一定の割合を占めており、個人外商と法人外商を合わせると、1990年代後半には売上高全体の15％以上を占めるに至っている。そのため、百貨店の外商活動は、小売業最大の営業活動ということもできる。

　個人を対象にした外商員は富裕層を中心とした固定顧客を多数抱えている場合があり、自宅を訪問して商品を紹介・販売するだけでなく、優良顧客限定のイベントを百貨店店内だけでなくホテルなどでも行うことがある。また、そのような顧客が通常営業時に店舗を訪れた際にも、店内を案内して買い物のサポートを行うこともある。筆者が以前某百貨店の外商部長に聞いた話だと、「帯封（100万円）をいくつか渡されて、これで何か買っておいてくれ」と頼まれたこともあるのだとか。そのような買い物代行活動も、個人外商の重要な仕事の1つである。

　一方、法人外商はというと、官公庁・会社が必要な贈答品や記念品を準備したり、重要な会議で高級な弁当が必要だというのであれば多数の弁当を用意したりなど、かなり幅広い活動を行っている。つまり、法人の「御用聞き」としての側面が強いわけである。

　この外商というのはこれまであまり陽が当たることがなく、資料・史料類はあまり残されておらず、研究という面においても十分に行われてきたとは言いがたいが、江戸時代から続く日本の小売業の最大の営業活動として、今後クローズアップされるかもしれない。

れるのが慣例となっていた。しかも、いざ商品を購入するとなっても、その場で支払いを行うのではなく、一定期間でまとめて支払いをする「掛け売り」が一般的であった。

　考えてみればわかると思うが、このような商慣行の場合、⑴不特定多数の顧客を

❖ 第1部　伝統的な日本の小売業態

相手にできない、⑵顧客は一反というまとまった量しか買えない、⑶買い物のたびに顧客は値段交渉という手間を要する、⑷商品を販売できても代金の回収にタイムラグを要する、といった問題がある。これに対し三井は1683年、店頭販売（店前売り）を導入し、不特定多数の顧客を相手に切り売りでも販売し、「正札」（値札）をつけて現金払いをするという工夫を行った。

【写真3－1　「越後屋看板表」（左）、「越後屋店頭風景」（右）】

出所：株式会社三越伊勢丹ホールディングス提供

　不特定多数を相手にするということは、現代風にいうならば広告・宣伝も重要になる。そこで越後屋では後に、店のロゴマークを統一したブランド展開を行ったり、突然の雨に対して店の名前が書かれた傘を無料で貸し出すという「貸し傘」というサービスを行ったりした。こういった活動は現代にも通ずるマーケティング手法を当時から行っていたということもできる。事実、経営学の大家・ドラッカーは自身の著書『マネジメント（上）』の中で、マーケティングの発明者として三越の前身である越後屋を取り上げている。また、同時代の作家・井原西鶴は『日本永代蔵』の中で三井のことを「大商人の手本」と称したほどである。当時の越後屋はそれまでに常識とされていた商慣行を一変させる商いを行い、同業他社からの誹謗中傷や営業妨害を受けるほどに成功を収めていた。

小売業態の誕生

三井高利がいた時代から230年ほど経った明治期、1905年１月２日、三越呉服店（越後屋の後身、後の三越）は全国の主要新聞に、今後三越が呉服店からデパートメントストアに変わるという全面広告を掲載した。これを「デパートメントストア宣言」という。このデパートメントストア宣言では「当店販売の商品は今後一層其種類を増加し凡そ衣服装飾に関する品目は一棟の下にて御用弁相成候様施設致し結局米国に行はるるデパートメントストーアのいちぶを実現可致候事」と書かれている。これは、呉服の販売が中心だった三越が呉服だけでなく衣服装飾すべてを品揃えし、取扱い品目を増やすことによって、当時アメリカに存在した「デパート」になるのだと宣言したものである。

【写真３－２　デパートメントストア宣言新聞広告】

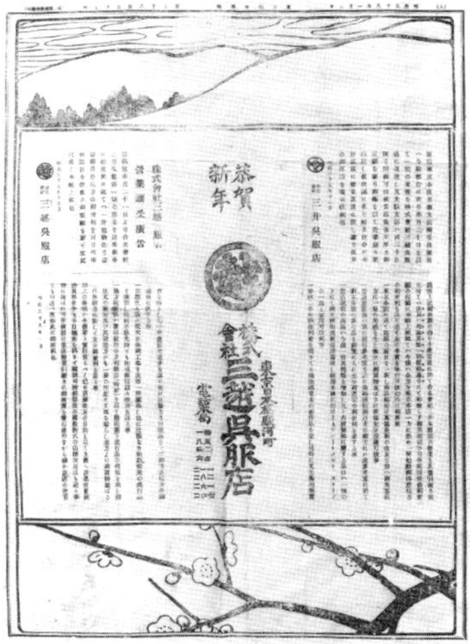
恭賀新年
株式会社三越呉服店
営業譲受廣告
三井呉服店
三越呉服店
株式會社三越呉服店

出所：株式会社三越伊勢丹ホールディングス提供

三越はこの宣言どおりに1905年に化粧品、帽子、小児用服飾品を、1907年に鞄、靴、洋傘、石鹸、美術品、食堂、写真を、1908年に貴金属、煙草、文房具などを、そして1912年には室内装飾および家具の受注といったように取扱い商品を

> **コラム3－2**
>
> ## 商品取扱い技術
>
> 　商品そのものに関する知識や情報、その物理的取扱いに必要な特別な技能や施設などを総称して「商品取扱い技術」という。たとえば、大根とスーツの場合を考えてみよう。大根であれば産地や鮮度、あるいは調理法といった知識が求められるのに対し、スーツの場合、サイズや着心地、流行などに関する知識が求められる。このように、大根とスーツとでは、商品に求められる知識は全く異なることが想像できるだろう。また、大根の場合には必要とされない包装がスーツには求められたり、スーツであれば必要となるハンガーが大根には必要とされない。あるいは、スーツの場合には、仕立てという技術も必要となってくる。
>
> 　このように、大根と人参では商品取扱い技術は似通っているが、大根とスーツとではそれは大きく異なる。もちろん、厳密にいえばすべての商品で商品取扱い技術は異なる。しかし、ある一定の類似性をもった集合があるのもまた事実である。ある状況下で、商品取扱い技術の異質性が飛躍的に大きくなり、その点を超えてまで同時に取り扱うことが店の経営上非効率になる点のことを「技術の臨界点」という。通常小売業は、八百屋にスーツが置いていないように、あるいは衣料品店に鮮魚が置いていないように、この技術の臨界点の範囲内で商品を取り揃えようとしてきたし、その方が経営上効率的でもあった。
>
> 　この商品取扱い技術が似通った商品の集合を「業種」という。大根や人参、玉葱といった商品取扱い技術が似通った商品を扱っている店舗のことを八百屋というのは、八百屋という業種店が存在していることを意味している。
>
> 　一方、商品取扱い技術を超えた小売業というのも存在する。それは、本章で扱った百貨店や、今後の各章で議論される各種「業態」である。業態とは、扱う商品によって分類するのではなく販売方式や割引の有無、営業時間や店舗規模、立地など、その商品を取り扱う方法によって分類された区分を意味する。
> （石原武政『商業組織の内部編成』千倉書房、2000年）

徐々に増やしていき、それに伴って店舗規模も拡大していった。

　それまでの小売業といえば、服を扱っていれば服屋、酒を扱っていれば酒屋、野菜を扱っていれば八百屋といったように、取り扱う商品の種類によって分類される店ばかりであった。それに対し百貨店は、別々に扱っていた商品を1つの店舗の中で扱うようになった初めての大規模小売店であった。

単に店舗が大規模化したというだけでなく、取扱い商品が増えるということは、3つの意味で革新的であった。それは第1に、仕入先の開拓・選定が難しくなるということを意味している。それまでに呉服を扱っていた小売業者が美術品を扱おうとすれば、どこから仕入れれば良いのか、商品の真価をどのように見極めれば良いのかということで悩む必要がある。それを克服した点が革新的だったといえるのだ。

第2に、商品の取扱い方が非常に困難になるという意味である。呉服を売っている横で化粧品を販売することを考えてみて欲しい。化粧品の匂いが呉服に染み込まないようにするためには工夫が必要であろう。あるいは、呉服と鮮魚を一緒に売るとなると、その困難さは格段に跳ね上がる。そういった商品取扱いの難しさを克服した点が革新的だったといえるのだ。

第3に、取り扱う商品が増えてくると、それだけ「売れ残ったらどうするか」という問題を考えなくてはならないからである。呉服にも流行はあっただろうが、それでも短くてもワンシーズン売り続けることができた。これが鮮魚を販売するとなると、その日のうちに売り切らねばならなくなってしまう。この売れ残りリスクを背負ってもなお取扱い商品を広げていこうとした小売業が、日本では百貨店が初めてだったといえるからこそ、画期的だといえるのである。

3 人々の欲望を満たし、さらに創造する百貨店

❖ 創業当時の百貨店の姿

1905年のデパートメントストア宣言によって誕生した百貨店だが、デパートメントストアの訳語が百貨店だということに違和感をもつ人もいるだろう。英語のdepartmentが意味するのは「部門」とか「売場」であるのに対し、百貨店の百は「多くの」という意味であるし、貨は「貴重なもの」という意味をもつため、百貨店とは「多くの価値ある商品を並べた店」という意味合いだからだ。デパートメントストアの日本語訳を百貨店としたのは『商業界』という雑誌の主幹・桑谷定逸だと言われているが、1900年代初頭にはデパートメントストアの日本語訳に関しては、小売大商店、小売大店舗制度、大商店制度、百貨商店といった他の訳語も混在していた。

第1部　伝統的な日本の小売業態

　三越がデパートメントストア宣言を行った翌年、百貨店としての三越の創業者ともいえる日比翁助はイギリスにある百貨店のハロッズへ視察に行っている。詳細な調査を行った上でハロッズの店主に会った日比は、「世の中で大学総長と百貨店の社長はいちばん難しい役目である」と言われたそうだ。何故なら、どちらも各部門に存在する専門家を1つにまとめなければならないからである。色々な部門をまとめあげ、多様な商品を取り揃えるのが百貨店だと当時考えられていたことが窺えるエピソードである。

　では、多様な商品を取り揃えていることだけが当時の百貨店の特徴だったのかというと、そういうわけではない。学術書で百貨店に関する記述を行った日本で最初の人として知られている東京高等商業学校教授であった関一は、薄利多売による商品販売、店舗の壮麗さ、奇抜な広告、景品付与、端数価格設定、クーポンの配布なども百貨店の特徴であると述べている。これらの特徴の一部は現在の百貨店の姿とは違ったものだといえよう。また、当時の百貨店には日本で数少ないショーウインドーやエレベーター、日本で最初に設置されたエスカレーター、あるいは冷暖房装置のある空調設備といった、設備面での新規性も存在した。

　店頭に商品が並べられることがなく、来店客が店員に欲しいものを告げた際に奥から商品をもってきてそれを勧めるという販売方式を座売り方式という。三越の場合でいうと、1900年にこの座売り方式を現在のような陳列販売方式に全面的に変更した。また、1904年にショーウインドーを設置し、ますます多くの消費者の購買意欲を駆り立てることに成功した。あるいは、1913年にオリジナル商品として石鹸を販売しだしたり、1930年に日本で初めて「お子様ランチ」を導入したり、各種催事を開いたりと、三越は物珍しさにも事欠かなかった。当時の三越は報知新聞社発行の『旅』という雑誌で特集された「東京十景」の中で「日本橋の美しい便所」として三越が取り上げられたり、「スエズ運河以東最大の建築」と称されるなど、建物の壮麗さにも定評があった。

❖ ワンストップ・ショッピングによる欲望創出

　我々消費者がさまざまな商品領域にまたがった買物をすることを「ワンストップ・ショッピング」という。百貨店が誕生するまでの小売業者は衣服であれば衣服だけを、食料品であれば食料品だけを扱う専門店であった。しかしながら、百貨店が登場することによって、消費者は必要とされる商品を商品領域に限定されること

なく購入することができるようになった。このワンストップ・ショッピングが可能であるというところにも、百貨店の買物先としての魅力があったといえよう。

　消費者がワンストップ・ショッピングを行えるということは、百貨店にしてみれば、例えば食料品を買いに来た客に対しても衣服を販売する機会が得られるということになる。すなわち、消費者に多数の商品を目の当たりにさせることによって、商品に対する無限ともいえる購買意欲を生み出させる機会をもつことができた。消費者は何かを買うために百貨店を訪れるのではなく、百貨店に入ってから欲しい商品を見つけ出せるようになったのである。だからこそ、百貨店は「欲望創出装置」と比喩されたり、「資本主義発展の原動力」と表現されることもあった。

4　百貨店のマネジメント・システムと課題

　話を一気に現代の百貨店に移してみよう。多様な商品を取り扱う百貨店を百貨店たらしめるためには、商品を仕入れて販売するという小売業の原初的な作業以外にもいくつかの仕組みが必要になる。ここではそのうち主な3つとして、部門別管理制度、仕入れ形態、派遣店員制度について説明していくことにする。

❖ 部門別管理制度

　多種多様で膨大な商品を1つの店の中で扱おうとするとき、それを何らまとまりのあるカテゴリーに分類することなく扱ったのでは、買い物する客にとってもどこに何が置かれているかわかりにくいし、店側としても取扱いをしにくくなってしまう。そこで導入されたのが部門別管理制度である。これは、婦人服、宝飾品、美術品、化粧品、紳士服、食料品といったカテゴリーごとに責任者を置くことによって、仕入れも販売も会計すらもそれぞれの部門が独立して責任をもったうえで、店全体としては秩序ある管理を行おうとするものである。

　部門別管理制度が導入されるまでの小売業では、店を拡大しようとした際には「暖簾分け（のれんわけ）」といったかたちで別に店そのものを増やすという方法がとられていた。しかし、この制度が導入されるようになってからは、部門を増やすという方法や、1つの部門内で部門長の責任のもと取扱い品目を増やすという方法もとられるようになった。

❖ 第1部　伝統的な日本の小売業態

❖ 3つの仕入形態

　小売業者は製造業者や卸売業者（これらを小売業者にとって「川上」という）から商品を購入し、それを消費者に再販売することによって利益を得ることができる。この時、購入額と販売額の差額（これを「マージン」という）からコストを引いたものが利益となり、小売業者が店舗に取り揃えるために商品を川上から購入することを「仕入」という。仕入の中でも、自らが仕入れた商品が売れるかどうかわからないというリスクを背負い、実際に商品の所有権をもつようになることを「買取仕入」という。通常、小売業者はこの買取仕入を行うことによって、商品が売れるかどうかは事前にはわからないが、売れるかどうかわからないというリスクを背負う分、仕入値を下げることによってマージンを高めることができる。

　しかしながら、百貨店業界では取り揃えている商品があまりにも膨大であるため、すべての商品を買取仕入によって取り揃えることは困難である。例えば、特に呉服系の百貨店では呉服にある程度の売場が割かれていることが当然のようになっており、消費者も呉服を購入する時に百貨店で購入したいという意向を持つことも多いが、呉服がそれほど頻繁に売れる商品であるとは言い難い。百貨店以外の小売業者では、このようにめったに売れない商品は「死に筋」として品揃えから外されてしまうこともある。しかしながら、百貨店は「百貨」を取り揃える店であるためにも、めったに売れないからといってその商品を取り揃えなくするわけにはいかないこともある。そのために用いられる仕入方法が委託仕入と消化仕入である。

　委託仕入とは実際の店舗における販売は百貨店で行われるが、その所有権は依然、製造業者や卸売業者に残されたままになっている仕入方法のことを意味する。もちろん、販売を委託されている以上、百貨店は店頭での破損や万引きといったリスクを背負うことになるが、所有権が川上に残されたままであるため、自らが仕入れた商品であろうとも、売れるかどうかというリスクを背負う必要がない。百貨店にしてみれば、返品が可能であるために、膨大な数の商品を店舗に並べることが可能なのである。

　もちろん、百貨店がリスクを背負わず返品が可能であるということは、買取仕入に比べてマージンが低くなるということを意味している。しかしながら、百貨店にしてみれば、たとえマージンが低くなったとしても自らが百貨を取り揃えるために、このような仕入方法を利用するのである。また、川上企業にとっては、百貨店の集

客力の高さ、「百貨店」というブランドの強みなどがあるため、この委託仕入を好んで用いることがある。

　そして最後に消化仕入とは、百貨店が商品を店頭に並べる前に仕入れるのではなく、商品が消費者に売れた時点で百貨店が仕入れていたことにするという方法である。この消化仕入は売上が発生した時点で仕入が行われるということから「売上仕入」と呼ばれることもある。

　この消化仕入では、消費者が実際に店頭で商品を購入するまでは、たとえその商品が店頭に並べられていたとしても、その所有権は百貨店にはなく、販売されたと同時に百貨店が所有していたことになる。つまり、消費者が購入した時点と百貨店が仕入れた時点とが同時に発生するというのが消化仕入の特徴である。もちろん、我々は百貨店の店頭に並べられた商品を実際に目にすることが可能である。また、我々は自分たちが購入する商品が百貨店に仕入れられるのを目の前で眺めるというわけではない。その意味では、この消化仕入における百貨店の仕入というのは、あくまで帳簿上のものといえるかもしれない。もちろん消化仕入の場合には、商品が売れ残ったとしても百貨店にしてみればその商品を仕入れたことにならないため、売れ残りのリスクは川上に位置する企業が背負うことになる。そのため、当然のことながら、マージンは低く設定されている。

　百貨店が「場貸し業」と揶揄されることがあるのは、この消化仕入においては実際に商品を仕入れることも管理・販売することもなく、店を貸しているに過ぎないとの見方もできるからである。しかしながら、冒頭から再三触れているように、百貨店は膨大な商品を取り揃えてこそ百貨店だという見方もある。そのため、この膨大な商品を取り揃えるためには、たとえマージンが低く設定され、その結果利益が低くなったとしても、委託仕入や消化仕入を用いることを全面的に否定するわけにはいかない。

❖ 派遣店員制度

　百貨店のマネジメント・システムのうち膨大な品揃えということに関しては、3つの仕入方式を併用することによって可能であるということが理解されたであろう。百貨店は他の小売業に比べて委託仕入や消化仕入の比率が高く、それらの仕入方式によって仕入れた商品に対するリスクを背負うことがないため、あれほどまでに膨大な商品を店頭に並べることが可能なのである。そして、その結果、百貨店は膨大

第 1 部　伝統的な日本の小売業態

な商品を陳列するに足る巨大な店舗を構えることになる。では、それらの商品を販売する人員はどのようにして確保されているのだろうか。

　先ほど、消化仕入を紹介する際に「場貸し業」と揶揄されることがあると書いた。このことは、実際に店頭で販売を行う店員が百貨店の社員ではないことが多いということも意味している。では、一体、あの販売員は誰なのだろうか。結論を先に述べると、百貨店では製造業者や卸売業者の販売員が百貨店の店頭で販売まで行うことがある。このように百貨店で実際に販売を行う販売員のうち、川上企業の社員のことを「派遣店員」という。つまり、店頭での販売を行うために百貨店に派遣された店員のことである。百貨店はこれら派遣店員を受け入れることによって、巨大な店舗のどの売場でも販売員を配置することが可能になっている。

　この派遣店員というのは、販売員を売場に配置しなくてもよくなるため、百貨店にとって有利な条件のようにみえる。では、製造業者や卸売業者など、川上に位置する納入業者にとって派遣店員を送ることに対するメリットはないのだろうか。もちろん、そのようなことはない。第 1 に、販売におけるメリットを挙げることができる。衣料品や家電製品など、商品に関する専門知識が要求される分野においては実際の商品の販売を百貨店の販売員に任せてしまうと途端に売れ行きが悪くなってしまうことがあるという。それに比べ、自社の社員であれば詳しい知識だけでなく積極的な販売促進も行えるため、安心して販売業務を任せることができる。これが 1 番目のメリットである。

　第 2 に、自らが販売を行うということは、川上企業にとっては店頭でのさまざまな情報を入手できるというメリットが存在する。これには自社商品や他社商品の売行動向に関する情報や、消費者が何を求めているのかという情報が含まれる。百貨店の販売員に販売を任せていたのでは、このような情報は入手しにくくなってしまう。

　製造業者や卸売業者はこれらのメリットがあるがために、百貨店に販売員を派遣するのである。そして我々消費者は、このような派遣店員がいるため、売場で十分過ぎるほどのサービスを受けることが可能なのである。

5 百貨店のこれから

【写真3－3　三越日本橋店】

出所：株式会社三越伊勢丹ホールディングス提供

　次頁の図表3－1は近年の百貨店業界の売上高の推移を示したものである。この図表を見てもわかるとおり、百貨店という業態は衰退状況にあるとさえいえる。実際、百貨店業界の売上高はピーク時の1991年に比べて3兆円近く減少しており、その結果、「市場が縮小している百貨店業界で勝ち残るには統合の実現しかない」（日本経済新聞2007年8月18日付）との思いから、三越も2008年、伊勢丹と経営統合し三越伊勢丹と姿を変えている。また他の百貨店を見てみても、阪神百貨店と阪急百貨店によるエイチ・ツー・オー リテイリング、大丸と松坂屋のJ．フロント リテイリング、そごうと西武百貨店によるミレニアムリテイリングなど、百貨店が単独で存続するのではなく経営統合するケースが頻出している。

　本章で取り上げた百貨店という業態は、日本の小売業界の中でさまざまな革新を起こしてきた。しかし、近年の百貨店はというと、経営統合による規模拡大が行えたとしても、店舗の魅力や消費者の欲望を創出する独自の工夫には欠けているため、全体としては売上げが縮小していっていると言わざるを得ない。そのため、1991年以降売上げはどんどん落ちており、百貨店はかつての輝きを失ってしまっている。

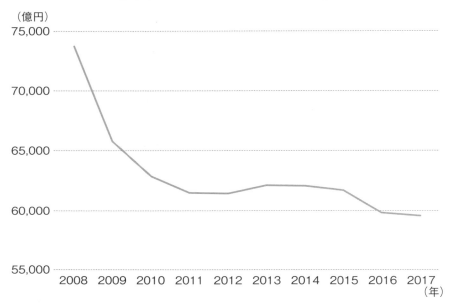

【図表3－1　全国百貨店売上高推移】

出所：日本百貨店協会HPデータより筆者作成

　そのような中で百貨店は魅力のある専門店チェーンにフロアごと入居してもらったり、テナントを誘致して賃料を稼ぐ不動産事業への転換を打ち出したりしているところもある。これら「脱・百貨店」のほかにも、利益率の高い独自商品を強化する百貨店もあれば、バイヤーの育成に力を注いでいる百貨店もある。いずれにせよ、さまざまな革新をもとに日本で初めて小売業態を創り上げた三越をはじめとする百貨店が、その誕生から1世紀以上経ったいま、大きな変化を求められていることは間違いない。

6　おわりに

　この章では百貨店の前身である呉服屋が小売業界にもたらした革新について説明した後、現代の百貨店を百貨店たらしめるための3つの仕組みについて説明した。現在読者の皆さんが当たり前だと思っている小売業の姿のうちのいくつかが、百貨

店が存在しなければなかったものだったのかもしれないということを理解できただろう。

　これ以降の章でも随所でわかるように、「いま」当たり前のものがずっと当たり前だったとは限らない。いま目の前に当然のように存在しているものの中には、小売業者の想像力・創造力や創意工夫があってこそ生み出されたものもあるのだ。百貨店が創業以来これほど長い年月存在し続けているのは、このような革新があり、それを消費者が受け入れてきたからに他ならない。その意味では、百貨店は自らの革新によって、その姿をこれからも変化させ続けていく必要がある。

❓ 考えてみよう

1. 百貨店は「近代小売商業の祖」と言われることがある。どこが、どのように近代的なのか、また、その近代性が他の小売業にどのような影響をもたらしたのかについて考えてみよう。
2. 百貨店は非効率な小売業だと言われることがある。百貨店のどこが非効率なのか、また、その非効率さは排除すべきなのかについて考えてみよう。
3. あなたにとって百貨店が魅力ある小売業態であるとすれば、どこにその魅力があるか考えてみよう。もし、魅力がないとすれば、百貨店は今後どのようにすればよいのか考えてみよう。

次に読んでほしい本

鹿島茂『デパートを発明した夫婦』講談社現代新書、1991年。
初田亨『百貨店の誕生』ちくま学芸文庫、1999年。
藤岡里圭『百貨店の生成過程』有斐閣、2006年。

第4章

電鉄系百貨店
―日本初となるターミナル型百貨店を誕生させた阪急百貨店

1　はじめに
2　鉄道会社の経営者から百貨店事業を夢見た小林一三
3　小売経営への方針転換
4　ターミナル型百貨店の誕生
5　おわりに

❖ 第1部　伝統的な日本の小売業態

1　はじめに

　皆さんは通学や通勤の帰りに駅で買物をする人々の姿をよく見かけないだろうか。皆さん自身もスイーツや洋服、本などさまざまなものを当たり前のように駅にある商業施設で買物しているのではないだろうか。

　この、皆さんが当たり前のように買物をしている駅ビル型ショッピングセンターや、ターミナル駅に直結している百貨店はどのようにして生まれたのか。駅と商業施設は最初から一体化していたわけではない。日本で、そして世界でも初めて鉄道のターミナル駅と百貨店を一体化させることに成功したのが阪急百貨店である。

　この日本中に大きなインパクトを与えた商業立地のイノベーションは東京ではなく、関西において実現した。しかも、呉服系百貨店など商業の専門家ではない鉄道会社主導で成し遂げられた。文字通り、イノベーションは辺境の地で生まれたのである。

　本章では、日本で初めてターミナル型百貨店を生み出し、成功に導いた阪急百貨店のビジネスモデルについて学ぶ。

2　鉄道会社の経営者から百貨店事業を夢見た小林一三

❖ 阪急百貨店とは

　小林一三(こばやしいちぞう)は鉄道事業を中核に、住宅分譲や宝塚歌劇団、東宝そしてターミナル型百貨店である阪急百貨店を創設するなど鉄道会社の多角化を成し遂げた企業家である。

　中でもターミナル型百貨店の先駆けである阪急百貨店は1929年に大阪・梅田に創業以来、西宮、川西、宝塚など阪急沿線の駅を中心に出店し、関西における地位を着実に築いていった。中でも阪急うめだ本店は、創業当初は安くて良いものを提供しており、食品や日用雑貨を中心に取り扱っていたが、次第に洋服や化粧品などの品揃えを広げ、現在ではファッション関連商品を中心に、競合を凌駕する品揃え

と販売力を誇るようになった。そして2012年の建替でさらに品揃えやサービスを拡充し、現在では関西地区で圧倒的な地位を築いている。阪急沿線の住民をはじめ、関西広域の顧客を吸引しており、関西では欠かせない存在の百貨店となったのである。

【写真4-1　現在の阪急うめだ本店】

出所：エイチ・ツー・オー リテイリング株式会社提供

❖ 鉄道の開発

　小林は、当時隆盛だった呉服系百貨店とは異なる、既存の百貨店にとらわれない新しい百貨店のビジネスモデルをどのように作り出していったのか。まずはその前提となる鉄道事業およびレジャー産業開発がどのように進んでいったのかを見ていく。

❖ 第1部　伝統的な日本の小売業態

　小林は、慶応義塾大学卒業後、三井銀行に入行、その後紆余曲折を経て「箕面有馬電気軌道株式会社（後の阪神急行電鉄・阪急電鉄）」に参画することとなった。

　当時の「箕面有馬電気軌道株式会社」は大阪・梅田から兵庫県・有馬までの区間と、途中大阪府・箕面までの支線建設の許可を得ていた。しかし、その地域は当時はまだ人口が少ない場所であったため、新しい鉄道のための集客策が必要であった。

　そこで小林は、沿線開発と同時に宅地開発を行った。線路用地と共に沿線の土地を取得し宅地開発を行うという、沿線開発と宅地開発を一体化したビジネスモデルを考え出したのである。それまでの、人の多く住むところに鉄道を通すという他の鉄道会社の発想とは逆の考え方であった。

　また、宅地開発に伴い、いくつものマーケティング策を繰り出す。1つは日本初のPRの実施である。「最も有望なる電車」というPRパンフレットを作成し、理想的な新しい住宅地として宅地の宣伝を行ったのである。また日本初の試みとして住宅の割賦販売を行った。これは住宅ローンの先駆けであった。

　それと並行し、休日に減少する沿線の乗客を増やすためにレジャー施設の開発を始める。兵庫県・宝塚に温泉「宝塚新温泉」を開業、さらに娯楽施設である「宝塚新温泉パラダイス（現在の宝塚歌劇団）」を増設した。また温泉への集客装置として「宝塚唱歌隊（後の宝塚少女歌劇団）」を設立した。後にこれが宝塚への集客の柱として成長する。こうして一般の家庭が日帰りで行けるレジャー施設を開発し、沿線の目玉として売り出したのである。

　レジャー施設開発はすべて鉄道事業の一環であり、小林は鉄道の付加価値を高めるために特色のある事業開発を次々に行っていった。

3　小売経営への方針転換

❖ 商業施設開業への想い

　小林はかねてより鉄道の利用客および沿線の人々へのサービスとして、鉄道の起点である梅田駅にビルディングを建設して、そこに鉄道会社直営の百貨店を経営する計画を考えていた。

　現在とは異なり、当時は鉄道会社が小売業などのサービス業を経営するのは異例

コラム4−1

阪急電鉄と宝塚歌劇団

　宝塚歌劇団の様な女性だけの演者で、100年以上にわたり続いている芸術集団は世界でも珍しいとされている。小林一三が作り出した宝塚歌劇団は、ターミナル型百貨店同様、世界でも類を見ない新しい取り組みであった。宝塚歌劇団は阪急電鉄に文化面で先駆的かつインパクトのある貢献を果たしてきたのである。

　小林は、鉄道の活性化策として宝塚に温泉を開業した。そこでファミリーをターゲットにした「宝塚新温泉」を開業した。これは当時、沿線人口がすくなかったため、沿線に観光地を開発して都市部からの顧客流入を狙ったものであった。これらの取り組みはその後のさまざまなレジャー開発の先駆けとなった。

　しかし、宝塚新温泉の目玉の一つである室内プールが不評であったことからこれを閉鎖し、劇場へと作り替えた。そこで開催されたのが「宝塚少女歌劇」でありこれが現在の宝塚歌劇のはじまりである。

　第1回公演は「ドンブラコ」「浮れ達磨」という演目であった。当時、演目については本格的なオペラにするか、あくまでも大衆歌劇にするかで主催者側も意見が分かれていた。しかし小林はあくまでも大衆のための演目にこだわり、それを貫き通した。それは小林の商売における皮膚感覚であり、大衆に向けたビジネスを生み出し続けた信念から生み出されたものであった。

　宝塚歌劇が成功した要因は何か。1つは小林が娯楽とサービス業の開発に本気で取り組んだことである。また同時に、小林は明治末には娯楽産業が本格化する流れを見抜いていた。そして、それに対応するために人材の育成に取り組み、早くから宝塚歌劇の人材を海外研修に派遣したことなどが挙げられる。さらに人材を供給する仕組みとして「宝塚音楽歌劇学校（後の宝塚音楽学校）」を創設し、常に新鮮な人材を独自のルートで発掘、育成する仕組みを作り出した事も功を奏した。

　こうした努力が実り、宝塚歌劇団がその後100年以上も続くこととなり、当初の狙いどおり沿線の集客策として機能したばかりか、1つの芸術として沿線を超えて広く世界に認知される劇団へと成長していった。小林の当初の目論見どおり、鉄道事業における集客に大きく寄与することとなったのである。

　こうして小林が思い描いた生活の糧となる娯楽本位の国民劇の創生は成しとげられた。

❖ 第1部　伝統的な日本の小売業態

```
1913年　宝塚唱歌隊を組織。後に宝塚少女歌劇養成会と改称。
1914年　宝塚少女歌劇第1回公演　「ドンブラコ」「浮れ達磨」
1919年　宝塚音楽歌劇学校設立。宝塚少女歌劇団を組織。
1940年　宝塚少女歌劇団を宝塚歌劇団に改称。
```

とされていた。小林もさまざまな人々に助言を求めたが皆一様に小売業への進出を止めた。その理由は、どちらも客商売だが、鉄道は公共性が高く主に鉄道会社が営業を主導できるが、小売業は顧客主導ということもあり、きめ細やかなサービスやノウハウが必要でビジネスの性質が異なるという理由であった。

また当時の百貨店は老舗の呉服店を出自とする呉服系百貨店が中心であり、伝統とのれんが重要な意味を持つ固定客商売であった。したがって、新規参入者にとっては顧客獲得も取引先の開拓も困難であるという点も見逃せなかった。

しかし、小林はさまざまな困難にめげることなく鉄道事業の魅力化の一環として百貨店づくりを目指した。

当時、呉服系百貨店は繁華街に立地し、多くの顧客を吸引し繁盛していた。しかし、繁華街は電鉄の駅から離れており、多くの呉服系百貨店は駅と店舗を送迎バスで結んでいた。またタクシーなどで移動する客も多かった。

小林はこうした呉服系百貨店の動向を観察し、新たな百貨店のあり方を考え続けた。そして、百貨店を鉄道のターミナルに立地させ、新たな商業空間を創造することを思いついた。百貨店を鉄道と結びつければ沿線住民に魅力的な近代生活を提供できると共に利便性の向上も同時に実現できるのではないか、と小林は考えた。

また呉服系百貨店が経費をかけて送迎バスを出しても収益が出るのであれば自分の鉄道と百貨店を結びつければ送迎バスの経費もかからず、呉服系百貨店より儲かるのではないかと算段したのである。

❖ 商業への取り組みのスタート

小林の商業への取り組みの第一弾として、阪神急行電鉄株式会社（以下、「阪急電鉄」と記載）は、1920年に鉄道の起点である梅田駅に、赤レンガ造りの地下1階地上5階建てターミナルビルを建築した。2階は直営食堂を運営し、1階の55坪にはテナントとして関東の呉服系百貨店である白木屋に賃貸契約で出店させ、3

階から5階は阪急電鉄事務所とした。

　当時白木屋は大阪堺筋の備後町に大阪支店を建築中であり、関西エリアへの進出を目論でいた。大阪支店完成までの間梅田地区への出張店設置を計画しており、是非阪急電鉄本社ビルへ出店したいと阪急電鉄に要請したのである。

　一方、阪急電鉄が1階に白木屋をテナントとして導入したのはなぜか。当時大正末期から昭和初期は不況期であった。そのため、小売業の素人集団である電鉄会社がすぐさま冒険をすることは困難であった。また小林は新しく百貨店を設立することを考えたものの、大衆が一番求めているものは何かをつかみかねていた。そこで大衆のニーズをさぐることから商売をスタートさせたのである。リスクを回避しながら実地でマーケット調査を行うため、最初から自分たちで商売は行わず「白木屋」をテナントとして迎え、店頭の動向を研究した。その際、集客数のデータを分析するために売上歩合制を導入することでお金の動きから日々の顧客の動きを掴んだ。幸い、白木屋梅田出張所は開店時から好調であった。好調な白木屋の店頭の顧客動向や陳列方法、品揃え方法などを研究し、顧客に支持されている要因とノウハウを習得していったのである。

　また、阪急電鉄は梅田駅と神戸駅（現在の神戸三宮駅）に直営の食堂を開業している。梅田駅では、阪急電鉄本社ビル2階の全部を使用して阪急電鉄直営の梅田阪

【図表4－1　梅田阪急直営食堂献立】

品　　名	金額
ビーフステーキ	30銭
カツレツ	30銭
オムレツ	30銭
ハムサラダ	30銭
コロッケ	30銭
ライスカレー（コーヒー付）	30銭
御飯	5銭
定食（5品・コーヒー付）	1円
コーヒー	5銭
紅茶	5銭
果物	10銭
ケーキ	10銭

出所：株式会社阪急百貨店社史編集委員会編『株式会社阪急百貨店二十五年史』を参考に筆者作成

❖ 第1部　伝統的な日本の小売業態

急食堂を開業した。洋食専門の食堂としてどこよりも安く、清潔、美味、祝儀（チップ）不要の原則を貫いたため、非常に好評で、予想以上の業績をあげた。

　メニューは、定食、ビーフステーキ、コロッケなどがあった。中でも、このとき提供したコーヒー付きのライスカレーは大阪中で評判となった。こうして食堂はビルの集客の目玉となると同時に大きな利益をもたらした。

❖ 阪急マーケットの開業

　阪急電鉄は乗降客の増加に伴い、1925年に梅田駅を改造し、阪急本社ビル1階を梅田駅乗降口および待合室とするため、白木屋とは契約期間満了の日をもって賃貸契約を終了した。そして新たに2階、3階に直営で食料品などを中心に販売する阪急マーケットを開業、4階、5階には梅田阪急食堂を移転させた。その結果、商業面積、食堂面積共にそれまでの2倍の規模となった。小林は5年の歳月の研究期間を経てようやく直営の小売店を出店したのである。

　小林は阪急マーケットの開業に先立ち準備委員会を設立した。そして委員長には百貨店およびマーケットの調査のためにアメリカ視察を行っていた林藤之輔が任命された。

　当時、小売業については素人集団であった準備委員会は試行錯誤しながら阪急マーケットで何を売るべきかを検討した。小林はメンバーに対して、派手なものよりターミナルに立地する店舗で一番売れそうなものを並べるように指示した。メンバーは何度も検討した結果、第1に食料品を置くべきであるとの結論に達した。そして食料品を販売するための顧客吸引策として小間物、書籍、簡単な家庭用品、売薬等を置くこととした。

　しかし、仕入れについては、取引先から鉄道会社が小売業を経営すること自体突飛な取り組みであるとして、なかなか相手にされなかった。しかし、彼らは苦労に苦労を重ねながら新たな取引先を開拓していった。この時の取引に応じた取引先の多くは後に阪急百貨店の成長と共に大きくなっていった。

　やっとの思いで開業した阪急マーケットで、開業当初もっともよく売れたものは鰯の丸干と竹の皮包みの均一菓子であった。また宝塚新温泉内の製菓所で作られる自家製のロールケーキも大人気であった。当初は宝塚製菓所で製造していたがあまりの人気に1927年に直営製菓所を新設し製造を始めている。さらに第二弾としてエクレア型シュークリームを生み出し、これも名物となった。こうした商品にも直

営食堂同様、新しく生まれた大衆に手軽に洋風文化を届けるという思いが込められていた。

　阪急マーケット開業と同時に移転・拡張した梅田阪急食堂も非常に好評であった。阪急梅田駅、国鉄（現在のJR西日本）大阪駅の乗降客に加え、阪急マーケットの顧客が押し寄せた。4階、5階の新食堂からの大阪市内の眺望は素晴らしく、また食事も安くて美味しいと評判であった。

　この食堂が大きな利益をもたらしたことにより、万が一、百貨店経営への挑戦がうまく行かず、利益が少なくとも何とか食堂の利益で帳尻を合わせることができるとの判断につながり、百貨店経営進出への大きな後押しとなったのである。

【図表4－2　阪急マーケット品揃え】

2階売場

食料品	菓子類	和洋生菓子、干菓子、缶入菓子、箱入菓子、パン、カキモチ、袋入雑菓子、子供菓子など
	乾物	味淋干魚、海苔、昆布、鰹節、塩昆布など
	調味品	昆布、番茶、ココア、コーヒー、紅茶、粉ミルク、ジャム、バター、味の素、砂糖など
	佃煮	佃煮、粕漬、奈良漬、壜詰、缶詰、田麩、蒲鉾、鯛味噌など
	果物	

3階売場

小間物	歯ブラシ、靴墨、ハンカチ、靴下、タオルなど
化粧品	白粉、香水、香油、歯磨、化粧水、洗濯石鹸、宝塚少女歌劇石鹸など
家庭用品	書籍、月刊雑誌、売薬、煙草など
季節物	麦わら帽子など

出所：株式会社阪急百貨店社史編集委員会編『株式会社阪急百貨店二十五年史』を参考に筆者作成

❖ 第 1 部　伝統的な日本の小売業態

4　ターミナル型百貨店の誕生

【写真 4 − 2　第 1 期阪急ビル】

出所：株式会社阪急百貨店社史編集委員会編『株式会社阪急百貨店二十五年史』
　より転載

❖ 立地の特性

　小林は、こうした長きに渡る商業研究の結果や阪急マーケットや梅田阪急食堂の経営が非常に順調であったことから、商業経営に大いに勝算ありと確信した。またビルに大いに集客した結果、店舗が手狭になってしまい顧客の不満を招いていたことからその解消を痛感し、早急に本格的な百貨店を建設することを決断した。

　1929年、1年6ヵ月の工事期間を経て、阪急電鉄本社ビルの西隣、国鉄大阪駅前に第1期阪急ビルが竣工し、地下2階、地上8階建ての鉄筋・コンクリート建築が完成した。

　1階は阪急電鉄のターミナル駅として梅田駅コンコース、改札口、定期券売場などがあり、2階から6階は電鉄直営百貨店、7階、8階は電鉄直営食堂、地下1階は魚菜市場、手荷物預かり所などとなっていた。1階のコンコースは優美なアーチ天井を有しており駅のシンボルとなった。

ここに世界初のターミナル立地の百貨店が誕生した。阪急百貨店はそれまでの百貨店とは異なる立地に出店し、都心部の繁華街の中心に位置していた百貨店業界、ひいては小売業界に立地のイノベーションを起こしたのである。

❖ 呉服系百貨店との顧客層の違い

呉服系百貨店と電鉄系百貨店の顧客層の違いはどのようなものなのか。

もともと百貨店は、三越が「現金掛け値なし」として大衆を対象とした商売を始め人気を博したが、その後品揃えが拡大していき、呉服系百貨店の商売はお得意様を中心とした固定客商売となっていた。人々に高級なイメージを植え付けていったのと同時に知識階級でもあった上流、中流階級の人びとを開拓していったのである。その後、関東大震災を契機に再び大衆を相手とした日用品も扱い始めたとはいえ、百貨店は上流階級の人々が中心の商売であった。

一方で、電鉄系百貨店は開発当初から沿線の大衆を対象としている。その立地特性からサラリーマンやその家族が中心であり、彼らは新中間層として、新たな都市文化の担い手としての役割を果たす人々であった。小林は呉服系百貨店とは異なる不特定多数の大衆をターゲットにビジネスを組み立てたのである。

この新しいマーケットのニーズを掘り起こすにはどうすればよいのか。小林は、大衆のニーズを徹底して探る必要性を感じていた。一方で、大衆のニーズに応えながらも、それにおもねるばかりではだめで、今までにない新しいマーケットを開発しなければならないと考えた。そのために、白木屋をテナントとして入れ、また阪急マーケットを開業して長い年月をかけて大衆のニーズを探るマーケティング調査を行ったのである。

❖ ターミナル型百貨店としての品揃え

先に見てきたように阪急百貨店の顧客は主に鉄道を利用する沿線の大衆であった。そこで大衆本位・大量廉価販売を経営方針とし、それに沿った品揃えを行った。したがって、呉服系百貨店が呉服など高級品を得意としているのに対して、阪急百貨店は食料品、日用雑貨、家庭用品などを主に取り扱っていたために人々の目には新鮮に映り顧客層を広げた。呉服系百貨店が行っていたお得意様を訪問して販売する外売は、当初は商材の特性や集客の特徴から行わなかった。

第 1 部　伝統的な日本の小売業態

　呉服などを扱わないのには顧客層以外にもう 1 つ理由があった。電鉄出身者で構成される電鉄系百貨店の営業組織は、開設当初から仕入れ業務に課題があったのである。特に呉服系百貨店が得意とする高級呉服などは、問屋との結びつきが強くなかったため仕入れに苦労した。そのため、当初は高級呉服の仕入れはあきらめ雑貨関連、日用品を中心とした品揃えとなったのである。

　一方で、仕入れに課題があることを逆手に取り、洋菓子、日用品、雑貨などを自社で製造販売し始めた。いわゆるプライベートブランド（PB）の先駆けであった。小林は製造業まで踏み込むことで、どこよりも良い品をどこよりも安く売ることを実践しようとした。PBを販売することで自由な価格設定や原価設定が可能となり、流通経路も短縮されることからコスト削減も可能となった。

　こうした実用本位の百貨店として食料品、日用雑貨に的をしぼった店内は阪急沿線の住民はもとより、大阪市内の住民、さらには勤め帰りのサラリーマンの人気を集めた。阪急百貨店は開業当初は素人ばかりの集団と揶揄されたがその批判をよそに開業以来快進撃を続けたのである。

　1931年、第 2 期増築された売場が開業した。その後、業績が拡大するにつれて、店舗を拡大し、百貨店経営の経験を積み重ねるなかで、不足しがちであった高級呉服や衣料品まで品揃えの拡大を図った。高級呉服の強化に向けては、呉服系百貨店である大丸の専務を辞して休養中であった呉服の権威、美川多三郎を迎えると共に係員として呉服経験者たちを入社させた。

　それに連動して係員がお得意様の家を訪問し販売する外売も行い始めた。小林は、当初、外売を行わずその経費を削減することでどこよりも安く販売することを掲げていた。しかし、第 2 期増築で店舗の拡張を行い、強化した呉服売場が軌道に乗ってきたことから、呉服販売に欠かせない外売とそれに伴う固定客づくりをスタートさせたのである。

　このころから当初の電鉄系百貨店のビジネスモデルから呉服系百貨店のビジネスモデルへの接近を図りだした。そして大阪一の百貨店を目指すようになったのである。同時に人気を博し集客の目玉でもあった食堂も拡張し、第 1 期の 2 倍の面積となった。

　1932年、第 3 期として増築された売場が開業し、第 1 期、第 2 期と合わせて約 4 万㎡という大阪最大のビルとなった。そして1936年、第 4 期として増築された売場が開業した。第 1 期から第 4 期まで合わせて売場面積 5 万6,200㎡を誇る東洋一の大百貨店が出現した。そして電鉄系百貨店としての大衆向け商材の提供と、呉

服や美術品、外売の拡充など呉服系百貨店の特徴を併せ持つ百貨店へと拡大していった。

　小林は大正期以前の呉服系百貨店には見られなかった店舗の進取的な立地展開による顧客獲得と大衆向けの品揃えの充実に新たな百貨店経営の重要性を見出した。この取り組みは現在に至るまでの立地戦略の必然性や優位性を認識する上で決定的な契機となった。

【図表4－3　第4期阪急百貨店各階配置】

屋上	稲荷神社、店員休憩所
8階	阪急食堂（洋食堂、支那食堂）
7階	大阪物産館、催物会場
6階	百貨店売場（美術工芸品、茶室、茶道具、和家具、佛具、漆器、陶磁器、洋食器、洋家具など）
5階	百貨店売場（服地、婦人子供服、幼児用品、帽子手袋、喫煙具、ネクタイ、釣具、ゴルフ用品、ワイシャツ、靴、鞄、紳士服、クリーニングなど）
4階	百貨店売場（京呉服新柄陳列場、京染呉服、帯地、銘仙、木綿、モスリン、既製品、コート、毛布、わた、夜具布団など）
3階	百貨店売場（眼鏡、貴金属、時計、袋物、パラソル・ショール、化粧品、雨傘、履物足袋、タオル、風呂敷、楽器、蓄音機、レコードなど）
2階	百貨店売場（美容室、書籍、事務用品、プレイガイド、商品券、和菓子、洋菓子、キャンディ、チョコレート、人形、玩具など）
1階	電車のりば、定期券売場、公衆電話、煙草・切手印紙、宝塚少女歌劇座席券売場、理髪店、靴磨き
地下1階	百貨店売場（肉類、野菜果物、海産珍味、すし、砂糖、米、佃煮、乾物、海苔、調味料、和洋酒、金物、荒物、園芸用品など）

出所：株式会社阪急百貨店社史編集委員会編『株式会社阪急百貨店二十五年史』を参考に筆者作成

❖ 他の百貨店への影響

　阪急百貨店が素早い成長を遂げたことによって、日本中にターミナル型百貨店が急速に普及していくこととなった。

　阪急百貨店の成功は、他の鉄道会社による百貨店出店に多大な影響を及ぼした。代表的なものは関西の大鉄百貨店、阪神百貨店、大軌百貨店、東京の東横百貨店、

❖ 第1部　伝統的な日本の小売業態

京浜デパート、九州の九軌百貨店などである。

また呉服系百貨店のターミナル立地への出店にも影響を与えた。例えば髙島屋の難波への出店などである。1928年、髙島屋は南海鉄道株式会社との間に難波駅のターミナルビルである南海ビルディングに関する賃貸借契約を締結し、呉服系百貨店として初めてターミナル駅での百貨店経営へと踏み出した。これが呉服系百貨店のターミナルへの出店の先駆けとなった。

その後、呉服系百貨店と電鉄系百貨店は相互に作用し影響を与えながら商品構成、立地、営業方法などの業態要素を融合させ、今日の日本において2つの百貨店業態を作り出していった。

5　おわりに

本章では電鉄系百貨店のイノベーティブな取り組みを理解するために小林の企業家としての取り組みとその一翼を担う「阪急百貨店」の開発の歴史を追ってきた。

小林は、阪神間に新たな都市文化を造り出し、大衆を迎え入れるという鉄道ビジネスを生み出した。同時に、沿線に付加価値を生み出すレジャー開発を行い、大衆のレジャーのあり方を変えていった。そして鉄道会社直営のターミナル型百貨店の創造により大衆の消費スタイルの変革を成し遂げた。

特に、電鉄系百貨店はそれまで常識であった呉服系百貨店の都心部における繁華街とは異なる立地戦略を取り、大きな成功を収めた。この取り組みは、小売業の立地の重要性を改めて明確にすると共に、後の百貨店業態に新たな立地の可能性を示すなど、今日に至る大型商業施設の立地戦略に多大な影響を与えた。また同時に呉服系百貨店とは異なる顧客層、品揃えで百貨店業態が成立することを示した。特に大衆をターゲットにした大衆至上主義を具現化することで郊外生活者に新しい消費革命を起こしたのである。

かつて百貨店は呉服屋から百貨店業態へ大きく業態変換を成し遂げ成長してきた。品揃え、販売手法、店舗のあり方などさまざまな革新を生み出すことで成功を収めたのである。その呉服系百貨店のビジネスモデルに対して、鉄道会社はターミナル立地という地の利を生かした百貨店経営手法を生み出し、鉄道沿線客という呉服系百貨店とは異なる顧客を取り込むビジネスモデルを構築し成長してきた。

日本の百貨店は、その後呉服系百貨店としてのビジネスモデルと電鉄系百貨店と

コラム4－2

駅ビルの歴史

　小林一三が作り出した阪急百貨店は私鉄によるターミナル型商業施設の先駆者であった。一方、国鉄（現在のJR）は1950年代より、民間と共同で1階を駅舎、2階以上を商業施設とする「民衆駅」の開発を行った。民衆駅第1号は、1950年に愛知県豊橋市に開業した「豊橋ステーションビル」であった。以降この方式が全国に拡大していった。その後、法令改正で国鉄による駅ビルの直営事業が解禁され、1973年神奈川県に「平塚ステーションビル・ラスカ」が開業した。

　「豊橋ステーションビル」は、日本のショッピングセンターの第1号として業界で認知されている。日本のショッピングセンターの黎明期はこうした駅ビルや駅の地下街などの都心型ショッピングセンターからスタートしたのである。

　こうした駅に商業施設を設置する試みは、1969年の池袋駅に隣接した丸物デパート跡にできた「池袋パルコ」によってそのイメージを大きく変えていく。池袋パルコは、国鉄池袋駅のターミナル型百貨店であった丸物百貨店の経営がさまざまな理由からうまくいかなくなり、西武百貨店が引き受けたという経緯から生まれた。池袋パルコの立地は西武池袋店に隣接しており、西武池袋店との差別化のため、ファッションを中心としたテナント構成という新しい店舗コンセプトの商業施設が生み出された。この試みは、後の渋谷パルコ開業と合わせて当時の若者の圧倒的な支持を得ることに成功した。

　その後、国鉄は駅の収益性向上を考えて駅ビルを次々と開発した。1987年には国鉄民営化がありJRとなった。民営化され、さらなる収益性の向上を求められたJR東日本が駅ビル運営の効率化を高めるために、1991年に「ルミネ新宿」「大宮ステーションビル」など、JR東日本が運営する駅ビル同士を統合して新生ルミネとして誕生させた。その後、さまざまな経営努力の末、人気テナントのリーシングに成功し、新生ルミネは駅ビルとして大きく発展を遂げ圧倒的なブランド力を誇ることとなる。

　駅という乗降客が圧倒的に多数の地の利を生かしたビジネスモデルは、ターミナル型百貨店や駅ビル型ショッピングセンター、地下街などさまざまな形で現在も多くの顧客の支持を得ているのである。

してのビジネスモデルをうまく結合させながら今日の日本において2つの百貨店業態を作り出していったのである。

　このターミナル立地での小売業の展開というビジネスモデルは今日なお有効なモ

❖ 第1部　伝統的な日本の小売業態

デルである。もちろん、立地だけに頼った商業施設では成長は難しく、さまざまな新しい工夫がなければ成功はなかった。しかし、今後、日本国内における少子高齢化に伴う生活者の都心回帰により、商業にとってふたたび都心のターミナル立地の意義が見直されていくことは確実と言えるだろう。

❓ 考えてみよう

1. 駅のターミナルに百貨店を作ることのメリットとデメリットを考えてみよう。
2. 駅のターミナルにある百貨店と駅ビル型ショッピングセンターの品揃えやサービスを比較してみよう。どちらが買物をしやすいのか考えてみよう。
3. 呉服系百貨店と電鉄系百貨店のスタート時の顧客、立地、品揃えを比較してみよう。それぞれどうしてそのようになったのか考えてみよう。

次に読んでほしい本

石井淳蔵・向山雅夫編著『小売業の業態革新（シリーズ流通体系／1）』中央経済社、2009年。
奥田務『未完の流通革命』日経BP社、2014年。
商業界編集部編『日本ショッピングセンターハンドブック』商業界、2008年。

第2部

戦後の日本経済成長を支えた小売業態

第5章

総合スーパー
―流通革命の扉を開けたダイエー

1　はじめに
2　創業15年で日本一の小売企業をつくった中内㓛
3　メーカーとの対立とプライベートブランド商品の開発
4　日本型総合スーパーの完成
5　おわりに

1 はじめに

　1950年代の日本の小売市場は、ひと握りの百貨店と多数の中小小売商から成り立っていた。人々は、近くの商店街の小売商を買い回って日々の生活に必要な商品を取り揃え、たまの休日には着飾って百貨店に出かけるような生活を送っていた。

　そこに登場したのが、当時「スーパー」と呼ばれた小売業態である。幅広い品揃え、安売り、セルフサービスなどの特徴をもったスーパーは、その後、店舗を大型化するなどして「総合スーパー」として日本に定着する。衣・食・住にわたり日常生活で必要なものは1ヵ所で揃う利便性と低価格販売というメリットを提供した総合スーパーは、1990年代までの日本の小売市場の発展をリードした。

　この総合スーパーの成長によって、日本に初めて売上高が1兆円を超えるような大規模な小売企業が誕生した。プライベートブランド（PB）と呼ばれる小売企業が主体となった商品開発も、この総合スーパーの成長とともに進展したものである。この章では、日本における総合スーパー業態の代表選手であったダイエーの足跡について学んでいこう。

2 創業15年で日本一の小売企業をつくった中内㓛

　1957年にダイエーを創業した中内㓛は、創業以来、「よい品をどんどん安く」を社是に安売りにまい進した。良い品を安く売ることが消費者のためであり、そのためには小売企業が大規模化して大手メーカーに対抗する必要がある。そう考えた中内は、積極的に店舗を拡大し、1972年には百貨店の三越を抜いて売上高日本一の小売企業になった。

　中内には、消費者を第一に考える（消費者主権）、商品の価格は、大手メーカーではなく小売企業が決めるべき（価格決定権の奪取）という考えが強かった。このような考え方は、それまでにない新たな流通の姿を予感させるものだった。中内によって、日本の小売市場に「流通革命」への扉が開かれたのである。

第5章　総合スーパー

❖ 戦地で見たすき焼きの夢

　中内は、1922年8月、4人兄弟の長男として現在の大阪市に生まれた。父は中内が4歳のとき、神戸市に「サカエ薬局」という薬局を開く。中内は、小学校から高校まで、学校から帰るとその薬局の店番や商品の配達を手伝った。

　日本と米国の戦争が始まった1941年に、中内は神戸高商（旧制の専門学校）を繰上げ卒業した。そして、20歳を迎えた中内は陸軍に入隊する。零下40度の北方地帯で兵役についたが、その後は一転して南方のフィリピン戦線へ送られる。しかし、フィリピンにおける米国の進撃はすさまじく、日本は敗走につぐ敗走を強いられた。

　食料も底を尽き飢餓状態で敗走を続けるなか、中内は山中での奇襲作戦中に米国軍の手榴弾に当たってしまう。大けがをした中内が薄れゆく意識のなかで見たのは、神戸の小さな部屋で、家族6人がすき焼きをつつく光景だった。そのとき、中内はもう一度すき焼きを食べたいと思ったという。

　一命を取りとめた中内は、敗戦後日本に帰還する。物資のない日本では、まず生きていくために米を手に入れなければならない。焼け野原の神戸で、中内は闇市で薬の販売を始めることにした。

　その後、中内は薬の現金問屋である「サカエ薬品」を設立する。現金問屋とは、資金繰りのきびしい中小メーカーや卸売企業から、現金で商品を安く仕入れて販売する業者である。

　このサカエ薬品で、中内はふつうの薬屋の3割引で商品を販売した。サカエ薬品は安いと評判になり、神戸だけでなく、岡山や広島からも顧客が押し寄せた。売上が伸びるにつれ、より多くの商品を仕入れるようになる。そうなると、薬品メーカーや卸売企業からより多くの割引が得られるようになった。中内にとって、薄利多売のメリットを強く実感したのがこのサカエ薬品であった。

❖ 「主婦が喜ぶ店」の創業

　戦後の復興とともに、メーカーが販売ルートを整理し始めた。製品を極端な値引きなしで販売するために、自分たちの方針に従う意思のある流通業者に製品の販売先を絞り込んだのである。

❖ 第2部　戦後の日本経済成長を支えた小売業態

　そうなると、現金問屋の営業を続けることは難しい。中内は、小売業への進出を決意した。「株式会社主婦の店ダイエー本店大阪」の誕生である。社名は、大阪の「大」と祖父の名前「栄」にちなんで付けられた。

　当時の小売市場は、ひと握りの百貨店と多数の中小小売商から成り立っていた。そこで、中内は「百貨店でも普通の小売店でもない主婦が喜ぶ店」を店舗コンセプトにした。主婦を顧客ターゲットにしたのは、主婦イコール消費者だったからである。当時は、多くの家庭で、妻が専業主婦として家庭を代表して買い物を行っていたのである。

　「主婦が喜ぶ店」だけあって、薬や化粧品の安売り販売を行った。そして、主婦たちに何が欲しいかを聞きながら、品揃えを拡大していった。

　主婦たちの要望に応え、雑貨や菓子も販売するようになった。2号店の三宮店（1958年）からは加工食品を、3号店の新三宮店（1959年）からは牛肉、バナナ、りんご、肌着などを、そして三国店（1960年）からは、魚や青果、電気器具なども取り扱うようになった。もちろん、販売価格は他の小売商より大幅に安かった。

　中内には、多種類の商品を販売する「総合スーパー」を作ろうという発想はなかったという。しかし、その後総合スーパーの特徴となった幅広い品揃えと低価格販売は、中内の強い消費者志向からもたらされたものであった。

　品揃えの拡大とともに、ダイエーはセルフサービス化にも取り組んだ。菓子のセルフ販売がきっかけであった。当時は午後3時頃になると顧客が殺到してさばき切れないため、事前に菓子をビニール袋に詰めておこうという発想である。セルフサービス販売は、三宮店に比べて2倍以上の店舗規模があった新三宮店から本格化した。

　その後、「百貨店でも普通の小売店でもない主婦が喜ぶ店」をコンセプトに創業したダイエーは、幅広い品揃えと安売り、セルフサービスなどを特徴として成長していった。1960年代当時、このような特徴を持った小売企業は「スーパー」という和製英語で呼ばれ、日本の小売市場における新たな存在として注目された。

❖ チェーン経営の導入

　ダイエーの事業展開に大きな影響を与えたのが、中内の米国視察（1962年、1964年）であった。チェーン経営を目指していた中内が、その基本を学んだのが米国視察なのである。

【図表5－1　チェーン経営の仕組み】

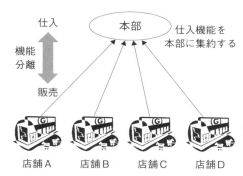

出所：筆者作成

　チェーン経営とは、同じ業態の店舗を多数展開したうえで、商品の仕入れを（店舗ごとに行わずに）本部に集中することで取引先への交渉力を強化する小売企業の経営方式である（図表5－1）。また、単一資本のもとでチェーン経営を行う小売企業をチェーンストア（レギュラー・チェーン）という。

　ダイエーでは、1961年の新三宮店の拡張時から、商品の本部一括仕入れに取り組んでいた。しかし、本部での発注や検品の手順、店舗への配送の仕組みなどは、中内が米国で先進的なチェーン経営の実際を視察することで初めて理解することができたのである。

　米国から帰国した中内は、1963年、西宮にチェーンストア本部を設立する。商品部も本格稼働し、多数の店舗を展開する体制が整った。そして、この年、ダイエーは地下1階、地上6階建ての三宮第一店を開店する。この店舗は、「りんごからダイヤモンドまで」をキャッチフレーズにするほどの幅広い品揃えと安売り販売を特徴としていた。

　チェーン経営の導入とともに、日本型総合スーパーの原型となる小売業態を開発したダイエーは、チェーンストアとしての発展期を迎えていく。

❖ 売上高日本一

　ダイエーの出店スピードは速かった。チェーンストア本部を設立した1963年に

❖ 第2部　戦後の日本経済成長を支えた小売業態

【図表5−2　ダイエーの売上高・店舗数の推移（1958年〜1980年代）】

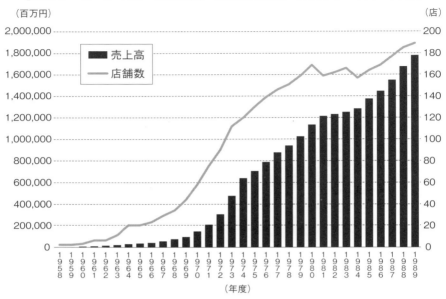

出所：流通科学大学ダイエー資料館「ダイエーグループ年表」

は11店という店舗数であったが、1970年には58店舗、1971年に75店舗、そして1972年には90店舗と、毎年10店舗以上のペースで店舗を拡大していった。

　そして、1972年には、百貨店の三越を抜いて売上高で日本一となる。1957年の創業からわずか15年で、ダイエーは日本で最大の売上高をもつ小売企業になったのである。その年のダイエーの売上高は、3,052億円であった。

　その後、ダイエーは、1980年（決算年度は1979年）に日本の小売企業として初めて売上高1兆円を突破する。図表5−2にみられるようなダイエーの売上高の急拡大は、店舗数の拡大と（後述するような郊外型のショッピングセンター化などによる）店舗規模の拡大がともに進展した結果である。

コラム5-1

経済の高度成長

　1950年代の中ごろから1970年代の初頭にかけての10数年間、日本経済は年平均で10％もの経済成長を遂げた。これが「経済の高度成長」である。

　このような経済の高度成長は、朝鮮戦争（1950〜1953年）の特需をきっかけに始まった。企業で設備投資や技術革新が進み、働く人たちの所得が上昇した。そうなると、テレビ、洗濯機、冷蔵庫などの耐久消費財を購入できる人たちが増加する。すると、今度はその需要に応えるために新たな投資が促進される。このような好循環が経済の高度成長を支えたのである。

　経済の高度成長を経て、日本の産業構造は大きく変化した。国内総生産（GDP）に占める産業別のシェア（％）を高度成長前後の1950年と1970年で比較すると、以下のようになる。

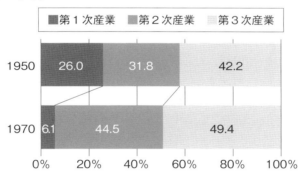

出所：吉川洋・宮川修子「産業構造の変化と戦後日本の経済成長」『独立行政法人経済産業研究所ディスカッションペーパーシリーズ』、2009年のデータより作成

　経済の高度成長を経て、日本は第2次産業、第3次産業を中心とする国に変化したのである。工業化とともに、若い人たちを中心に農村から都市への移住が進み、単身世帯や核家族世帯（夫婦や親子だけの世帯）が増加した。このような世帯数の増加も、経済の高度成長を支えた要因である。

　経済の高度成長は、消費生活にも大きな変化を引き起こした。まず、生活の洋風化が進んだ。食生活でもパン、肉類、加工食品の消費が拡大し、住居も板の間にテーブルの生活へと変化した。また、テレビ、洗濯機、冷蔵庫、扇風機、ストーブなどの耐久消費財が各家庭に普及した。そして、モータリゼーションの進展である。自動車がわれわれの移動手段として普及しはじめるのである。

❖ 第2部　戦後の日本経済成長を支えた小売業態

> 本章で取り上げる総合スーパーの成長は、このような経済の高度成長を背景としたものであった。
> （吉川洋『高度成長：日本を変えた6000日』中公文庫、2012年）

3 メーカーとの対立とプライベートブランド商品の開発

❖ 大手メーカーとの対立

　消費者主権を掲げ、商品の安売りを行いながら急成長を続けるダイエーは、製品の過度の安売り販売を避けたい大手メーカーとの衝突に直面した。ダイエーは、1964年に松下電器（現・パナソニック）から、1965年には花王石鹸（現・花王）から製品の出荷停止を受けた。

　とくに、松下電器との衝突は激しかった。ダイエーの仕入れ担当者が地方の卸売企業から商品を仕入れて販売すると、松下電器の関係者がすぐにそれらを買い占めてしまうというありさまであった。製品の管理番号からダイエーへの出荷元を割り出し、ダイエーへの納品を停止させるという対応も取られていた。松下電器は系列の電器店を守るために、ダイエーの安売りを排除する行動に出たのである。ダイエーも松下電器を公正取引委員会に提訴するなどして対抗した。

　花王とは1975年に和解したものの、ダイエーは1995年まで、松下電器から製品を仕入れることはできなかった（ダイエーと松下電器の「30年戦争」といわれる）。

❖ 独自の商品調達ルート開拓

　商品の安売りを行うダイエーは、多くの商品分野でメーカーや卸売企業からの反発を受け、商品の仕入れに苦労した。商品を卸してくれないのであれば、自分たちで作ってしまおう。ダイエーにおいて、独自に商品調達ルートを開拓した代表的な商品が牛肉である。

　牛肉は、1959年の新三宮店の開店時の目玉商品として取扱いを開始した。神戸

という土地柄もあり、消費者からの要望が多かったからである。戦地ですき焼きの夢を見たように、中内にも消費者に安くすき焼きを食べさせたいという思いがあった。しかし、他の小売商の３割引で牛肉を販売するダイエーは、卸売企業から取引を停止されてしまう。

中内は、やむなく独自に牛肉を調達することにし、兵庫から鹿児島、奄美大島へと新たに肉牛の仕入先を拡大していった。さらには、より安い牛肉を調達するためにオーストラリアなどで子牛を買い、それを沖縄へ移送し肥育・解体して神戸へと運ぶ仕組みを作りだす。そのうえ、1970年には鹿児島に「ダイエーセントラル牧場」という直営牧場までつくり、自社で肉牛を肥育しながら、苦労をかさねて安くて品質の良い牛肉を生産するためのノウハウを構築していくのである。

一方、松下電器と衝突したダイエーは、クラウンという家電製品のメーカーを1971年に買収し、家電製品の製造・販売にも乗り出した。しかし、これはうまくいかなかった。牛肉のように、地道な品質改善への努力が成果に結びつく商品とは異なり、家電製品は技術開発に多額の投資を行い続けなければならない。クラウンは大手家電メーカーに対抗できず、ダイエーは1983年に家電製品の生産から撤退した。

それ以来、ダイエーは「工場を持たないメーカー」を掲げ、独自の製品仕様をもとにメーカーに生産を委託するという「仕様書発注方式」を製品開発の基本方針とした。

❖ 小売企業による商品開発

1961年にダイエーは、初めてのプライベートブランド（PB）商品となるダイエー・インスタントコーヒーを発売した。PB商品とは、小売企業や卸売企業が自社やグループの店舗で販売するために商品を開発し、独自のブランドを付与した商品のことである。

ダイエーが1960年代のはじめにPB商品の開発が可能となったのは、1961年から商品の本部一括仕入れを始めていたからである。ダイエーの成長性に目をつけた上島珈琲（現・UCC上島珈琲）が、インスタントコーヒーの輸入自由化を機会として、米国産の商品を紹介したものであった。

その後もダイエーは、1962年にダイエー・ラーメン、ダイエー・マーガリンとPB商品を開発したが、それらは主に中小メーカーに生産を委託したものであった。

❖ 第2部　戦後の日本経済成長を支えた小売業態

　転機となったのが、同年11月に発売された「東洋紡ブルーマウンテン・カッターシャツ」である。

　大手紡績メーカーであった東洋紡製のシャツは、高級品として消費者の人気を博していた。ダイエーはその製品を3割引で販売したのである。困った東洋紡は、ダイエーに対して両社のブランドを併記した独自製品（ダブルチョップ商品という）を提供し、通常の製品とのすみ分けを図ったのである。ダイエーはグンゼとも「グンゼ・ブルーマウンテン肌着」を開発し、ダイエーの販売力を無視できなくなった大手メーカーともPB商品開発が進んでいった。

　その後ダイエーは、1978年にノーブランド商品を発売する（第1弾として食品13品目）。ノーブランドというだけあって、特定のブランドをつけず、原料や容器代を節約したうえに、宣伝費もかけずに低価格で販売する商品である。その価格は、通常のブランド品よりも30％、それまでのPB商品よりも15％安く設定された。このノーブランド商品は、当時の総合スーパーが品揃えの上質化を進めるなかで、「スーパーは安くない」という消費者の声が聞かれ始めたことへの対応でもあった。

【写真5-1　ダイエーの「ノーブランド商品」とその売場展開】

注：売場の販促資材には、「ノーブランド商品は、名前を覚えていただくための派手な宣伝や豪華なパッケージにして、お客様の関心を期待しません。中身本位の合理的な新しい商品です」と書かれている。

出所：流通科学大学・ダイエー資料館提供

しかし、1970年代の後半から日本でも消費者の品質志向は強まり、ノーブランド商品の売上は伸び悩む。そこで1980年に新たに開発されたのが「セービング」という品質と安さの両立を目指したPB商品であった。

　この「セービング」は、その後デザインの見直しなどを経て、1990年代に花開く。その代表的な商品が、1992年に発売された「セービング・果汁100％バレンシアオレンジジュース」（1,000ml）であった。当時同様の商品が320円前後で販売されるなか、この商品は198円で発売され評判となった。その後、この商品の影響でジュースの市場価格が下落したこともあり、ダイエーのPB商品は「価格破壊」の急先鋒とされた。

4　日本型総合スーパーの完成

❖ 日本独自の品揃え

　1963年に開店した三宮第一店は、衣・食・住にわたる幅広い品揃えを特徴とし、当時「SSDDS」（Self Service Discount Department Store）と呼ばれていた。つまり、セルフサービス方式の安売り百貨店である。このSSDDSのアイデアは、米国から移入されたものであった。しかし、日本のSSDDSは米国とは異なる発展を遂げた。米国のSSDDSは、すでに店舗網を築いていたスーパーマーケットとの競争を避け、食品以外の衣料品と住居関連用品に品揃えを絞り込んだ。しかし、日本のSSDDSは、ダイエー三宮第一店のように、衣・食・住にかかわる商品を幅広く取り揃えたのである。

　これは、当時の消費者ニーズに応じた行動であった。日本の小売市場が少数の百貨店と多数の中小小売商から成り立っていたために、1つの店舗内に生活に必要な商品を取り揃え、それを低価格で販売する小売業者が求められていたのである。ダイエーが薬や化粧品から加工食品、牛肉へと商品を拡大して消費者ニーズを取り込んだように、日本におけるスーパー各社の品揃え拡大の動きが、その後総合スーパーという日本独特の小売業態の発展につながっていくのである。

❖ 第2部　戦後の日本経済成長を支えた小売業態

【写真5－2　三宮第一店】

注：店舗正面の看板には、ダイエー SSDDSという文字がみえる。
出所：流通科学大学・ダイエー資料館提供

❖ ショッピングセンター開発と品揃えの上質化

　日本では1960年代から自動車が普及し、モータリゼーションの時代に入っていく。ダイエーも、その変化に対応し、1968年に香里店（大阪府寝屋川市）を開店した。この店舗は郊外に位置し、1万1,500㎡の敷地面積に400台分の駐車場を備えるという自動車での来店を想定した店舗であった。4階建ての本館に加え2階建ての専門店棟があり、ショッピングセンターとしての性格をもった最初の店舗でもあった。専門店棟には、物販のみならず飲食店、銀行、証券会社など、多くのサービス業者が入居した。

　香里店の売上が好調だったことから、ダイエーでは郊外型のショッピングセンター方式が出店の主力となった。ダイエーをはじめとするスーパー各社で店舗の大型化が進むのは、1970年代のことである。

　ショッピングセンター開発を進めると同時に、ダイエーでは、より品質の高い商品を取り扱うようになった。経済の高度成長を経て、生活水準を向上させた消費者のニーズに応えるためであった。

　このような品揃えの上質化をもっとも強く打ち出したのが、1975年に開店した

コラム5-2

総合生活産業化

　ダイエーは、ショッピングセンター開発を始めた1960年代の後半から専門店事業や外食事業に進出した。また、1970年代の半ばにはコンビニエンスストア事業（ローソン）にも進出した。そして、1980年代に入ると、今度は百貨店、ホテル、クレジット、建設業などにも事業を広げていく。当時、ダイエーのようにグループ内に多様な小売・サービス業を展開する小売企業は、コングロマーチャント（複合小売業）と呼ばれた。

　このような事業拡大の背景には、小売業の「総合生活産業化」という考えがあった。消費者の生活全般を事業領域として取り込んでいこうという考えである。イオンやイトーヨーカ堂など、他の大手総合スーパーも同様に事業の多角化を行った。

　しかし、もっとも積極的だったのがダイエーである。ダイエーは、「4セクタービジョン」を掲げ、事業の多角化を推進した。「4セクタービジョン」とは、⑴リテイル（小売）、⑵サービス、⑶ファイナンス（金融）、⑷デベロッパー（不動産・建設）の4つを事業領域としようというものである。

　ダイエーは、1988年には出版業、遊園地、プロ野球球団（福岡ダイエーホークス、現・福岡ソフトバンクホークス）の経営にも乗り出し、1992年にはリクルートの経営にも参画した。バブル経済が崩壊した1990年代以降も、ダイエーの事業拡大は推進されたのである。

　ダイエーのグループ全体の売上高は、1995年に3兆円を超えた。当時は、日本で最大の小売企業グループであった。しかし、それらの事業拡大は負債を積み重ねることで成し遂げられたものであった。ダイエーは、総合スーパーや新たに出店したディスカウント型店舗の不振などから1998年に赤字に転落する。そして、それ以降は営業力の回復と負債の削減に向け、店舗閉鎖やグループ企業の売却などを余儀なくされていくのである。

（流通科学大学・ダイエー資料館『ダイエーグループ年表』）

碑文谷店（東京都目黒区）である。高級住宅街の近くという立地もあり、この店舗では、衣・食・住にわたり高価格帯の商品を充実させた。また、顧客サービス面でも百貨店並みの水準が目指された。

　このような店づくりは、これまでダイエーを成長させてきた「安売り販売」から

の脱却を意味していた。その代わりに、ダイエーでは、消費者への「生活提案」が新たな店づくりの方向性となっていくのである。

このように、1960年代に安売り百貨店を展開したダイエーは、1970年代に入ると、消費者の変化に合わせてショッピングセンター開発や品揃えの上質化を図っていく。他のスーパー各社も同様の展開を図った結果、1970年代の中頃には、セルフサービス方式の大型店で、衣・食・住にわたる幅広い品揃えを行う「総合スーパー」という小売業態が完成するのである。

❖ 総合スーパーの苦悩

1990年代に入ると、総合スーパーを取り巻く競争環境が変化する。まず、専門チェーンの成長が始まった。家電製品、衣料品、薬など、特定の商品分野に強みをもつチェーンストアが存在感を増すのである。運営システムを確立した食品スーパーも、生鮮食品を中心に、鮮度の良い商品を提供するようになっていた。コンビニもさらに店舗数を増やしていた。消費者が複数の店舗を生活場面に応じて使い分けられるようになったのである。

そうなると、総合スーパーは苦しい。多種類の商品を取り揃えているために、大型店とはいえ、商品分野ごとの品揃えでは専門チェーンにかなわないからである。1980年代までは消費者から強く支持された総合スーパーだったが、「何でもあるが、欲しいものは何もない」といわれるようになっていった。

1990年の後半以降は、ダイエーをはじめとする総合スーパー各社で業績の立て直しが課題となった。専門性の強化、価格の見直し、地域性の重視などの対策が取られたが、業績は回復しなかった。ダイエーが1972年以来守り続けてきた小売企業売上高1位の座をセブン-イレブンに明け渡したのは、2001年のことである。

5　おわりに

ダイエーは、総合スーパーを立て直すことができず、それ以外の事業の育成にも失敗したことから、現在ではイオングループのなかで食品を中心としたスーパーマーケットとして存続している。中内も、ダイエー再建途上の2005年に生涯を閉じた（享年83歳）。しかし、ダイエーが日本の小売市場に残した足跡ーチェーン経

営の導入、PB商品の開発など―は大きく、その後に成長した小売企業各社に引き継がれている。

　イオンやイトーヨーカ堂など現在の総合スーパー各社も、カフェやスポーツジムなどサービス施設の導入、生活テーマに応じた売場の再編成などを通じて店舗の活性化を図っている。しかし、改善が見込めず閉鎖する店舗もみられるなど、総合スーパーの再建には苦労しているのが実情である。

❓ 考えてみよう

1．日本で総合スーパーが成長した要因を市場動向（消費者や競争相手の状況）から考えてみよう。
2．チェーン経営には、ダイエーの採用したレギュラー・チェーンの他にも、フランチャイズ・チェーン、ボランタリー・チェーンという方式がある。それぞれの特徴や課題について調べてみよう。
3．同じチェーン経営方式を採用していても、総合スーパーよりもコンビニのほうがメーカーや卸売業者に対してより強い交渉力を発揮できるといわれるのはなぜか、考えてみよう。

次に読んでほしい本

石井淳蔵『中内㓛：理想に燃えた流通革命の先導者』PHP研究所、2017年。
城山三郎『価格破壊』角川文庫、1975年。
中内㓛『〔新装版〕わが安売り哲学』千倉書房、2007年。

第6章

食品スーパー
―仕組みを創り業界に普及させた
関西スーパーマーケット

1　はじめに
2　食品スーパーづくりに夢を見つけた北野祐次
3　食品スーパーのビジネスモデルづくりと組織間関係
4　関西スーパーのチェーン展開とさまざまな食品スーパー
5　おわりに

✣ 第2部　戦後の日本経済成長を支えた小売業態

1 はじめに

　同じ地域に長く住んでいるとわかりにくいが、食品は地域性の強い商品である。地域により好まれる魚が違ったり、料理の味付けに使う醤油やソースの味が異なったりする。食品スーパーは主に食品を扱うことから、その地域の食生活を知り、地元の取引先から商品を仕入れることが重要になるため、それぞれの地域に根差した食品スーパーが存在している。

　地域の特性に合わせて異なる商品を取り扱っている食品スーパーであるが、売場の奥にあるバックヤードの作業システムは、日本全国の多くの食品スーパーで同様な作業システムが使われている。このバックヤードで、野菜や肉、魚が加工され調理されていることをみなさんは知っているだろうか。このバックヤードの作業システムを考え出したのは、兵庫県伊丹市に本部をかまえる株式会社関西スーパーマーケット（以下、関西スーパー）である。

　関西スーパーが開発したこの作業システムをはじめ店舗運営の仕組みなどは、他の企業との密接なつながりがあってこそ実現することができ、食品スーパー業界への普及にも役立つものとなった。同社は、同業者とはノウハウを共有し、設備・資材メーカーとは設備機器等の共同開発を進め、商品の仕入先とは信頼関係を構築することで安定した商品の供給を受けることができた。

　この章では、関西スーパーが取り組んできたことを見ていきながら、食品スーパーという業態の特徴を学んでいこう。読み終えるころには、普段見慣れた食品スーパーが、きっと違って見えてくるだろう。

2 食品スーパーづくりに夢を見つけた北野祐次

✣ 北野の生い立ち

　関西スーパーを創業したのは、北野祐次（きたのゆうじ）という人物である。1924年に生まれ、2013年に他界されている。享年88歳であった。北野は、日本の食品スーパーの

原型を創りだし、それを広く競合他社にまで公開することで、日本の食品スーパー業界の発展までも視野に入れていた。まさに日本の食品スーパーの父とも言える人物である。まずは、このような北野に影響を与えたと思われる彼の生い立ちから見ていこう。

【写真6−1　現在の関西スーパーの店舗外観】

出所：オール日本スーパーマーケット協会提供

　北野は、1924年に兵庫県伊丹市の藍染めを家業とする家に、6人兄妹の次男として生まれた。子供の頃から父の働く姿を間近に見て育った。北野の父は、雇人に対しても家族と同じように接することを大切にしていた。北野は父に、「店で働く人を、大切にしなさい」「人のおかげで、幸せに暮らせるのです」とよく聞かされていたのである。

　小学生の時、担任教師に、大人になったら何になりたいかと、聞かれたことがあった。多くの子供たちは、軍人になりたいとか、大将になりたいなどと答えた。しかし、北野は立派な商人になりたいと答えたという。

　小学校を卒業すると中外商業学校（現・尼崎北高校）へ進学した。立派な商人になるための第一歩として、商業学校を選んだのである。商業学校卒業後は、大阪の国鉄（現在のJR西日本）に入社し経理課に配属された。しかし、北野にとって事務の仕事はなじまなかったようである。仕事をする以上は、精一杯働きたかったが、1日に2時間も仕事をすると終わってしまうような仕事であった。休みの日には、

❖ 第2部　戦後の日本経済成長を支えた小売業態

生涯の趣味となる登山に明け暮れる日々を過ごしていた。

　国鉄で働き始めて2年が経った頃、陸軍からの命令書が届き入隊することになる。北野が20歳の時であった。北野は幹部候補生教育隊への入隊であったため、結局戦地に赴くことはなかった。その後、1945年8月15日、終戦をむかえ復員する。死を覚悟しての陸軍への入隊であったため幸運な生還であった。

❖ 食品スーパーとの出会い

　復員後は国鉄の職場に戻った。戦争で若い男子職員が少なくなっていたため、今まで雇っていただいたお礼から1年間だけ働き、商人としての道を歩むために独立を決意する。1950年、北野は、大阪中央卸売市場の水産物仲卸人の認可を取得することができ、北野商店として、市場の場内に店舗を構えた。

　北野商店は、削り節（カツオ節など）の製造卸売業であった。当時は、今のように化学調味料はほとんどなく、削り節は料理に欠かせない大切な調味料であり、商売としても有力な商材であった。午前4時過ぎに大阪中央卸売市場のセリ場に立ち会い、原材料の仕入れをする。午後は、見本を自転車に積んで得意先回りをするという毎日だった。北野は得意先を拡大しながら、商売の発展に努力を続けたのである。

　1956年3月、得意先の1つである北九州の小倉へ集金に行くことがあった。そこで、たまたま北野は、その日に開店する食品スーパーの丸和フードセンターという店を見学する機会を得た。開店直後の店は通路をまっすぐに歩くことができないほど、人であふれていた。多くの商品を入れた買物カゴを両手にさげた顧客がお金を払う順番がくるまでレジに並んで待っている。その光景を見た瞬間、北野の脳裏にひらめくものがあった。「これだ！」と思った。

　今の自分の商売は、集金に行っても現金はおろか、手形さえももらえないことがよくあった。しかしこの食品スーパーは顧客がお金を払うために、わざわざ並んで待っている。これからは、この食品スーパーの時代ではないだろうかと、北野は思ったのである。

3 食品スーパーのビジネスモデルづくりと組織間関係

　関西スーパーは、食品スーパーのビジネスモデルを単独で作り上げたわけではな

【図表6－1　関西スーパーのビジネスモデルの構築を支えた組織間関係】

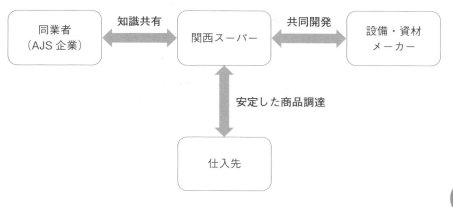

出所：筆者作成

い。他の企業との密接なつながり、すなわち、組織間関係を構築しながら、優れた食品スーパーのビジネスモデルづくりを進めていったのである。図表6－1に示しているように、主要な組織関係は3つあった。同業者とはさまざまな経営知識を共有し、設備・資材メーカーとは設備機器等の共同開発に取り組み、仕入先とは長期的な信頼関係を構築することで商品の安定した調達を可能にした。以下、それぞれの組織間関係から関西スーパーのビジネスモデルづくりをみていこう。

❖ 同業者との知識共有の組織間関係

　3年の準備期間を経て1959年、10人の出資で関西スーパーの前身となる相互産業株式会社を設立し、その年の暮れには伊丹市に第1号店となる「関西スーパー伊丹店」（現・「中央店」の前身）を出店した。関西には日常の食材を扱う店が集まった小売市場が栄えていた。北野は、その小売市場を1つの企業で商うという意気込みで開店する。しかし、簡単にはうまくいかなかった。当時、終戦後の物資が出回り始めた頃で、消費者は物が安ければ買い求めていた。北野は、売場にいろいろと安い商品を並べれば売れるだろうという安易な考え方をしていたのである。
　青果・魚・肉といった生鮮食品を商品化して販売するためには、加工する技術や、売れ行きの動向を見て値段をつける商売の感覚が必要であった。生鮮食品を扱ったことがなかったため、創業当時、生鮮食品はテナントに委託するしか方法がなかっ

た。テナントは自分の利益だけを考えた商売のやり方であった。朝の開店時までに商品を並べなかったり、商品が売れ切れてしまえば、閉店前の早い時間でも自分の売場を閉めるというありさまだった。当然、客数は減少していった。

　食品スーパーは消費者に歓迎されながらも、「安売り屋」のレッテルを貼られ、経営の不安定さから、「スーっと出てパーっと消える」とからかわれていた。一方、経営者自身も、商売を始めてはみたものの先行きに不安を抱えていた。経営に関する情報交換とノウハウの吸収ができる場を誰もが求めていたのである。

　北野らは同志を集め、1962年7月、オール日本スーパー経営者協会（現・オール日本スーパーマーケット協会、以下AJS）を設立し、北野は副会長に就任した。その後、1965年から北野は第2代目会長となる。「商品の量をまとめて安く買うのが目的の共同仕入れは、お互いの利害得失がからんで絶対うまくいかない」との考えから、他の食品スーパーが共同仕入れ機構を立ち上げる中で、協会の最大の目的はあくまで情報交換としたのである。

　毎月大阪の事務所に集まり、活発に意見交換が行われた。会員企業が講師になって研究会を開いたり、経営コンサルタントを招いてセミナーを開催した。研究会で取り上げられる内容は、商品仕入れに関するものが多かった。同時期、成長著しい大資本のダイエーのような総合スーパーは、大型の店舗を出店し、食品に限らず衣料品から電化製品に至るまで百貨店のような品揃えを実現していた。しかし、資金力で劣っていたAJSの会員企業は品揃えを拡大できず、主力となるべき生鮮食品もテナント依存であったため管理もできず、どのように食品スーパーを運営していけばいいのか、AJSの活動は暗中模索の状態であった。

　このような状況を打開しようと1967年、協会として初めてのアメリカセミナーを行った。目的は、食品スーパーの本場の実態を自分たちの目で確かめることであった。この海外研修は、後の協会の方向性を決定づけることになる。

　最初の訪問地ハワイで見学したのは、タイムズ・スーパーマーケットのカイルワ店だった。研修団の一行は驚きに目を見張った。店内に入ると、果物のいい香りがした。売場は明るく清潔で、床は光っていた。大きな冷蔵ケースには、新鮮さを訴えかけてくるように青果物が整然と並んでいる。バックヤードを見学してふたたび驚かされた。青果、精肉、乳製品が見たこともないような大型冷蔵庫で鮮度管理されていた。彼らは設備機器や合理的なレイアウトに、ただ驚くしかなかった。

　北野のそれまでの商売は、売れそうな商品をただ集めて販売しようとするその場しのぎのもので、商品を幅広く扱う総合スーパーの勢いに押され、衣料品にも手を

広げていた。アメリカの食品スーパーは、売れそうな物であればどんな商品でも並べるのではなく、一般的な家庭が普段の生活に必要としている食料品を専門的に扱い、なおかつ消費者が望むかたちに加工し、販売していた。また、高級品や稀少品は扱わず大衆向けの商品のみを販売している。これこそが、食品スーパーであると確信した。

ただし、アメリカの食品スーパーでは、主体は加工食品や日用雑貨で、生鮮食品は総売上高の25％に過ぎない。日本人の食生活に占める生鮮食品の割合はきわめて高く、魚、肉、野菜のどれも、鮮度を求める傾向が圧倒的に強かった。アメリカの食品スーパーをただ真似るのではなく、日本の風土に合った日本型の食品スーパーの開発が求められたのである。

❖ 設備・資材メーカーとの共同開発の組織間関係

北野の進むべき道は決まっていた。「生鮮食品を中心に据えて、普段の食事の材料、普段の生活を維持する商品を揃える」ことである。帰国した北野は、直ちに衣料品などの商品をすべて半値で処分し、購買頻度の高い生鮮食品とそれに関連した加工食品および日用雑貨に商品構成を絞り込んだ。もちろんアメリカの食品スーパーから学ぶべき点は多かったが、生鮮食品が主体となると、日本で独自に鮮度管理に関する設備やノウハウを開発する必要があった。

しかし、この開発には大きな壁が立ちはだかっていた。それは生鮮部門の仕事は当時、専門の職人が行っていたからである。注文を受けて手際よく魚をさばき、その場でお造りにするのは職人にしかできないと思われていた。

この固定観念を打ち破ろうと、職人が経験により蓄積してきたノウハウを個々の作業に分解して単純化、標準化するという工学的な手法を用いたのである（図表6-2）。あらかじめ加工した商品をパッケージにして販売することで、顧客からの要望を聞いてその場で魚をさばく技術は必要ではなくなる。また、作業工程ごとに分業制にして、作業を細かく分けておけば、素人でも訓練すればできるようになると考えた。結果は、特別なこだわりを持たない「普段の食事の材料」を買いに来ている顧客は、自分で選べるうえに加工の待ち時間ゼロのセルフ方式を支持してくれた。生鮮のセルフ化という高い壁を乗り越えたのである。

しかし、障害はまだあった。生鮮食品の品質を高いレベルで維持しながらセルフサービスで販売するためには、バックヤードに設置する冷蔵庫や売場の冷蔵オープ

【図表6-2　職人による仕事から従業員による分業体制へ】

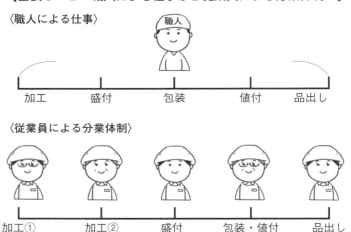

出所：筆者作成

ンケースの性能を高めること、さらにはパッケージ用素材の開発も不可欠だったのである。アメリカ製のものはあったが、高価なうえにサイズや使い勝手が良くなかった。この打開策として、自分たちでメーカーにリクエストを出し、共同開発をしていこうと考えたのである。

　バックヤードの青果物の冷蔵庫は自社でもかなり改善を進めていたが、鮮魚、精肉用の冷蔵庫は、冷気を逃したくないという理由で、冷蔵庫の出入り口に段差があり、商品を運ぶカートを押したまま出入りすることができず、自社だけの開発には限界があった。そこで、伊丹ダイキン空調に依頼したところ共同開発を始めることができた。

　売場の冷蔵ケースのさらなる開発は、日進工業と共同開発を進めることになった。アメリカと比べて日本の気候は、高温多湿なうえに四季の温度変化が大きい。冷蔵ケースは日本の気候に対応しながら、適温を安定的に保たなければならない。さらに、アメリカと日本では扱う商品も異なっている。アメリカでは、青果は露地物主体で丈夫であり、精肉もスライスせずにブロック売りであるため管理が容易であった。しかも鮮魚はほとんど扱わない。日本のような繊細な管理は必要ではなかったのである。

　関西スーパーは、伊丹ダイキン空調や日進工業以外の関連設備、機器メーカーとも長期的な取引関係を結び、革新的な製品開発に成功していった。たとえば、三井

東圧化学とはプリパッケージ用フィルムの開発を行った。伸縮性があり、冷凍、冷蔵しても透明度と光沢が損なわれず、新鮮さを感じさせ、さらに水分を遮断しながらも適度に通気性があるという非常に難しい条件をクリアした。技研化成（現・積水技研）とは、加工した生鮮食品を入れるトレーの共同開発を進めた。さらに、商品を運搬するカートや自動包装できるオートパッカー等についてもメーカーとの共同開発を進めて行った。

　店頭段階での鮮度管理システムの原型が出来上がった関西スーパーには、1日中鮮度のよい青果物が並んでいるという評判が立った。北野はAJSの会員に自ら開発した青果物の鮮度管理システムを公開していった。その後評判は広まり、会員以外の食品スーパーや、大手総合スーパーからも教えを乞う声が多く寄せられた。普通であれば、自ら開発したものを他社に教えることはしない。しかし、北野は、惜しみなくノウハウを無償公開していったのである（コラム6－1）。

❖ 仕入先との厚い信頼の組織間関係

　仕入先である卸売業者やメーカーに対して、北野は次のように考えていた。「専門家として業務に携わっているメーカーや卸売業者の方が、商品知識を豊富に持っている。バイヤーとして、取引先の教えを受けるという謙虚な気持ちで接することを大切にしたい。関西スーパーと取引をしてよかったと思われるよう取引先との信頼関係づくりを常に心がけることで、取引先の協力を得た方が良い結果につながっていくものである」。

　それは、北野自身がかつて、中央卸売市場の仲卸業者であった経験があるからこその考え方であったと思われる。関西スーパーは、生鮮食品は基本的に中央卸売市場を通じて仕入れるという姿勢を崩さず実践した。

　中央卸売市場は全国から多種多様な商品を仕入れることができる。自社で産地から直接商品を調達しようとしても、商品の種類はどうしても限られてしまう。産地と直接取引する場合は、季節の変化に合わせて産地を変えて行かなければならないため、その費用も膨大なものとなる。また直接取引であると、その産地でとれた商品は高級品から低級品までを買い取らなければならない。しかし、中央卸売市場であれば、必要とする品質クラスの商品だけを買い付けることができる。長期的な取引関係のなかで、商品の評価選別機能の高い仲卸業者の専門知識も活用できる。このようにして、良質かつ必要な商品のみを安定して仕入れることができるのである。

> コラム6－1

関西スーパーのノウハウ公開に関する効果

　普通であれば、仕組みを作り上げた企業は、同業者へノウハウを開示することはまずしない。特許を取得するなどして競合他社が使えないようにするであろう。しかし、関西スーパーは、AJSのメンバーはもちろんのこと、AJS以外の同業他社に対してもそのノウハウを無償で公開していった。

　また、メーカーと共同開発を行った場合、同業他社にその機器を販売することに一定の制限を設けることも行われる。しかし、関西スーパーは、それも行わなかった。さらに、機器を店舗に入れただけでは、それを使いこなすことは難しいため、他社の従業員を受け入れて、業務を通じて実際に機器の使い方などを実習生に教えることもした。なぜ、関西スーパーがこのような行動をとったのかという動機は、なかなかわかりづらいので、同業他社に公開することによって関西スーパーが得られる効果という視点から考えてみよう。

　関西スーパーが同業他社にノウハウを公開すると、情報提供を受けた企業は関西スーパーの多くの取り組みを採用した。指導を受けた場合はそれに愚直なまでに従うようになった企業もある。その結果、関西スーパーとほぼ同じような店舗、作業システム、品揃えまでも同じようになる。模倣した企業の中には、優れた業績を示すところも現れ、同業者の関西スーパーに対する信頼は非常に大きなものとなっていった。

　このように関西スーパーの意見に同業者の経営が左右されるようになると、関西スーパーが決定する品揃えを同業者も模倣し、さらに商品の陳列棚やバックヤードの設備機器までも模倣するようになる。そうなると、関西スーパーと取引をしている卸売業者やメーカーは、同社の仕入商品の動向に注視せざるを得なくなる。取引企業は関西スーパーに有利な取引条件を与えたり、売れ筋商品を優先的に配分した。機器メーカーからは関西スーパー専用の機器開発への協力を得ることができるようになった。

（石井淳蔵・向山雅夫編著『小売業態の革新（シリーズ流通体系／1）』中央経済社、2009年）

4 関西スーパーのチェーン展開とさまざまな食品スーパー

❖ チェーン展開

　以上のような他の企業との組織間関係から生鮮食品の鮮度管理や店舗設備および、取引先との関係が確立し、1976年、標準店舗1号店として広田店をオープンさせた。1959年に初めて店舗を出してから17年が経っていた。

　結果的に非常に多くの年月を重ねたが、アメリカから食品スーパーのあり方を学び、日本独自の鮮度管理の設備や作業システムをメーカーと共同開発し、店舗作業の標準化を進め実現化するという、革新的なシステムを構築するためには必要な時間であった。

　その後チェーン展開に向け、各店舗が利益を上げられるような設備や作業システムの標準化、鮮度管理技術の開発と労働生産性の向上が必要とされた。鮮度管理設備の開発や分業の作業システムについては前述の通りだが、まだ触れていない労働生産性向上に不可欠な人材教育についてみてみよう。

　北野は、顧客よりもまずは従業員が大切であると考えていた。顧客は良い商品がそろう快適な買物環境の店を望んでいる。そのような店は、モチベーションの高い従業員によって生み出される。従業員のモチベーションを上げるためには、わかりやすい作業内容や、作業をしやすい設備が整備されていることが大切である。作業工程や作業設備が標準化されることで、全社共通の標準化された教育訓練ができ、従業員がどこの店舗に異動しても仕事がすぐにできる。

　教育を受け仕事の能力が向上することで、それを評価や給与に反映させる仕組みを用意しておくことも必要である。関西スーパーは給与水準を上げ、残業時間を削減し、休暇日数を増やすなどの人事制度や福利厚生制度などの労働条件の向上に努め、流通業界の中でも高い水準に至った。このような仕組みは、今でこそ業界で取り入れている企業は多くなってきたものの、日々の販売ばかりに関心のあった食品スーパー業界では画期的なことであった。食品スーパー、そして流通業界が労働集約型産業であるからこそ、その発展には、人や組織の問題を避けて通れないことを他の誰よりもはっきりと認識していたに違いない。

> コラム6-2

売場の科学

　食品スーパーの売場には科学的に考えられたさまざまな工夫がある。そのうちのいくつかを紹介していこう。

① 食品スーパーの玄関 "野菜売場"

　ほとんどの食品スーパーの入口は、野菜・果物売場から始まっている。これには理由がある。野菜は、肉料理、魚料理のどちらにも使用される食材であり、使用頻度が高いことから常に冷蔵庫の中にストックしておきたい食材なのである。そのため、まずは材料を補充することから買い物をはじめてもらい、今日の献立を想像してもらい、買い物にリズムをつけるのである。

　また、野菜・果物は肉や魚に比べ、見た目が鮮やかで、売場としての彩りも表現しやすい。四季折々に旬の食材があるため季節感を出せることや、香りもよいことから顧客の購買意欲を刺激する効果もある。

② 約8割の商品は店舗内で購買決定される

　食品スーパーで買われる商品の約8割が店舗内で決められる。売場でよく目立つ場所に商品を置いておくと、多くの顧客は買うものを決めていないことから、購買の選択肢に入れられやすい。そのため目線の下、腕が伸ばしやすい胸元の棚の段（ゴールデン・ゾーンと呼ばれている）にある商品は、他の場所に比べてよく売れる。これは、見方を変えると食品スーパーで買う商品は顧客にとってこだわりの少ない商品群であるともとれる。

③ 店内を移動する長さと購入点数は比例する

　牛乳や卵は日持ちがしにくく日常的に良く食卓で使用される商品であり、購買頻度の高いパワーアイテムとも呼ばれる。このような商品は、売場では離れた場所に陳列されている。これはなぜであろうか。例えば卵と牛乳の陳列場所を意図的に離しておくと、卵をかごに入れてから、離れた場所にある牛乳を買うために店内を移動する。その途中にさまざまな新商品や目玉商品の陳列を行うことで、それらの商品に顧客の目を向け、購買につながる機会を増やそうとしているのである。

第6章　食品スーパー

❖ さまざまな食品スーパー

　関西スーパーが生み出した以上のようなシステムやノウハウは、食品スーパー業界に広まり、「関スパ方式」と呼ばれた。食品スーパー業界は、成長への離陸こそ遅れたが着実に成長し、今や日本で最大の小売業態へと成長した。そのような食品スーパー業界も成熟期を迎え、そのシステムは多様に進化し、地域への特化に加え、さまざまな食品スーパーのビジネスモデルが存続を賭け、しのぎを削っている。

　現在、AJSグループの中核メンバーで東京を中心に首都圏に店舗展開するサミットは、関西スーパーの方式を実直に学び、強固なマネジメントシステムを構築した。その後は、そのシステムを基礎にしながら、売上高予測に基づき、必要な作業内容や作業時間を設定して、誰が、いつ、どのような仕事をするかを計画し、管理していく手法（レイバースケジューリングプログラム）を導入して、マネジメントシステムをさらに進化させた。現在、一部店舗に専任の売場案内係を配置したり、試食コーナーを設け、楽しく便利な売場づくりに力を入れている。

　関西には、標準価格帯と高価格帯の中間を好む顧客層をターゲットに店舗展開をする阪急オアシスがある。かつてAJSの主要メンバーであったニッショーという食品スーパーを吸収している。ヨーロッパの市場の賑わいを店舗内で実現する「高質食品専門館」という店舗コンセプトを掲げて、売場のライブ感、食の専門知識の提供、情報発信を重視した取り組みを行っている。グループ内には、阪急ベーカリー、阪急デリカといったパンや惣菜のメーカーもあり、強固な連携関係を構築している。

　豊富な品揃えや売場づくりに工夫を凝らし、店舗内での顧客に買い物の楽しさを提供しようとするサミットや阪急オアシスとは異なる戦略を展開する企業もある。東京に本社があるビッグ・エーは、通常の食品スーパーが扱う商品の中で、購買頻度が高い品揃えに絞り込み、価格帯を通常よりも20％安くした価格価値を追求する戦略を展開している。一般的には、食品スーパーではなく、「ハードディスカウンター」と呼ばれている同社の店舗であるが、主要な取扱い商品は日常の食品であるため、今後の食品スーパーの1つの重要なビジネスモデルになる可能性が考えられる。

❖ 第2部　戦後の日本経済成長を支えた小売業態

5　おわりに

　北野は、食品スーパー業界に工学的な考え方を持ち込み、経験を積んだ職人にしかできないと考えられていた生鮮の仕事を、単純作業に分解し、素人の従業員でも教育訓練すれば短期間にできることを実証した。設備機器等のメーカーとの共同開発では実験を繰り返し成果につなげていった。彼が他の組織とのネットワークを積極的に構築し、関係を強固にできたのは、父から受け継いだ他者への尊敬の念を持っていたからではないだろうか。そのことが、一企業の発展だけでなく、食品スーパー業界全体の発展を考える高い視点につながったのかもしれない。北野の高い志があったからこそ、日本の食品スーパーに生鮮システムが普及していったのである。

　今、食品スーパー業界は成熟期を迎え、関スパ方式の種は、各地域で花が開き、食品スーパーの多様なビジネスモデルが存在している。業界内に多様なビジネスモデルが存在すれば、どれかが環境の変化に適応することで食品スーパー業界は存続し続けることができるであろう。今後、どのようなビジネスモデルの食品スーパーが発展していくのであろうか。みなさんも、10年後、20年後の食品スーパーについてぜひ考えてみてほしい。

?考えてみよう

1．「コラム6－2　売場の科学」を読んで、近くの食品スーパーに行き、実際どのようになっているのか観察してみよう。
2．食品スーパーとコンビニについて、①主な顧客層、②購買頻度、③来店動機、④店舗規模、⑤立地、⑥品揃え、⑦価格などの点で比較してみよう。
3．店舗の従業員に生き生きと働いてもらうために、食品スーパーの経営者と店舗の店長はそれぞれ何をするべきであろうか、考えてみよう。

次に読んでほしい本

石井淳蔵・向山雅夫編著『小売業態の革新（シリーズ流通体系／1）』中央経済社、2009年。

小林二三夫・伊藤裕久・白鳥和生編著『〔改訂版〕ようこそ小売業の世界へ』商業界、2017年。
矢作敏行編著『日本の優秀小売企業の底力』日本経済新聞社、2011年。

第 7 章

コンビニエンスストア
―日本独自のシステムを創った
セブン-イレブン・ジャパン

1 はじめに
2 米国での出会いに賭けた鈴木敏文
3 日本型コンビニの仕組み構築
4 革新が生まれ続ける日本型コンビニ
5 おわりに

❖ 第2部　戦後の日本経済成長を支えた小売業態

1 はじめに

　皆さんの生活圏に、コンビニエンスストアの店舗がどれほどあるだろう。1つや2つはすぐに思い浮かぶだろうし、繁華街や大きな鉄道駅の周辺などであれば、同じチェーンの店舗がいくつも営業しているという場合もある。コンビニが、多くの日本人の生活にとって非常に身近な存在になっているということを示す一方、「もうこれ以上、コンビニが増えても仕方ないのでは」と思う向きもあるかもしれない。全国のコンビニ店舗の数はすでにおよそ6万店、これは日本のすべての幼稚園・小学校・中学校・高校を足した数よりも多いのだ。

　そうした「コンビニ飽和論」は今に始まったことではなく、かれこれ20年ほども前からずっと言われ続けている。2000年に全国のコンビニ店舗数が4万店に達し、単純計算で1店舗当たり人口3,000人となって、これ以上増えても売上げを奪い合うだけになると言われていた。ところがそこから、20年弱のうちにさらに2万近く店舗数が増えている。つまり、それだけコンビニに対する需要がまだまだ存在するというわけである。今まで利用していなかった新しい顧客を開拓したり、コンビニに訪れる目的を新たに生みだして来店頻度を高めたり、というコンビニ各社の経営努力によって、店舗の新たな魅力を加え続けることで顧客を増やしてきたのだ。

　さらに時代をさかのぼれば、実はそもそも日本ではコンビニのような小型店は消費者のニーズに合わず成立しない、という考え方が一般的だった。そうした低い評価は、コンビニの存在感の大きさを日々感じている現在のわれわれの感覚からすれば、まったく理解できないことかもしれない。しかし、コンビニ業界の成長がはじめから確実なものとして約束されていたわけではなく、消費者にとっての価値を提供する工夫や努力を各社が積み重ねてきた結果が、今あるコンビニの姿なのである。そして、その業界の発展をリードし続けてきたのが、セブン-イレブン・ジャパン（以下、セブン-イレブン）だ。

2 米国での出会いに賭けた鈴木敏文

❖ 新興チェーンに飛び込んだ門外漢

　ダイエーの売上高が100億円を突破し、西日本を中心に積極的なチェーン展開を始めていた1960年代初頭。出版業界の大手企業に勤務していた鈴木敏文は、会社から独立して仲間たちとテレビ番組制作プロダクションを設立することを考えていた。そのスポンサー探しをしているとき、鈴木は友人から紹介されて、東京都台東区にあった株式会社ヨーカ堂を訪れた。

　同社はその後、小売業界大手へと成長するイトーヨーカ堂である。しかし、当時はまだチェーン展開をはじめたばかりの新興の総合スーパーで、店舗数はわずかに５つ、従業員数500人という規模の会社だった。鈴木は、この会社の名前はもちろん、そもそも総合スーパーというビジネス自体を知らず、もちろん関心もなかったという。ところが、いろいろな成り行きがあって、彼は同社に転職することとなってしまった。鈴木が30歳、1963年９月のことだった。

　当初の鈴木の職務は、販促担当や人事責任者だった。入社前の彼がそうだったように、当時はヨーカ堂の名前も総合スーパーの存在も知らない人が多かった。日本の花形産業だった自動車や家電業界への就職に目を向ける高校生たちを振り向かせ

【図表７－１　イトーヨーカ堂とセブン-イレブン・ジャパンの沿革】

1920年	台東区浅草に「羊華堂洋品店」が開業
1958年	株式会社ヨーカ堂を設立（後の株式会社イトーヨーカ堂）
1961年	イトーヨーカ堂のチェーン展開が始まる
1973年	株式会社ヨークセブンを設立（後の株式会社セブン-イレブン・ジャパン）
1982年	セブン-イレブンが世界最大規模のPOSシステム導入開始
1991年	米国サウスランド社の発行株式69.98％を取得
2001年	セブン-イレブンのチェーン全店売上げが国内小売業のトップになる
2003年	セブン-イレブンの国内店舗が１万店突破

出所：株式会社セブン＆アイ・ホールディングス公式サイトに掲載された「企業情報」を参照し筆者作成

❖ 第2部　戦後の日本経済成長を支えた小売業態

るため、彼は年の半分ほどの期間を出張に費やし、全国で新入社員の採用活動に努めていた。

　1971年に39歳で取締役に就任した彼は、やはり各地を駆け回っていたが、その相手は高校生ではなく商店街関係者たちに変わっていた。当時、ダイエーをはじめとする総合スーパーの大型店舗が大都市郊外や地方都市にも進出し、その脅威に地元の中小小売商たちが激しく反発するという動きが大きくなっていたのだ。当時、首都圏を中心に22店舗を営業し、さらなる出店を急いでいたイトーヨーカ堂の業務開発担当責任者として、鈴木は出店予定地で開く説明会で「大型店と中小小売商の共存共栄は可能」と訴え続けたが、そんな強者の論理は受け入れられないと交渉は平行線をたどることが多かったという。

❖ コンビニエンスストアとの出会い

　当時の彼は、そうした中小小売商が営業不振となるのは大型店との競争の結果ではなく、労働生産性が低いことや客のニーズにうまく対応できていないことなど、あくまで店側に原因があると考えていた。しかし、たとえ理屈ではそうであっても、現実に生産性を向上させた中小小売商の実例というものがなかったので、なかなか相手を納得させることができなかったという。

　そのような折、流通業の最新事情を学ぶために同社が行なっていた米国への海外研修を率いていた鈴木が、車で移動中に休憩で立ち寄ったカリフォルニア州の道路脇の小さな店が、セブン-イレブンだった。

　当時、すでに米国ではコンビニは広く普及した小売業態だった。スーパーマーケットを小型にしたような店に食品や雑貨などが並ぶ様子を見た鈴木は、その時は「アメリカにもこんな小型店があるんだ」という程度の印象だったというが、日本へ戻った後に調べてみると、その運営会社であるサウスランド社が全米でおよそ4,000店舗を展開する超優良企業だということがわかり、驚かされた。

　流通先進国である米国には、大型のスーパーマーケットやショッピングセンターが日本よりもはるかにたくさん存在している。そのようなライバルを相手に、数千に及ぶ数の小型店舗のチェーンを展開できるということは、何か仕組みがあるに違いない。鈴木は、これこそ大型店と中小小売商との共存共栄のモデルであると考えた。そして、日本でこうしたコンビニを中小小売商が加盟するフランチャイズ・チェーンとして展開することを、イトーヨーカ堂の新事業として始める計画をたて

第7章　コンビニエンスストア

始めた。

　しかし、この案についてはあちこちから異論ばかりが寄せられたという。社内のみならず、鈴木が意見を求めた流通関係者や大学の研究者も皆、同社がコンビニ業態へ進出することは難しいからやめるべきだ、という声ばかりだった。ただ、その反対論の根拠はと言えば、日本にはすでに商店街や中小小売商が数多くありその大半は衰退しかけているのだから、新たに小型店のチェーンを展開しても大型スーパーとの競争で生き残ることができるはずがない、といったものだったという。

　鈴木は、そうした競争が問題の本質ではないという意見の持ち主であったから、これらの反対意見にはまったく納得できず、逆に「これは挑戦する価値がある」と考え、準備に1年近くかけてサウスランド社へのプレゼンテーションを行った。それを受けたサウスランド社も、2度にわたって日本市場の調査を行い、それをもとに100項目におよぶ質問書をイトーヨーカ堂に送付してきた。社内の意見が分かれたままの状況で、同社の創業者である伊藤雅俊社長から対応を一任された鈴木は、その質問書への回答や交渉の準備を入念に行ってサウスランド社の本社があるテキサス州・ダラスへと向かった。

　最終交渉では、出店数の目標やロイヤルティの率をめぐって厳しいやり取りが行われたというが、最終的には鈴木の示した条件にサウスランド社側が譲歩し、ライセンス契約でロイヤリティ0.6％、8年間での出店数1,200店舗という内容でまと

【写真7－1　サウスランド社との間でライセンス契約する様子の写真
（左から二番目が鈴木）】

出所：セブン＆アイ・ホールディングス提供

まった。両社の間で正式調印が交わされたのは、1973年11月だった。

新しくコンビニ運営会社として、株式会社ヨークセブン（現・セブン-イレブン・ジャパン）が設立され、反対意見を押し切って契約にもちこんだ張本人である鈴木が社長を任された。そして、彼をはじめイトーヨーカ堂からヨークセブンへ移った数名の社員は、「創業」という意識を徹底させるためにも全員、出向ではなく転籍という扱いだった。

3 日本型コンビニの仕組み構築

❖ コンビニを1からつくる覚悟

切り札をようやく手に入れることができた鈴木だったが、契約後になって初めて開示された27冊にもおよぶ分厚い経営マニュアルの内容や、サウスランド社のトレーニングセンターでの研修内容に触れて、彼は失望してしまった。当初は、米国でのやり方をそのまま持ち込めば良いだろうと安易に考えていたのだが、マニュアルにも研修内容にも、鈴木が期待したような経営ノウハウはまったく示されておらず、レジの打ち方や報告書の書き方、冷凍ハンバーガーを店舗で温めて販売する方法といったことばかりだったという。鈴木は、日本の実情をふまえた独自のフランチャイズ・システムを、自分たちで確立しなければならないと覚悟した。

実は、大型店と地元の小売商との争いを回避する方法としてコンビニに注目していたのは、鈴木だけではなかった。すでに1972年には、通産省（現・経済産業省）・中小企業庁の監修で「コンビニエンス・ストア・マニュアル」が公表されており、事業のコンセプトやチェーンシステムの基本、標準的な店舗の形態や物流システムなどについてもそこに記されていた。また、イトーヨーカ堂がサウスランド社と正式調印した翌年の1974年3月に『日経流通新聞』が発表した日本初のコンビニ調査によると、101の回答企業・団体のうちすでに店舗展開をしていたのが14、計画中が22、研究中という回答は51に達していた。この当時のコンビニ運営企業にはスーパーマーケットだけでなくメーカーや小売商の組合なども含まれており、この1974年の段階で大阪のKマートが313店舗、新潟の清水フードセンターが23店舗、メーカーの雪印乳業も60店舗を展開している。

第7章　コンビニエンスストア

　しかし、こうした新しい小売業態が生まれた当初によくあることだが、各社のコンビニ店舗の様子はバラバラだったという。売場面積がどれくらい「小型」なのか、営業時間や休業日数はどう設定するか、生鮮食料品など品揃えはどうするのか、価格設定の方針や粗利益率の設定はどの程度か、といった点について、役所が示した「コンビニエンス・ストア・マニュアル」のものとも異なるさまざまな態様のコンビニが、すでに各地で営業されていたのだった。

　セブン-イレブンの一号店が東京都江東区豊洲にオープンしたのは、前述のコンビニ調査が発表された直後の1974年5月である。もともと酒販店を営んでいた若い店主が、将来の展望に期待してフランチャイズ店となることを希望してきたのだった。社内では、まずは直営店で実験しノウハウを蓄積したほうがよいという意見が多かったというが、鈴木は「小型店と大型店の共存共栄」「既存の小型店の活性化」を目的に創業したセブン-イレブンなのだから、一号店もフランチャイズ店とすることにこだわった。

　そこから年末までにセブン-イレブン15店舗を出店することになるのだが、それはさまざまな試行錯誤の連続だったという。商品仕入れや在庫管理はどうするのか、フランチャイズ店としてコンビニに転換する中小小売商をどのように開拓するのか、本部と各店舗とで業務をそれぞれどう分担するか、といったことに関してアメリカから届いたマニュアルはほとんど何も教えてくれない。イトーヨーカ堂から転籍した社員や他業界から中途採用した者など、コンビニについて素人同然のメンバーだけで、その後も本格的なチェーンストア展開に挑戦していったのであった。

【写真7-2　豊洲の1号店（左）とその前身の酒販店（右）】

出所：セブン＆アイ・ホールディングス提供

❖ 第2部　戦後の日本経済成長を支えた小売業態

❖ 日本型コンビニの特徴

　結果として、セブン-イレブン・ジャパンが数多くの試行錯誤を経て1つひとつ作り上げていったコンビニの店舗やそれを支える背後の仕組みは、他のチェーンにも模倣されるような優れたものとなり、現在われわれが日常で利用している日本のコンビニのスタンダードとなっていった。そしてそれは、コンビニ発祥の米国における仕組みとも以下のようなさまざまな点で異なるものとされている。

　例えば、出店の仕方である。消費者が（自家用車ではなく）徒歩5分以内で行けるような場所に、生活必需品2〜3,000アイテムを揃えた小型の店舗を、一定の地理的範囲に集中的に出店する方式（ドミナント方式）を採用するのがセブン-イレブンの出店方法である。消費者の身近に、いつでも利用可能な同一チェーンの店が数店舗存在する状況をつくるわけである。これにより、消費者の認知度の向上、買い物客の来店頻度増加、店舗指導の効率性向上、広告と物流の効率向上といった効果が得られるとされる。

　また、店舗における品揃えを実現する仕組みにも特徴がある。フランチャイズ方式が基本である日本のコンビニは、もともと中小小売商を営んでいた店舗からの転換が多かった。そのため、売場面積を少しでも広く確保するために、各店舗では商品在庫を保管する倉庫スペースは必要最小限しかなく、基本的には売場の棚にある在庫がすべてである。だから、過剰在庫（ある一定の基準より売れ残った商品）も機会損失（品切れによって売上げを逃すこと）も発生させないよう、メリハリの利いた商品発注を行うということが重要になる。そのために、デジタル情報システムと店舗指導員を通じたコンビニ本部による店舗支援や、少量の商品であってもタイムリーに各店舗に配送できる物流の仕組み（多頻度小口配送）が重要となる。

❖ 魅力的な商品が並ぶ仕組み

　わかりやすい例として、どうやって魅力的な商品を店頭に並べるか、ということを例にしてみよう。

　セブン-イレブンでは、魅力的な品揃えを「鮮度」の追求で実現してきた。と言っても、青果や精肉などの生鮮食品はコンビニの主力商品ではない。おにぎり、弁当、飲料、雑誌、日用雑貨、とどんなカテゴリーであっても「いま客が求めてい

るもの」を欠品させずに店頭に並べておくこと、これがコンビニにおける「鮮度」である。しかも、売場の棚スペースは限られているから、需要の乏しい商品はできる限り並べたくない。すなわち、「売れ筋」の追求と「死に筋」の排除をいかに実現するか、ということが重要であり、個別商品ごとに販売実績などにもとづいた精緻な在庫の意思決定が必要となる（これは「単品管理」と呼ばれる）。

　そのために、まず同社が構築してきた高度なデジタル情報システムが大きな武器となる。買い物客がお会計をする際に使われるレジも、棚に商品を並べる店員が手にしている専用端末も、コンビニ店頭の多くの機器は本部との間の通信ネットワークでつながっている。「どんな客が、いつ、何を、何と一緒に買っていったのか」という購買データが、全国の店舗から収集されるわけである。本部では、それらのデータを活用して「どんな条件のときに何が売れそうか」ということを分析する。そして、それにもとづく本部からの提案が各店舗のバックヤードにあるコンピュータに届けられ、発注担当者が自店の状況（周辺のイベント情報や、ライバル店の動静など）を考えながら、売れそうな商品がタイムリーに店頭に並ぶよう発注するのである。また、そもそも既存の商品では変化する消費者ニーズに十分に対応できていないと考えられるのであれば、購買データをもとにして新商品の企画が行われ独自商品が開発されることになる。

　ただ、いくらそうした情報を活用しても、必要な商品が適切なタイミングで売れそうな数だけ、実際に各店舗に届かなければ意味がない。そこで重要となるのが、物流である。セブン-イレブンが構築してきた高度な物流システムでは、ドミナント方式の出店を前提として、多頻度小口配送を行うということがポイントとなる。

　同社の各店舗には、1日に何度もトラックが商品を運んでくる。トラックは荷物室の温度の違いによって全部で5種類あり、それぞれ店にやってくる回数も異なる。運搬する商品によって、保管のための温度帯が違うし、店頭に補充をしなければいけない頻度も異なるからである。それぞれの店舗が発注した商品を、適切なタイミングでこまめに届ける。これが、多頻度小口配送である。しかし、そうした配送の仕方では、トラックの大きさに比べると各店舗に一度に運搬する商品の量がとても少なくなる。そこでポイントとなるのが、ドミナント方式の出店を行っていることである。同社では、新規に店をオープンする場合、限られたエリアに集中して10店舗前後を展開する。なぜなら、たとえ1店舗ごとの発注数が少なくても、トラックが同時に近接する複数店舗を回って商品を配送すれば効率的になるからである。

　こうした、日本型コンビニの特徴を構成するさまざまな要素が組み合わさること

> コラム7－1

本家の経営危機を救ったセブン-イレブン・ジャパン

　1980年代、セブン-イレブンの日本国内店舗数は1,000店から4,000店へと成長していた。1973年に交わした契約内容にあった「8年間で1,200店舗」という条件はクリアできていたうえ、さらなるシステムの改善のために大規模なPOSシステムの整備や米飯商品の生産・物流体制の整備、新商品やサービスの導入などに次々と取り組んでいた。

　80年代終盤になって、米国からサウスランド社の経営不振という情報が伝わった。小売業以外への多角化が苦戦したことや他チェーンとの競争、世界的な株価暴落（いわゆるブラックマンデー）の影響を受けたことなどがその原因とされた。経営状況の悪さがコンビニ店舗の荒廃を招きさらに客足が離れる、という悪循環もあったようだ。

　サウスランド社からは日本側に対してハワイとカナダのセブン-イレブン売却の打診があったが、結果的に1991年3月、イトーヨーカ堂とセブン-イレブン・ジャパンが共同で同社の発行株式69.98％を取得した。およそ20年の時を経て「日米逆転」が起きたことになり、当時の大きなニュースとなった。

　ただし、そこから日本型コンビニの仕組みをそのまま米国に移植する、というようなことではなかったようだ。鈴木は、サウスランド社再建のためには何より経営トップ層の意識改革が必要と考え、自身が何度も渡米して同社の経営幹部と議論を重ね、米国側自らが変革し米国の社会と消費者に受け入れられるコンビニへと変わることを促したのである。店舗運営の改善や大掛かりな改装、不振店舗のスクラップなどを経て、米国セブン-イレブンの経営状況はそこからめざましい改善を果たした。

によって、来店客がいつでもちゃんと欲しいものを買える、まさに「便利なお店」が実現されるのである。

4 革新が生まれ続ける日本型コンビニ

❖ 「変化対応」と「仮説検証」の重要性

　現在の日本のコンビニ業界において、売上規模や店舗数の点で他チェーンを大きく引き離す上位3社（セブン-イレブン、ファミリーマート、ローソン）はいずれも、もともと総合スーパーが子会社として設立したチェーンである。ファミリーマートは西友ストアー（現・西友）が1973年にコンビニ実験店舗を設けたのが始まりで、ローソンはダイエーが米国企業と契約し1975年に大阪府豊中市で1号店を開業した。つまり、主要3チェーンはほぼ同時期にその歴史を刻み始めたことになる。

　しかし、その後の歩みは常にセブン-イレブンがリードしてきたと言ってよいだろう。ライバル2社の歴代の経営者たちも、「セブンの後追い」「セブンをまねる」といった表現で、トップを走るチェーンの後を常に追っていることを公言してきた。なぜ他チェーンがいつまでも追いつけないのか。それは、セブン-イレブンが強力な「先発者優位性」を構築しているからである。

　高度な情報システムの開発や多頻度小口配送の実施、魅力的な独自商品の開発など、日本型コンビニの仕組みにおける重要な要素について同社は、これまで常に大小さまざまな革新を続けてきている。その際、そうした挑戦をすべて自社で行おうとするのではなく、優れた技術や能力を持つ他業界の優良企業と密接な関係を構築して取り組むのがセブン-イレブンのやり方である。その結果としてもたらされる多くのパートナー企業との協力体制は、後から他社が模倣しようと思ってもすぐに出来るものではない。

　そして、より重要なことは、どのような点を革新すれば顧客により高い価値をもたらすことができるのかを発見すること、そして、そもそもそうした革新を追求しようとする姿勢を持ち続けているかどうかということである。これは、鈴木がコンビニ事業を進めて以来ずっと社内で強調し続けてきた、「変化対応」と「仮説検証」の重要性に関係する。

　「変化対応」とは、小売業が永遠に直面する課題である。消費者とじかに接する

第2部　戦後の日本経済成長を支えた小売業態

ビジネスである小売業は、当然ながら消費者の変化にも対応していかなければビジネスが成り立たない。現代の消費者は、社会情勢や技術の激しい変化にさらされる環境下で、そのニーズもさまざまであるし、同じ消費者でも時と場合によって求めるものが変化する。「小売業は変化対応業」と鈴木が表現するゆえんである。

「仮説検証」とは、そうした変化する消費者のニーズに関して、過去の経験に頼るのではなく、常に「このようなものが求められているのではないか」と仮説を立て、それを実際に店頭に反映させてその結果を検証するということである。POSデータに現れる消費者の動向は、あくまで過去のものであって、そこにはこれから消費者が求めるものの答えはない。そうではなく、自ら立てた仮説を検証するための材料としてPOSデータをチェックし、その結果をふまえてまた新たな仮説を考える。その繰り返しを経てこそ、魅力的な小売店頭が実現できるという考え方である。

仕組みだけ用意しても、小売企業が消費者のニーズに十分対応することは不可能である。つねに「変化対応」を意識し、日常の業務で「仮説検証」を繰り返すこと。これをどれだけ徹底できるかが成果につながるという考え方が、セブン-イレブンには脈々と受け継がれている。

独自の魅力創出に挑戦する競合コンビニ

ライバル社は、同じ土俵に上がっていてはいつまでも横綱セブン-イレブンに勝てない。ファミリーマートとローソンは、セブン-イレブンとは異なる（もっと言えば、セブンが模倣することが難しい）やり方で、それぞれの魅力を出そうと努めている。

たとえば、ファミリーマートは海外展開に早くから非常に力を入れている。同社が展開する店舗は、2010年度の段階で海外店舗の数が国内を上回った。これは、セブン-イレブンやローソンがもともと米国のコンビニ運営企業とのライセンス契約で始まったのと違い、ファミリーマートは西友が独自で始めたチェーン展開だったということに由来する。米国にお伺いをたてることなく、独自の判断で成長市場であるアジアなどに日本型コンビニを展開することができたのである。

またローソンは、店舗の出店方式について独自のやり方を続けてきた。店舗のターゲット顧客を明確に設定し、異なるコンセプトのコンビニを数種類、同時に展開する。そして出店エリアも、ドミナント方式にこだわるセブン-イレブンとは対

> コラム7−2

地域コミュニティの中心になるコンビニ

　長らく「開いててよかった」がキャッチフレーズだったセブン-イレブンが、2010年からは「近くて便利」をキーワードとするようになった。多様な商品やサービスが提供されるに至った現在のコンビニは、共働きなどで家事の時間節約の必要に迫られている世帯や、遠い場所にある店まで行ったり広い売場の店内移動に苦労したりする高齢者など、多くの人々にとって自分のそばに寄り添う大事な存在となってきている。また、2011年に発生した東日本大震災の折には、広範囲で社会インフラが大規模な被害を受けるなか、商品調達や物流体制の仕組みを活かしていち早く営業再開できたコンビニ店舗も多く、災害時におけるコンビニの役割にも注目が集まった。

　とりわけ、人口減少などの課題に直面する地方の町において、コンビニは住民の日常生活にとって必要不可欠になっているという場所も多そうだ。福井県知事の西川一誠氏は、『日本経済新聞』に投稿した意見記事（2017年8月17日付）の冒頭で「コンビニエンスストアは、今や地域の一員である。」とまで述べている。地元の小売商が廃業してしまい住民生活に大きな支障が生じている地方自治体の中には、自らコンビニを誘致しようと努めているところもある。商店街や大型ショッピングセンターなどでも、商売のことだけではなく地域貢献についても強く意識した取組みが増えているが、コンビニに対しても地域の人々が集まるコミュニティの中心としての役割を果たすことへの期待が高まっていると言える。

照的に、いち早く47都道府県すべてに出店し、コンビニで初めてナショナルチェーン（全国どこに行っても営業している店がある状況）を形成して、知名度の向上や好立地の確保といったメリットを享受した。

　セブン-イレブンが日本のコンビニ事業の礎をつくり、そのうえに他チェーンも独自の差別化された価値を提案する。こうしたことの連続が、他国に例をみないほど「便利なお店」コンビニが日本で育ったことにつながったと言えるだろう。

5　おわりに

　変化し続ける消費者に対して、小売企業の側も変わり続けなければ生き残れない。

❖ 第2部　戦後の日本経済成長を支えた小売業態

そうした変化対応のためには、常に仮説を立て検証するという努力を続けることが必要である。日本型コンビニが構築してきた高度な情報・物流システムは、そうした考え方を具現化させるための仕組みであった。

こうした変化対応、仮説検証の重要性は、何もコンビニに限ったことではなく、消費者とじかに接する小売企業にとって共通の課題といえるだろう。成功したビジネスの仕組みを学んで模倣するだけでは、変化の渦の中に沈んでしまう。セブン-イレブンの歴史からわれわれが学ぶのは、常に環境の変化にアンテナを張りつつ自らを変革する覚悟と努力の重要性だろう。

❓ 考えてみよう

1. 日本型コンビニの特徴（米国のコンビニとの違い、日本の他の小売業との違い）について、整理してみよう。
2. 現在のコンビニでわれわれが目にすることができる主要な商品やサービスの中で、コンビニが登場した当時にはなかったというものにはどのような商品・サービスがあるか、調べてみよう。また、なぜそうした商品・サービスをコンビニが扱うようになったのか、その背景を考えてみよう。
3. 今後の日本社会の変化を考えた場合に、コンビニが持つ優位性は何か。また、変革しなければならないと考えられるのはどのようなことか、考えてみよう。

次に読んでほしい本

矢作敏行『コンビニエンス・ストア・システムの革新性』日本経済新聞社、1994年。

緒方知行・田口香世『セブン-イレブンだけがなぜ勝ち続けるのか？』日本経済新聞出版社、2014年。

吉岡秀子『セブン-イレブンは日本をどう変えたのか』双葉社、2016年。

第3部

新たな価値創造に挑む日本の小売業態

第8章

均一価格店
―自己否定で成長を遂げた大創産業

1　はじめに
2　進化を続けるために自己否定を積み重ねる矢野博丈
3　均一価格店のビジネスモデル
4　市場の拡大とビジネスモデルの深化
5　おわりに

1 はじめに

　100円均一の生活雑貨を中心とした品揃えを展開する均一価格店（以下、単に均一価格店という）を運営する大創産業は、1987年に総合スーパーのテナントとして均一価格店の常設店を開設してから約30年で売上高4,200億円、店舗数が国内3,150店舗、海外26ヵ国で1,800店舗に到達するという急成長を遂げている。大手4社による寡占状態となっている均一価格店業界全体をみても、大創産業は2位のセリアや3位のキャンドゥ、4位のワッツを大きく引き離し、業界で圧倒的な1位となっており、シェアでも過半を占めている。

　均一価格店は、薄利多売と安売りを基軸としたビジネスモデルを用いるディスカウントストアに分類されることが多い。しかし、薄利多売についていえば、百均商品の「大量販売」とこれに基づく「大量仕入」による仕入価格の抑制により、多売であるものの薄利とはいえないビジネスモデルとなっている。

　安売りについていえば、各社とも商品の品質や機能性、デザイン性などの向上に力を入れており、大創産業に対する消費者のイメージも、安売りを超えて着実に向上している。例えば、日経BPコンサルティングが実施した「ブランド・ジャパン2017」調査では、大創産業の店舗ブランドであるダイソーが消費者によるブランド力の評価で11位にランクインし、小売企業では、セブン-イレブン（10位）に次いで2番目となっている。この調査での評価項目として「最近使っており、満足している」で6位となっており、大創産業が高い顧客満足を獲得していることがわかる。

　大創産業は、均一価格店業界で他社に先駆けてビジネスモデルを構築し、商品の多売を実現する圧倒的なシェアを獲得しただけでなく、ブランド力も向上させている点に強みがある。この章では、経済情勢や消費者の購買動向をうまく捉えて急成長を遂げた、大創産業のビジネスモデルの特徴と進化の過程を学んでいこう。

2 進化を続けるために自己否定を積み重ねる矢野博丈

❖ 100円均一のスタート

　大創産業の創業者である会長の矢野博丈は、これからの時代に求められるのは変化への柔軟な対応であり、企業が生き延びるためには昨日までの成功体験や考え方を自己否定することを積み重ね、常に新しい価値観に基づいたビジネスを創造することが重要であると述べている。大創産業の急成長は、矢野が常に危機感を持ち、消費者の変化に合わせて自己否定を積み重ねて商売の戦術を柔軟に変化させ、大創産業のビジネスモデルを進化させてきた結果であるといえる。この過程を見てみよう。

　矢野は、1943年に8人兄弟の末っ子として広島県に生まれた。大学の夜間部を卒業後、学生結婚した妻の実家である広島県尾道市のハマチ養殖業を継ぐが失敗して借金を背負い、その後9回の転職を重ねながら妻と子供を養うためにひたすら働いた。

　そして矢野は、広島で生活雑貨の移動販売の営業に出会い、その移動販売業者に弟子入りして泊まり込みでノウハウを学び、1972年に夫婦で移動販売を始めた。初めは色々な価格の商品を扱ったが、夫婦で働き、子供もいるという中で商品1つ1つに値札を付ける作業が大変であったため、次第に値札付けが不要な100円均一へと変化していった。

　移動販売は、倒産した企業や資金繰りが苦しくなった企業の在庫品などを格安で買い取って安値で売るという、いわゆる「バッタ屋」を起源としており、このような在庫品は常に存在するわけでなく仕入が不安定であり、品揃えは場当たり的にならざるを得ない。このため、大規模小売店舗の催事スペースや店先などに什器を設置し、一種の賑わいの中で商品を販売し、ある程度売れたら次の会場に移るという販売方式が適していた。矢野に限らず、キャンドゥは1970年代半ばから、セリアは1987年から移動販売で事業をスタートしている。

❖ 第3部　新たな価値創造に挑む日本の小売業態

❖ 転機の訪れ

　その後商品が思ったように売れず、しかも商品倉庫の火事や倒産の危機を経験した矢野の商売に、転機が訪れた1つのきっかけがある。ある時4～5人の顧客が来て、いろいろ商品を見ていたがなかなか決まらず、結局その中の1人がここで買っても「安物買いの銭失い」になると言って全員で帰ってしまったことがあった。当時の移動販売では、その場限りということで粗悪品を販売する者も珍しくなかったのである。そこで矢野は開き直った気持ちになり、利益を度外視してそれまで70円としていた仕入価格の上限を取り払い、品質は良いものの原価が高い商品でもすべて100円で販売することにした。すると顧客の反応が変わり、「これも100円？」、「本当に100円なの？」という声が起こって売上がぐんぐん伸び、これに伴い仕入量も増加したおかげで、卸売業者やメーカーが仕入価格を下げてくれるようになった。

　このように、仕入価格の制約を取り払う自己否定と、顧客本位で良い商品を売ろうという発想の転換が百均商品の「大量販売」・「大量仕入」につながり、以後の大創産業のビジネスモデルの基礎が形づくられることとなった。

　1977年には家業から企業へと脱皮して、資本金300万円で株式会社を設立した。この際矢野は、会社がもっと成長できるように、大きく創る会社という願いを込めて社名を大創産業とした。そして矢野は、この時期に経験した苦労から、会社を潰さないようにという危機感を常に持って変化に対応し続け、これが大創産業の成長の原動力となった。

❖ 常設店の出店と急成長

　1980年代に入ると、百均商品の移動販売が大手の総合スーパーにも評価されて事業が拡大し、全国に販売網を広げて移動販売用のトラックはピーク時で90台強まで増加した。そして1987年には、愛知県江南市のユニー江南店の4階に20坪程度の常設店を出さないかという話が来た。矢野は、4階だと顧客がわざわざ来ないし、来たとしてもすぐに飽きられると考え、また、常設だと常に在庫が必要で巨額の資金が寝てしまうことを心配したものの、試しに出店してみることにした。これは、移動販売を常設店に切り替えれば店内に商品を置いたままにできるので、移

コラム8-1

江戸時代から存在した均一価格店

　均一価格の品揃えを行う小売店は、世界各国に存在していることが知られているが、日本でも大創産業の登場よりはるか前から存在しており、例えば江戸時代には、櫛、かんざし、人形といった小間物などを均一価格で販売する「十九文見世」、「三十八文見世」という露店が存在していた。

　戦前には、百貨店の髙島屋が10銭という均一価格で生活必需品を扱う「髙島屋十銭ストア」を運営していた。髙島屋は、大阪の長堀店で「なんでも十銭均一売場」が好評を得たことを受け、1930年に大阪の南海店で10銭均一売場を新設し、以降チェーン展開による均一店経営に乗り出した。そして1931年には東京、京都に拡大して26店を開設し、その後20銭均一など他の均一商品も加えて1941年には全国で106店舗を展開するまでに成長した。「髙島屋十銭ストア」は、日本の近代的な均一店の先駆けであるばかりでなく、チェーン店の先駆けともいえるものであった。

　1932年5月14日付の東京朝日新聞朝刊に掲載された記事には、髙島屋の支配人の話として、「髙島屋十銭ストア」はアメリカの「テンセント・ストアー」の組織を参考に開設されたこと、物流のコスト削減を工夫していることに加え、例えば材料を安価に買い、それを合理的に節約して製造するなど、商品の企画・開発にまで踏み込むことにより10銭で商品を供給する努力をしていることなどが述べられている。これらのことから、本章でみた大創産業と同様に、均一価格に見合う商品の値打ちを顧客に認めてもらえるよう仕入に苦心していたことがわかる。

　しかし、「髙島屋十銭ストア」は、太平洋戦争開戦以降、徐々に販売が難しくなり、ほとんどの店が閉鎖されてしまうこととなった。
（髙島屋ホームページ「髙島屋の歴史」https://www.takashimaya.co.jp/archives/history/p02.html）

動販売につきものである早朝の準備や夜の後始末が不要となり、社員の負担軽減につながると考えたためである。この試みは結果的に大成功を収め、百均商品でも良いものを置けば顧客がわざわざ来店して購入してくれることがわかったため、ここから常設店の展開がスタートすることになった。

　1991年には、香川県高松市の丸亀町商店街に独立店舗の直営店を初めて開設したが、これ以降直営店のチェーン展開が本格化する一方、大規模小売店舗法の緩和

に伴い総合スーパーなどの営業時間延長が盛んになったことを受けて移動販売は縮小し、1995年にはすべて常設店に切り替えられた。

1990年代は、バブル経済崩壊後の長引く景気の低迷や、大規模小売店舗法をはじめとした規制緩和により競争環境の変化が生じた。この時期には消費者の低価格志向が強まり、この流れをうまく捉えた大創産業は、100円という低廉で買いやすい均一価格を武器に市場を開拓し、またたく間に全国展開を果たすこととなった。

3 均一価格店のビジネスモデル

1990年代以降、大創産業が築き上げてきた均一価格店の基本的なビジネスモデルは、「大量販売」の実現により売上を伸ばすとともに、「大量仕入」による仕入価格の抑制と店舗等の「ローコスト運営」によるコストの抑制により利益を生み出すという特徴を有している。以下で詳しく見てみよう。

❖ 大量販売を実現するための品揃えと大量出店

ビジネスモデルの第一の特徴である「大量販売」を実現する方法は、各店舗の品揃えと大量出店に分解することができる。まず、品揃えの特徴としては、100円という低廉で買いやすい均一価格で、趣味・住居・家事・美容・身の回り・食品といった幅広い品揃えを展開している点が挙げられる。販売価格を100円に統一し

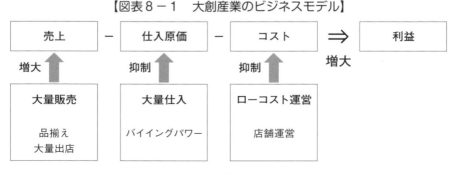

【図表8-1　大創産業のビジネスモデル】

出所：筆者作成

ているということは、店舗の売上を伸ばすために顧客数を増やすことと顧客1人当たりの購入点数を増加させることが必要となる。このため、100円という手ごろな金額にもかかわらず高品質である、機能性があるというお得感のある商品を幅広く取り揃えることで、顧客の来店を促進するとともに、来店者による複数商品の購入を誘発し、購入点数を増やすことにつなげている。

　他業態との競争の観点では、生活雑貨を扱う総合スーパーなどの間隙をつく戦略を採用しており、均一価格店にある棚の1つひとつがそれぞれ生活雑貨の各カテゴリーにおいて低価格で商品を販売し、競争上優位に立つという、「カテゴリーキラー」としての役割を有している。

　また、品揃えのもう1つの特徴として、市場に流通していない独自性のある商品を自ら企画・開発するプライベートブランド（PB）商品の取扱いも挙げられ、特に大創産業ではこの取扱い比率が同業他社より圧倒的に高い。現在、大創産業の取扱い商品約7万種類のうち生活雑貨の99％がPB商品であり、これは業界2位のセリアの取扱い商品約2万種類のうち2割がPB商品であることからみても、著しく高い比率となっている。そして大創産業では、毎月700種類以上の新たなPB商品を開発して頻繁に入れ替えており、品揃えの鮮度を維持することにつなげている。

　「大量販売」を実現する次の方法として、百均商品の品揃えを有する店舗を大量出店することが挙げられる。大創産業の国内店舗の約8割を占める直営店では、ロードサイドや商店街などに立地する独立店舗のほか、総合スーパー、ショッピングモールなど集客力を有する商業施設への出店が積極的に行われ、これらを常にスクラップ＆ビルドして売上を拡大している。大創産業では、現在でも年間100店舗以上のペースで店舗を出店し続けている。

　そして大創産業が同業他社に先んじて店舗網を拡大したことは、集客力のある優良立地を確保し、先発者優位性を享受することにつながっている。これら直営店の大量出店のほか、フランチャイズ・チェーンの展開や同業他社の買収により国内の店舗網を拡大しており、さらには2001年以降、台湾、韓国を皮切りに海外26ヵ国に店舗網を拡大している。

　これら品揃えと大量出店で「大量販売」を実現した結果、それぞれのカテゴリーにおいて総合スーパーや専門店を凌駕する販売実績を上げている商品も多い。

❖ 第3部　新たな価値創造に挑む日本の小売業態

❖ 大量仕入と仕入価格の抑制

　ビジネスモデルの第二の特徴として、「大量仕入」による仕入価格の抑制が挙げられる。一般的な小売企業は、商品の仕入価格に必要な粗利を乗せて販売価格を決定することが多いのに対し、均一価格店では、100円という販売価格に合わせた仕入価格での商品仕入が必要となる。このため、「大量販売」がもたらす「大量仕入」により生じるバイイングパワーを活かし（コラム8－2）、仕入先との交渉で仕入価格を100円より低価格に抑制して粗利を確保することにつなげている。

　また、「大量仕入」だけでなく、均一価格店の品揃えの特徴の1つであるPB商品の取扱いも、卸売業者を排除しメーカーの工場から商品を直接仕入れて中間経費が省けるため、仕入価格を抑制することにつながっている。さらに均一価格店では、製造原価の安い海外から商品を輸入することも多く、例えば大創産業では、世界45ヵ国、1,400社の取引先、8,000の工場から商品を仕入れており、これに加えてタイに世界最大のプラスチック成形機100台を備える自社工場を設け、プラスチック製品の自社生産も行っている。

　このようにして調達した商品は、粗利率の高いものと低いものをミックスして利益を確保する、「粗利ミックス」という手法が用いられている。つまり、品揃えの中には「ロスリーダー」と呼ばれる仕入価格が100円に近い、あるいは赤字覚悟であるものの顧客を吸引できる目玉商品もあれば、仕入価格が非常に安く十分な粗利を確保できる商品もあり、顧客がこれらの商品を同時に複数買うことによりトータルで粗利を確保することが可能となる。

　このような仕入の特徴の結果、大創産業は経営情報を公開していないため明らかでないものの、大手均一価格店の粗利率は業界2位のセリアが2017年3月期で42.9％、3位のキャンドゥが2016年11月期で37.6％、業界4位のワッツが2016年8月期で37.5％であり、小売業平均の粗利率28.7％（経済産業省、平成28年企業活動基本調査確報）と比べても高率となっており、薄利でないことがわかる。

　商品を供給するメーカー側からみると、均一価格店との取引は、均一価格店のバイイングパワーが発揮されるため総合スーパーとの取引に比べ利幅が薄いものの、圧倒的な取引量や全量買い取りで均一価格店が売れ残りリスクを負い、商品陳列などの手伝いがないという取引上の特徴や、稼働していない生産ラインに商品生産を

> **コラム8－2**
>
> ## バイイングパワーと法規制
>
> 　大創産業では、仕入先に対し、大量仕入に基づくバイイングパワーを発揮し、商品の仕入価格を引き下げることに成功している。バイイングパワーとは、買い手の仕入力のことであり、商品を大量に購入する小売企業が売り手である仕入先に対して好条件での取引を可能にする交渉力の強さである。そして、チェーン方式を用いる小売企業が成長して大量販売・大量仕入を実現し、これらのバイイングパワーが強まったことにより、日本の流通は大きな影響を受けている。
>
> 　小売企業がバイイングパワーを行使することは、仕入価格の引き下げにより消費者への販売価格の低下につながるといった望ましい効果を有する反面、小売企業が仕入先の自由かつ自主的な判断に基づかない、一方的な取引条件（行為）を仕入先に押し付けるという望ましくない効果も生じている。
>
> 　小売企業が仕入先に押し付ける具体的な取引条件（行為）としては、小売企業が一方的に低い仕入価格を仕入先に押し付ける「買いたたき」、小売企業の販売商品・サービスを仕入先に強制的に買わせる「押付け販売」、仕入先の利益につながらない小売企業の作業を仕入先の従業員に行わせる「従業員の派遣要請」、売れ残りなどにより小売企業が不要となった商品の一方的な「返品」などが挙げられる。
>
> 　これらの行為は、日本では独占禁止法上の不公正な取引方法（優越的地位の濫用）として規制され、または下請取引に該当する場合には下請法により規制されている。特に近年では、小売企業のバイイングパワー増大により、これらの規制が積極的に運用されている。

組み込んで工場の稼働率を上げれば生産コストを抑制できるという生産上の特徴などから利益を確保することが可能となる。

　そして均一価格店業界が成長する中、商品の「大量販売」を可能としているのは、100円という販売価格の制約の下、国内外のメーカーが均一価格店の厳しい要求に応えて商品の開発力や生産力を磨き、商品を大量かつ安定的に供給し続けているためである。均一価格店業界の成長に合わせ、国内では中小メーカーの中から均一価格店専門に商品を供給するものも現れるなど、均一価格店に商品を供給する基盤形成が進んでいる。

❖ ローコスト運営

ビジネスモデルの第三の特徴として、店舗等の「ローコスト運営」を行っていることが挙げられる。例えば商業施設に出店することで、自前の広告・宣伝を行わなくてもこれらが有する集客力を活用して来店顧客数を増やすことができる。

また、均一価格店では商品の販売価格が100円に統一されていることから、他の小売企業に比べて値札付け、レジ打ち、問い合わせ対応などの業務負担が本質的に軽い。さらに、店舗運営業務を簡素化してパート、アルバイト主体で店舗を運営することにより、人件費の抑制につなげている。

4 市場の拡大とビジネスモデルの深化

❖ 環境の変化と自己否定の改革の推進

2000年代の均一価格店業界は、セリア、キャンドゥなど後発の同業他社が移動販売から脱皮して、大創産業と同様のビジネスモデルを用いて常設店のチェーン展開を全国規模で拡大したのに対し、中小規模の均一価格店の淘汰が進んだため、大手4社の寡占状態となった。また、総合スーパー、コンビニなども低価格のPB商品を開発・販売するようになり、百均商品の価格面での優位性が薄らいできた。このため急成長を遂げ業界首位である大創産業の売上が頭打ちとなり、社内で危機感が醸成されるようになった。

従来、大創産業では、矢野の強いリーダーシップのもと、顧客のニーズを敏感に感じ取って商売の戦術を柔軟に変化させており、その原動力は顧客の期待以上の商品が出せず顧客に飽きられるという危機感であった。矢野は顧客が減少して大創産業がつぶれる夢を度々見ると公言していたが、ここにもよく表れている。

また、矢野は、会社の運営面では、少人数で意思決定したほうが良い仕事ができるため会議をまったく開かない、朝礼を年に2〜3回しか行わない、数字を見れば見るほど欲が出るため経営指標を見ないなど、「行き当たりばったり」を重視して計画を作らない経営方針を公言してきた。これは、小売業は目の前のことに必死に

取り組むという以外、生き残るすべがないためと考えていたからである。

　しかし、企業規模が大きくなり、今までの会社の経営方針では限界が生じたため社内改革を開始した。例えば会社の運営面では、「行き当たりばったり」を改めて、商売の戦術や社内改革などを検討する会議を週2回開催する、全国の地区長クラス50～60人が一堂に会する幹部会を年3、4回ペースで開催する、経費支出を見直すなど方針転換を行うとともに、ビジネスモデルでは以下のような見直しを順次行った。

❖ 品揃えの改革

　当時の大創産業は、100円という価格設定でのお得感により衝動買いを誘発する「宝探し」感覚を突き詰めるため、売れ筋の商品だけでなく死に筋の商品を含めたアイテム数の多さで勝負する戦略を採用した結果、商品が9万種類に達するまで拡大したが、死に筋商品も増加して不良在庫が増大する要因となった。

　この戦略を転換するきっかけとなったのは、消費者が均一価格店に求めるニーズの変化である。均一価格店の店舗数が大幅に増加して顧客の身近となり、リピーターが増えるに従い、顧客が均一価格店で商品を購入する際の購買行動が「宝探し」の結果の衝動買いから、買い物に時間をかけたくない生活必需品の目的買いに変化するようになった。この変化によりニーズの高い生活必需品が欠品なく品揃えされている必要が生じ、そこで新たにPOSシステムが導入されることとなった。

　矢野は従来、POSデータに基づき商品点数を絞り込むことにより「宝探し」感覚が失われ、顧客が品揃えに飽きやすくなると考えており、POSシステムの導入に積極的でなかった。これに対しセリアでは、大創産業に先行して2004年にPOSシステムを導入して品揃えの改善に活用しており、これが同社の成長を支える原動力となっていた。そこで大創産業でも、2008年から順次POSシステムを導入して、品揃え改善にPOSデータを活用し始めた。この結果、9万種類あった商品は、現在7万種類に絞り込まれて不良在庫の削減につながり、さらに従来店長の勘と経験が頼りだった発注業務においても、POSデータに基づく正確な発注が可能となった。このほか2000年代半ばから、付加価値の高い商品のバラエティーを豊かにするため、100円以上の値段を付けた品揃えを徐々に取り扱うようになっている。

❖ 第3部　新たな価値創造に挑む日本の小売業態

❖ 店舗運営の改革

　当時の各店舗は、コンセプト、レイアウト、品揃えなど店づくりを統一せず、店長の手腕とセンスに任せてばらばらで運営されていたため、顧客・店舗の特性に応じた店舗運営となるものの、チェーン展開として効率面、コスト面で劣るものであった。また、商品陳列は、商品が所狭しと並び雑然としている圧縮陳列が行われていた。

　しかし、生活必需品の目的買いに対応するように、陳列する商品数を絞り込み、店舗全体がわかりやすくすっきりと見渡せるように通路幅をゆったりさせ、什器の高さを低くするなど店づくりの工夫が行われるようになった。また、これらの新たな店づくりを導入した標準店である「ダイソージャパン」や、都内のビジネス街に適した品揃えを展開する小型店である「ダイソービズ」を展開するとともに、各店舗の売り方の改善など店舗運営に関する成功事例・ノウハウを全社で共有するように改めた。

❖ ファッション性の追求

　また最近では、セリアやキャンドゥが先行して取り組んでいた、顧客の7割を占める女性客、特に10～20代の女性をターゲットとしたファッション性のある商品の品揃え強化にも取り組んでいる。

　商品開発では、食器やインテリアなどで既存商品のデザインやカラーリングを刷新することや、ファッション雑貨などを開発することに力を入れており、さらに外部の研究機関と共同で女子高生・女子大生向けの文具、雑貨などを積極的に開発している。そしてこれら女性向け商品の開発には、バイヤーの半数を占める女性バイヤーの感覚を反映している。また店舗も女性向けに明るい色彩の内装に切り替え、ビジュアルマーチャンダイジングを駆使した訴求を行うなどの改革を行っている。

　このように、自らの品揃えのコンセプトに則した商品を迅速に導入できるのは、大創産業が商品の企画・開発まで踏み込むPB商品主体の品揃えを行っていることや、商品供給を担うメーカーの協力によるところが大きいといえる。

　そしてこれら品揃え、店舗運営の改革やファッション性追求の結果、大創産業は、第1節でみたとおり圧倒的なシェアの獲得にとどまらず、ブランドイメージでも消

【写真8−1　ダイソー原宿店の店舗概観】

出所：大創産業提供

費者から高い評価を得るに至っている。

❖ 物流改革

　大創産業では、効率的な物流体制の構築にも取り組んでいる。以前は国内外から仕入れた大量の商品をすべて広島の倉庫に集結し、ここから全国に点在する施設を経由して各店舗に配送していたが、2012年から全国8ヵ所に土地を順次取得し、建物も自前で建設したRDC（リージョナル・ディストリビューションセンター）を設置し、商品をRDCに直接搬入・小分けして各店舗に配送する体制に移行した。また、従来手作業で行っていた商品の仕分け作業を、RDCに最新機器を導入して自動化したため、物流関連業務を行う従業員を最低限に抑えながら商品を迅速に配送することが可能となった。これらの効率化により、RDC設置前に比べてトラック等の運賃の削減や倉庫を賃貸で借りる保管料の削減が実現し、例えば従来広島の倉庫から東京の店舗に出荷する際の運送料は、商品1個当たり17〜18円であったものが、現在では5円にまで下がることとなった。また、店舗への商品配送は、店舗の発注から到着まで従来2日〜1週間程度かかっていたものが原則として2日以内に短縮されるとともに、繁忙期の出荷遅れによる店頭の商品欠品という問題を解消することができた。

5 おわりに

　今までみてきたとおり、均一価格店は、「大量販売」の実現により売上を伸ばすとともに、「大量仕入」による仕入価格の抑制と店舗等の「ローコスト運営」によるコストの抑制により利益を生み出すというビジネスモデルを有していることがわかった。これは大創産業が同業他社に先駆けて構築し、均一価格店業界全体に広まったものであり、ディスカウントストアの特徴である薄利多売と安売りを超えたビジネスモデルである。そして均一価格店業界の成長には、100円という販売価格の制約のもと、均一価格店に良質の商品を大量かつ安定的に供給するメーカーの存在が欠かせない。

　この中で大創産業は、巨大な店舗網という先発者優位性を生かしつつ、顧客の動向や同業他社の戦略を踏まえ、百均商品の展開という基本を守りながらも、品揃えや店舗運営、物流の改革を実施し、近年では安さだけでなくファッション性を追求したブランド構築にも成功している。

　今後の大創産業がさらに成長するためには、矢野が今まで実践してきた、危機感を持ち、自己否定を積み重ね、商売の戦術を柔軟に変化させる改革を若手社員が継承できるかが鍵を握っている。

? 考えてみよう

1．1990年代以降、均一価格店が急成長した理由について、当時の経済情勢や消費者の購買動向から考えてみよう。
2．市場シェアで過半を占める大創産業に対し、他の大手均一価格店がどのような品揃えや店舗運営などを行うことにより対抗しているのか調べてみよう。
3．大創産業の仕入先に対するバイイングパワーはどのような理由で発生するのか、いくつか理由を考えてみよう。

次に読んでほしい本

アジア太平洋資料センター編『徹底解剖100円ショップ』コモンズ、2004年。
大下英治『百円の男：ダイソー矢野博丈』さくら舎、2017年。

増田茂行『100円ショップの会計学：決算書で読む「儲け」のからくり』（祥伝社新書）祥伝社、2008年。

第9章

ドラッグストア
― 薬局のイメージを変えた
マツモトキヨシ

1　はじめに
2　マツモトキヨシの基礎を築き上げた松本清
3　業態コンセプトの明確化
4　品揃えと収益力の工夫から生まれた業態の革新性
5　おわりに

❖ 第3部　新たな価値創造に挑む日本の小売業態

1 はじめに

　ドラッグストアといえば、さまざまな商品を手頃な値段で購入できるイメージが定着しているが、何が一番の売れ筋商品かご存じだろうか。おそらく、医薬品や化粧品を連想した人が多かったのではないだろうか。意外なことに、菓子類や飲料、冷凍食品といった「食品」が最もよく売れており、そのシェアは全体の約26.0%にも上る。では、ドラッグストアは、どのようにして小売業界で独自のポジショニングを確立させ、主力商品の医薬品以外でも高い販売力を持つようになったのであろうか。

　日本のドラッグストアは、1970年代からすでに存在していた。当時はそれほど知られた存在ではなく、1990年代頃になって一般に認知された業態となった。ドラッグストアが、独自の業態区分としてはじめて『商業統計調査』に登場するのは、2002年度になってのことである。それまでは、医薬品小売業（いわゆる業種店）に分類・集計されてきた。そこで、本章では、ドラッグストア業態が起こした新たな価値提案による革新的なビジネスモデルについて、マツモトキヨシの事例を取り上げながらみていくことにしよう。

2 マツモトキヨシの基礎を築き上げた松本清

　マツモトキヨシホールディングス（マツモトキヨシ）は、千葉県松戸市に本社を置く、医薬品、化粧品、雑貨品、食料品、DIY用品などを総合的に取り扱うドラッグストア業界のリーディングカンパニーである。

❖ マツモトキヨシの創業期

　マツモトキヨシのルーツは、1932年に千葉県松戸市で開業された個人経営の薬局「松本薬舗」までさかのぼる。この薬局は、後の社名にもなった松本清が創業したことで知られる。マツモトキヨシは創業当初、資金力に乏しかったため、さまざまなアイデアを考案・実践して顧客を引きつけていった。たとえば、空箱を陳

列して品揃えの豊富さをアピールしたり、顧客の注文に応えるためなら、たとえ品揃えにない商品でも他店に買いに行ったりする徹底ぶりであった。こうした店主の真摯で親しみやすい人柄が店の評判を呼んだ。また、サルの見世物をすることで、顧客の関心を引き、集客力の向上につなげていった。「マツモトキヨシ」は、子供でも読めるようにカタカナを採用したことがきっかけで、誰もが一度耳にすると忘れられない店舗名となった。このように、松本清は、創業の地である松戸市で、さまざまなアイディアを次々と繰り出すことで、地域の人々がわざわざ足を運びたくなる店づくりに成功し、売上を伸ばしていった。

しかしながら、マツモトキヨシに限らず、当時の日本の薬局・薬店は比較的規模が小さく、十分に儲かる仕組みが確立されていなかった。そのため、1970年代、市場の拡張を求める薬店経営者たちが、業態としてすでに確固たる地位を築いていたアメリカのドラッグストアにその活路を求めた。アメリカのドラッグストアを研究することで、業態化にあたり、チェーンストア化や専門量販店に必要なノウハウを吸収していった。松本清も長男の松本和那（かずな）とともにアメリカの小売業を回り、当時最先端のドラッグストアを視察することで、大いに啓発されたという。

また、松本清は、薬局のオーナーという肩書の他に、松戸市の市長という顔も持っていた。市長在任中、当時の市役所では珍しかった「すぐやる課」（市民の要望をたらい回しせず、すぐに対応できるように設置した市長直属の独立組織）をつくったことでも知られる。このすぐやる課は、松戸市民に受け入れられ、口コミで全国にも次第に広まり、1975年には全国315の自治体で採用されたという。

以上のエピソードから、マツモトキヨシが新たな業態を生み出す時代の寵児へと飛躍できたのは、既成概念にとらわれず、「よりよい品をより安く」と「親しみやすい親切なお店」という独自の創業精神に大きく関係しているといえる。

❖ 都市型店舗への転換

1973年、松戸市長だった松本清が他界し、マツモトキヨシの経営は、次男の松本南海雄（なみお）に実質的に引き継がれることになった。創業者の松本清は、顧客が喜ぶアイディアを次々と思いつくのに長けていたが、次男の松本南海雄もまたその遺伝子を十分に受け継ぐ発想の持ち主であった。松本南海雄は、価格を武器としたこれまでの薬局の運営手法では、他社との低価格による過当競争に巻き込まれやすいことを危惧し、差別化を図るための新しい手法を模索するようになった。

【写真9-1　業界に革命を起こしたともいわれる上野アメ横店】

出所：株式会社マツモトキヨシホールディングス提供

　当時の薬局は、都心部から離れた郊外にワンフロアだけの小規模な店舗が一般的であった。同社も千葉県内の駅前を中心に同様の店舗を展開していた。こうした中、1987年に出店した「上野アメ横店」は、薬局の新しい店舗スタイルの流れを作るきっかけとなった。松本南海雄は、創業者の精神を受け継いで、「上野アメ横店」を実験場に「既成概念にとらわれない」さまざまな工夫を行ったのである。

　当時のアメ横は、刺身や乾物、生鮮関係を買いに来る客が訪れる場所としてのイメージが定着しており、若者が行き来するイメージは持たれていなかった。そのため、「そんな場所で薬や化粧品の店が繁盛するのか？」と、松本南海雄の決断をいぶかしがる者もいた。いざ現地を視察してみると、多くの若者たちがごった返す状況を目の当たりにし、出店が決まったとされる。

　「上野アメ横店」は、都市型店舗で店内スペースが狭かったため、これまでのワンフロア型では展開することができず、医薬品を中心とした1階部分と、化粧品を

中心とした2階部分からなるツーフロア方式でオープンすることとなった。そのため、顧客をいかにして2階に誘導するかが新たな課題として浮上した。この新たな課題を克服するため、さまざまな仕掛けを行った。まず、階段横に商品を数多く陳列し、商品を眺めているうちに2階へと自然に顧客を誘導するような仕掛けを行った。また、暗くて入りづらい薬局のイメージを払拭するために、間口を全面開放したり、照度を上げたりして、明るい店づくりを行った。さらに、2階の化粧品売場に無料で商品を試せるテスティングコーナーを設けた。こうした取組みの結果、うまく若者の心をつかむことができた。

❖ テレビCMを用いた知名度の向上

上野アメ横店で都市型店舗の運営ノウハウを得て、以後、とくに渋谷や新宿、銀座といった繁華街へ積極的に出店し、「マツキヨ」ブームを巻き起こした。セルフ方式で明るい店舗スタイルが流行に敏感な女子高生の間で話題となり、放課後の遊び場として「マツキヨする」がブームとなった。

1995年に、マツモトキヨシはドラッグストア業界で売上高日本一を達成した後、2001年までの5年間で店舗数を500店にするという新たな目標を打ち出し、広告宣伝にも力を注いでいくようになった。

たとえば、マツモトキヨシといえば黄色い看板で有名であるが、宣伝効果の高い看板を山手線から見える場所に採算度外視で設置して、マツモトキヨシの名前を消費者に浸透させる広告戦略を行った。

また、1996年、マツモトキヨシのブランドイメージを高めるために、当時としては斬新なテレビCMを放映した。15秒間のテレビCMで社名の「マツモトキヨシ」を5回も連呼し、視聴者に強いインパクトを与えた。1999年、山口もえが出演したテレビCMで有名となった「何でも欲しがるマミちゃん」はまたたく間に大ヒットとなり、消費者にマツモトキヨシを強く印象付けることに成功した。また、東京ドームのバックネット裏の広告権も買い取り、バッターがテレビに映し出されるたびに社名も映し出されることで、多くの消費者に社名を浸透させ、絶大な宣伝効果を上げることができた。

このように、毎年数億円にも上る巨額の広告宣伝費を惜しげもなく投下し、知名度の向上を最優先で取り組んできた。その上、マツモトキヨシは出店攻勢を強めて店舗数を急拡大させ、ついに2001年度に目標の500店舗を達成した。

これまでの議論をまとめると、既存の薬店・薬局では見られなかった主力商品である薬以外の化粧品や日用品、生活雑貨を幅広く取り揃えることで、潜在顧客である若者を掘り起こすことにつながった。また、店づくりの改革や大がかりな広告宣伝の効果によって、従来の薬局で定着していた「病気の人が利用する店」というマイナス・イメージを払拭するとともに、「健康な人が美容と健康を増進するために利用する店」（ヘルス＆ビューティケア）という新たな業態イメージを世の中に定着させることに成功した。

同業他社は、マツモトキヨシが成功するのを目の当たりにし、そのビジネスモデルをまねて、日用品や雑貨などの品揃えを強化した「都市型ドラッグストア」を展開していった。このようにして、業態としてのドラッグストアが誕生・定着していくことになったのである。

3 業態コンセプトの明確化

2000年代になると、厚生労働省が主導した「セルフメディケーション（自分の健康は自分で守る）」という考え方が国民に定着し、人々の健康意識の高まりとともに健康ブームが到来し、ドラッグストア業界に追い風をもたらした。だが、こうした追い風は長くは続かなかった。2009年6月の改正薬事法で新設された「登録販売者」制度の導入により、ドラッグストア業界を取り巻く市場環境が一変した。登録販売者とは、薬剤師でなくても一般医薬品（第二類医薬品と第三類医薬品）を販売できる資格を持つ人のことを指す。この制度改正を機に、コンビニやスーパーなどの異業態からも医薬品販売に新規参入する企業が大きく増加した。

そこで、同社は、競合他社との差別化を図るために、ドラッグストア業態の強みである「ヘルス＆ビューティケア」分野を強化し、自社の目指す方向性を明確化することにした。具体的には、これまで蓄積してきたノウハウをもとに独自商品を開発したり、保険薬局（第一類医薬品や処方箋薬は従来通り、薬剤師しか販売できない）としての専門性を強化したり、ヘルスケアや美容に関する悩みなどを対面で行うカウンセリングに注力するなどして、他業態や同業他社との差別化を図った。

コラム9-1

改正薬事法

　一般用医薬品（薬局などに陳列している医薬品で、OTC医薬品とも呼ぶ）の販売は、薬事法という法律によって規制されている。

　2009年、OTC医薬品の販売制度の見直しを柱とする改正薬事法が施行された。薬事法改正の背景には、少子高齢化に伴い、近年増加し続けている国民医療費の問題がある。2025年には医療費が55兆円にまで達すると試算されている。改正薬事法の目的は、伸び続ける医療費の膨張を抑えるとともに、適切な情報提供および相談対応のための環境づくりを図り、国民全体の健康意識やセルフメディケーションの推進に主眼が置かれている。セルフメディケーションとは、「自分自身の健康に責任を持ち、軽度な身体の不調は自分で手当てすること」をいう。政府は軽い疾病であれば自分で対処するセルフメディケーションを推進することで、約10～15兆円の医療費削減を目指している。規制緩和を行うにあたり、医薬品販売の現場では、販売する医薬品のリスクの程度に応じて、適切な情報提供とアドバイスが実施されなければならない。

　改正薬事法の主なポイントは、OTC医薬品をリスクの程度に応じて第一類、第二類、第三類の3つに区分し、リスクの程度に応じた情報提供と相談体制の整備を図る。また、薬剤師とは別に、登録販売者という新たな資格者制度が制定された。薬剤師が不在でも登録販売者がいれば、第二類と第三類の医薬品は販売することができるようになった。これにより、コンビニやスーパーなど異業態小売業のOTC医薬品販売への参入が容易となり、医薬品の販売チャネルの多様化が進んでいる。これに対して、既存のドラッグストアや調剤薬局は、24時間営業やカウンセリング業務の強化などで異業種からの参入に対抗する動きをみせている。また、OTC医薬品販売から在宅医療など他の分野への進出や、業態の異なる小売同士が業務提携するなど新しい動きも活発化している。
（厚生労働省ウェブサイト「一般用医薬品販売制度の改正について」http://www.mhlw.go.jp/seisaku/2009/06/02.html）

❖ PB商品の開発・販売

　マツモトキヨシは、他社との差別化を図るために、業界では他社に先駆けてプライベートブランド（PB）商品を開発・販売したことで知られる。PBとは、メー

❖ 第3部　新たな価値創造に挑む日本の小売業態

カーではなく、販売する流通業者が独自に名づけた商品名をもつブランドのことをいう。消費者は、そのブランドを展開する流通業者の店舗でしかPB商品を購入することができない。これに対し、全国どこでも購入可能で、人々によく知られた商品名をもつブランドのことを、ナショナルブランド（NB）という。メーカーが製造したNB商品であれば、消費者は安心して購入することができる。だが、他の流通業者の店頭でも同じ商品が陳列・販売されることになるので、他社との差別化は難しくなり、得られる利幅も薄くなるといわれている。

　マツモトキヨシが独自のPB商品を開発・販売する以前は、共同仕入機構である日本ドラッグチェーン会（NID）から、NB商品や同機構が開発したPB商品を仕入れて販売していた。しかしながら、競合他社が同機構のPB商品の取扱量を増やしていくと、PB商品としての魅力は薄れていった。このため、マツモトキヨシにとって、いかにして他社と差別化を図っていくかが喫緊の課題であった。

　マツモトキヨシが同社オリジナルのPB商品を本格的に導入し始めたのはドラッグストア業界でも早く、2000年頃からといわれている。2006年から、マツモトキヨシは、「MK CUSTOMER」と名づけた独自のPB商品を開発・販売した。「MK CUSTOMER」は、医薬品や化粧品、日用品、食品など幅広い分野で、ドラッグストアならではのセルフメディケーション商品を展開している。高品質を追求しながらできる限り価格を抑えることで、品質面と価格面を両立させた商品の提供を行っている点が大きな特徴である。その商品点数は約2,100品目にも及び、売上高全体に占めるPB商品の割合は、実に10％を超えるともいわれている。

　さらに、2015年に「MK CUSTOMER」の見直しを図った。まず、インバウンド需要を囲い込むために、商品名を変更した。日本で定着している愛称である「マツキヨ」を訪日外国人観光客にもわかるように、新しいPB商品名を「matsukiyo」に統一した。次に、従来の「MK CUSTOMER」の商品から、高品質高付加価値として消費者から評価され、品揃えの独自性に大きく貢献した商品を独立させ、単一ブランドとして展開することとした。こうした確立したブランドとして、「ARGELAN（アルジェラン）」や「Retinotime（レチノタイム）」などがある。アルジェランは、オーガニックという特徴を前面に打ち出したヘアケアやボディソープ、スキンケアなどのラインナップで知られる。レチノタイムは、アンチエイジング機能を取り入れた化粧水や乳液などを取りそろえたスキンケア商品として有名である。

　このように、マツモトキヨシは業界に先駆けて独自のPB商品を開発・販売して、

競争力の高い商品を生み出すことで、競合他社との差別化を図る。さらに、NB商品と比べて粗利益率の高いPB商品の品揃えを充実させることで、収益力の向上を図った点に、同社の革新性を見ることができる。

❖ 健康と美容に特化した新たな成長戦略

　マツモトキヨシはこれまで、都心型の店舗を展開し、医薬品だけにとどまらず、若者をターゲットにした化粧品や日用雑貨を幅広く取り揃え、さらにテレビCMの大量投下で話題を集めるといった手法によって、ドラッグストア業態の代表的なビジネスモデルを確立してきた。

　しかしながら、競合他社もマツモトキヨシのビジネスモデルを模倣した店舗を次々と投入した。その結果、ドラッグストア業界は、業種・業態を超えた店舗の同質化が進行し、その飽和感が高まっていった。そこで、マツモトキヨシは、収益性を重視しながら市場の変化に合わせるため、事業モデルを見直すことにした。具体的には、創業の原点である医薬品・化粧品を柱とした新しい事業モデルへの取組みや調剤事業の強化である。

　まず、新たな事業モデルの柱として、「matsukiyo LAB」と「BeautyU」の2つの展開が挙げられる。2015年に「matsukiyo LAB」という新たな名前を冠した店舗を出店した。具体的には、薬剤師や管理栄養士、ビューティースペシャリストの専門スタッフを配置して、健康や美容に関するカウンセリング機能を強化することで、地域の顧客のニーズに寄り添った店づくりを行っている。2018年3月現在、新松戸駅前店をはじめ9店舗が運営されている。こうした取組みは、高齢化社会の進展や顧客の健康志向への高まりを意識したものであるといえる。

　2017年に東京・銀座に出店した新店舗「BeautyU」は、販売する商品の約9割が化粧品で、美容に特化した店づくりとなっている。今後の顧客の反応をみて、都市部を中心に店舗数を増やす計画である。店舗は2フロアで、1階には化粧品のブランドコーナーや美容部員による対面販売のスペースなどを設け、地下1階にはセルフ販売の化粧品や医薬品、日用品を陳列する店づくりとなっている。

　次に、調剤事業の強化においては、調剤薬局を拡大するとともに、新サービス「調剤サポートプログラム」を開始した。具体的には、2012年4月、保険調剤事業に特化したマツモトキヨシファーマシーズを設立した。調剤薬局・調剤併設店舗はマツモトキヨシホールディングス全体で2012年度の176店舗から2016年度の

❖ 第3部　新たな価値創造に挑む日本の小売業態

253店舗へ年々増加している。また、個人が経営する小規模な調剤薬局を組織化する「調剤サポートプログラム」も進められている。小規模薬局に大衆薬や健康食品などの商品を供給するほか、患者からの問い合わせに1日24時間対応するコールセンターも用意するなどして経営を支援する。経営環境が厳しさを増す小規模薬局を取り込み、今後5年で500店の加盟を目指すという。この500店をネットワーク化することができれば、調剤専業の大手チェーンに匹敵する規模になり、収益拡大にもつなげることが可能となる。

4　品揃えと収益力の工夫から生まれた業態の革新性

　ドラッグストアが業種である薬局から一大業態へと転換することができたのは、品揃えと収益力を工夫することから成し得たものと考えられる。品揃えの面では、両立が難しいとされていた利便性と専門性の両方を追求することで、他業態にはない独自の優位性を築き上げた。収益力の面では、低価格を訴求しつつ高収益も確保するという手法を確立させた。こうした一見解決しえないと思われた問題に真正面から切り込むことで、他業態との差別化を図り、独自の業態の確立に寄与したのである。

❖ 業界全体における品揃えおよび収益力の特徴

　ドラッグストアは、「美容と健康」を切り口とした新しいライフスタイルを顧客に提案し、それに対応した豊富な品揃えを行ったことで小売業界に革命をもたらした業態といえる。

　ここで、図表9-1を参照されたい。この図は2016年現在でのドラッグストアにおける商品部門別の売上高と粗利益率構成比を示したものである。

　まず、売上高構成比が高い順に、食品、化粧品、医薬品となっている。こうした専門性の高い商品や利便性の高い商品を豊富に取り揃えた品揃えは、消費者から「買い物のしやすさ」や「買い物の楽しさ、面白さ」、「商品の専門性」といったイメージを獲得するのに一役買っている。

第9章　ドラッグストア

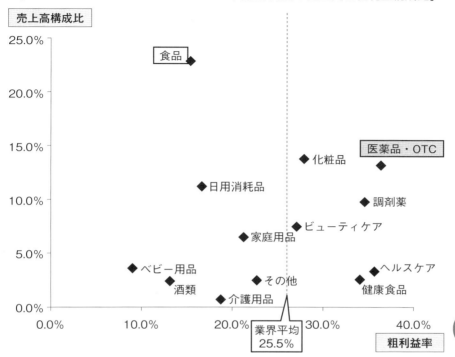

【図表９－１　ドラッグストアにおける商品部門別の売上高と粗利益構成比】

出所：日本ホームセンター研究所『ドラッグストア名鑑2016』を参考に筆者作成

　具体的には、第１に、食品や飲料、日用雑貨といった日常的に便利な生活関連商品を豊富に品揃えすることで、消費者はドラッグストアでワンストップ・ショッピング（さまざまな商品を１ヵ所でまとめて購入すること）を行えるようになる。第２に、健康・美容関連商品は、身だしなみを整えるためのパーソナルケア商品に該当する。そのため、消費者の嗜好性が高く、そのニーズも多様化している。これらの商品を豊富に揃えることで、選べる楽しさや新しい発見といったエンターテインメント性の高い買い物体験を消費者に提供することになる。第３に、ドラッグストアの強みは、薬事法によって保護された業態であることである。先に述べたように、第一類医薬品の販売は、薬事法の定めにより、薬剤師でなければ行うことはできない。このため、医薬品販売では、薬事法が参入障壁となり、異業種からの新規参入を難しくしている。したがって、こうしたスタッフを抱えていない一般の小売店では取り扱えない医薬品を販売している点で、ドラッグストアは他業態に大きな優位

143

❖ 第3部　新たな価値創造に挑む日本の小売業態

性を有している。

　次に、図表9－1から明らかなように、医薬品は、粗利益率が高く、4割近くにも達する。その理由として、医薬品は有資格者しか販売できないため、一般の小売店では取り扱うことができないからであり、低価格競争に巻き込まれにくいため、ほとんど値下げせずに販売することができる。さらに、健康食品（サプリメント）は、粗利益率の高い商品であり、消費者の健康意識の高まりとともに、売上高を急速に伸ばしている商品でも知られる。

　一方、食品や日用雑貨の価格は、コンビニよりも3割ほど安く設定されている。食品や日用雑貨は医薬品などと比べて顧客の購買頻度が高いため、価格に敏感な顧客層を取り込むことで、消費全体が落ち込む中でも売上は比較的堅調に推移している。このようにドラッグストアは、購買頻度が高い食品や日用雑貨をスーパーやコンビニよりも安く販売することにより、消費者の来店機会や頻度を高める。さらに、来店客に粗利益率の高い医薬品や化粧品を併せて購入してもらうことで、店舗全体の収益力を確保しようとする仕組みを確立している。

　この結果、ドラッグストア業界全体の粗利益率は、コンビニ業界と比べると若干見劣りするものの、小売業界では圧倒的に高く、20％を超える粗利益率を達成している。

❖ **競合他社との戦略の違い**

　図表9－1で示されているのは、ドラッグストア業態全体の傾向である。業態内各社は市場での独自のポジショニングを目指すために、打ち出している戦略が多種多様で、それに伴って商品の構成比に大きな違いがみられる。

　たとえば、2017年2月末現在、ドラッグストア業態で売上が1位となっているウエルシアHDは、日常生活に幅広く対応することでスーパーの需要を取り込みつつ、調剤薬局の併設にも力を入れている。店舗への調剤併設率を約67％まで高めている。この調剤併設比率がさらに高く、約8割までに達しているのは、上位企業であるスギ薬局である。調剤売上高比率も全体の約2割で、業界平均の約10％を大きく上回っている。これはスギ薬局が目指す「かかりつけ薬局」という専門性重視の事業モデルと大きく関係している。

　その他の大手企業であるサンドラッグは、コンビニの利便性を取り込み、融合店づくりが活発化している。新店舗「サンドラッグCVS」は低価格の日用雑貨に加え、

コラム9－2

粗利ミックス

　商品には、利幅の大きい商品（粗利益率が高い商品）と利幅の小さい商品（粗利益率が低い商品）とがある。粗利とは、売上高から売上原価を引いた金額をいい、粗利益率とは売上高に対する粗利の割合のことをいう。たとえば、70円（原価）で仕入れた商品を100円（売価）で売れば、30円のもうけ（粗利）になる。したがって、粗利が大きければ大きいほど、店にとってのうま味（儲け）が大きくなることを意味する。

　企業が儲かる仕組みの1つに、粗利ミックスがある。粗利ミックスとは、売上高全体に対する粗利益率の高い商品の構成割合を高めて店舗全体の粗利益額を確保しながら、粗利益率の低い商品を前面に打ち出して「安いイメージ」を顧客に演出することで、顧客の来店頻度を高め、店舗全体として「目標粗利益率」を確保しようとする手法のことをいう。

　粗利ミックスの仕組みは次のとおりである。まず、低価格の商品（ロス・リーダー）や関連購買の商品（ついで買い）で豊富な品揃えを図ることで、顧客の集客力を高める。ところが、いくら集客力があっても利幅が薄いと、得られる利益が少なく、事業としては成り立たない。そこで、低価格訴求によって集客した顧客に対して、付加価値の高い（利幅の大きい）商品をついでに購入してもらうことで、事業として成立するようになる。このように、粗利の低い商品（低価格訴求）と高い商品（高収益の達成）とをうまく組み合わせる（粗利ミックス）ことで、持続可能なビジネスモデルの構築につなげていることがわかる。

　アメリカのスーパーマーケットの創業者、マイケル・カレンもこの粗利ミックスの手法を採用した人物として知られる。彼は当時、300品目は仕入価格と同じ原価で販売し（粗利ゼロ）、同様に200品目は5％の粗利で販売し、300品目は15％の粗利で販売し、300品目は20％の粗利で販売した。これにより、一定の利益率を確保しながら、スーパーの低価格のイメージを顧客へ植え付けることに成功したという。

(M. M. ジンマーマン著（長戸毅訳）『スーパーマーケット：流通革命の先駆者』商業界、1962年)

弁当やおにぎり、さらにはATMまでもが設置され、コンビニの利便性を自前の店舗で実現した。

　上位企業であるコスモス薬品は、調剤薬を扱わないものの、EDLP（毎日安値）

政策と、食品で稼ぐという事業モデルに徹底している。コスモス薬品では食品が売上高全体に占める割合は56％であり、ウエルシアの同21％やマツモトキヨシの同10％と大きく異なる構成となっている。

これに対し、マツモトキヨシは、食品を売上高構成比の10％程度に抑え、補完的な商材として位置づけている。医薬品や化粧品などの健康・美容関連商品を軸に品揃えを行うことによって、他社との差別化を図っている。

5 おわりに

　本章では、ドラッグストアがいかにして1つの業態になり得たのかについて、マツモトキヨシの事例を通じて明らかにしようとするものであった。

　マツモトキヨシの創業者は、革新性の高い商品や商品の取扱い技術を必ずしも新たに開発したわけではなく、すでにある業態のノウハウをうまく取り入れながら、消費者に新たな価値提案を行い、これまでにない購買行動パターンを生み出そうとさまざまな創意工夫を行っていた。そうした既成概念にとらわれない行動こそが、ドラッグストアを新たな業態へと導いた原動力であったことは間違いない。

　ドラッグストアは、他の業態には見られない独自の粗利ミックス戦略を行っていた。すなわち、日用雑貨を幅広く取り揃えて低価格帯で提供することで消費者にディスカウントストアとしてのイメージを浸透させ、他の業態から顧客を取り込んで集客力の向上を図っていた。顧客の集客力を高めた上で、粗利益率の高い医薬品や化粧品に誘導し、高い収益性を確保することに成功した。こうしてドラッグストアは、小売業界を代表する一大業態へと発展を遂げたのである。

❓考えてみよう

1. マツモトキヨシは、従来の薬局をどのようにしてドラッグストア業態に転換させたのかを考えてみよう。
2. ドラッグストア業態で戦略商品として食品を重視している理由を考えてみよう。
3. 後発組である異業種がドラッグストア業態に新たに進出する際、既存のドラッグストアに対抗するために、どのような差別化戦略を図るかを考えてみよう。

次に読んでほしい本

石井淳蔵・向山雅夫編著『小売業の業態革新（シリーズ流通体系／1）』中央経済社、2009年。

鈴木豊『小売業態革新と顧客満足』じほう、1999年。

松村清『世界No.1のドラッグストア：ウォルグリーン（改訂版)』商業界、2012年。

第10章

総合ディスカウントストア
―独自のビジネスモデルを生み出した
ドン・キホーテ

1　はじめに
2　独自のビジネスモデルを創り上げた安田隆夫
3　店舗運営方法の模索
4　権限委譲の店舗運営方法の確立
5　おわりに

1 はじめに

　総合ディスカウントストア（以下、総合DS）というと、多くの人は米国のウォルマート・ストアーズ社（以下、ウォルマート）を思い浮かべるだろう。売上高ベースで世界最大手の小売企業ウォルマートが主力に据えている業態こそ総合DSだからである。しかし、興味深いことに、2002年ウォルマートは総合スーパー西友（当時売上高ベースで日本4番目の大手総合スーパー）を傘下に入れて日本への進出を開始したものの、日本の小売市場において売上高を順調に伸ばしているとは言い難い。

　一方、1989年に1号店をオープンしたドン・キホーテは、2017年8月までの間に、グループ総店舗数が370という日本総合DS最大手企業へと急成長した。顧客の目から見ると、西友や米国のウォルマートの店舗と比べて、ドン・キホーテの店舗にはどのような特徴があるのだろうか。

　西友やウォルマートの店舗では、商品が「調味料」や「玩具」といった種類別に仕分けされ、棚に整然と陳列されている。また、POP広告の数も少なく、そこには簡潔な商品説明文が印刷されているだけである。このような売場の特徴は、「整然」と「効率」という二語によって表現できるであろう。一方、ドン・キホーテの店舗では、多種多様な商品がまるでジャングルのように店の至る所に陳列されており、時には商品が天井からぶら下がっていることさえある。また、手書きのPOP広告が店内に充満している。ドン・キホーテの売場は、わかりやすく買いやすい売場というより、むしろ面白い売場である。こうした特色のある売場こそが、ドン・キホーテの特徴であり、強みでもある。

　本章では、日本の総合DS最大手ドン・キホーテが独自のビジネスモデルを生み出し、また、それを店舗で実現した革新について説明する。

2 独自のビジネスモデルを創り上げた安田隆夫

❖ ドン・キホーテのビジネスモデル

【写真10－1　ドン・キホーテの店舗外観】

出所：株式会社ドンキホーテホールディングス提供

　総合DSは、英語ではフルライン・ディスカウントストアと表現される。この表現からわかるように、一般的な総合DSには2つの特徴がある。1つは、衣食住にかかわる多種多様な商品を取り扱う、いわゆるフルラインという特徴である。もう1つは、顧客サービスが少ない代わりに、低価格販売という価値を顧客に提供する、いわゆるディスカウントという特徴である。1980年代は米国社会において格差が急速に広がった時代である。ウォルマートはこの時期、収入がより低い消費者層をターゲットにし、低価格販売を武器にして、総合DSチェーンを拡大した。こうした戦略が成功を収め、1990年同社は全米最大の小売企業にまで成長を遂げたのである（コラム10－1）。

　こうした米国のウォルマートとは対照的に、ドン・キホーテが目指すのは、創業

コラム10−1

総合DS業界

　1980年代に快進撃を続けた米国の総合DSは、1990年代に入ると、カテゴリーキラー（第12章のコラム12−2参照）との激しい競争にさらされるようになった。カテゴリーキラーとは、取り扱う商品ラインを、衣料品や家電製品というように1つのカテゴリーに絞る一方、取り扱う商品について豊富な選択肢を顧客に提供する業態の総称である。深い品揃えに加えて、カテゴリーキラーは総合DSよりも安い価格を顧客に提示しようとする。カテゴリーキラーの攻勢の下、近年、ウォルマートの総合DSは苦戦を強いられている。このように、フルラインの品揃えと低価格販売だけでは、顧客を引きつけ続けることは難しい。これは、米国の総合DSだけではなく、日本の総合DSも同様であり、現在では淘汰されてしまった。

　日本において総合DSが本格的に発展し始めたのは、1970年代終盤である。その草分け的存在は、イトーヨーカ堂傘下の「ダイクマ」とダイエー傘下の「トポス」である。イトーヨーカ堂は、1978年、神奈川県に7店舗があった総合DSのダイクマを傘下に入れ、チェーン化を進めた。ダイクマは、1990年代はじめ売上高ベースで日本最大手の総合DSまでに成長した。一方、ダイエーは、1980年から総合スーパーの不採算店を次々と総合DS「トポス」に業態転換した。1993年にトポスは22店舗に達し、ダイエー傘下の主力総合DSとなった。

　ダイクマやトポスなど大手総合DSがとった戦略は、情報の活用と物流の合理化によってコスト削減を図り、その分、低価格を実現して集客力を高めようとするものであった。こうした安売りを中心とした戦略は1980年代には功を奏した。しかし、1990年代に入ると、総合DSは、同業態、さらにホームセンターや家電量販店など日本のカテゴリーキラーからの競争にさらされ、集客力が急速に低下した。トポスは売上高が1990年をピークに減少に転じ、ダイクマは1990年代前半から既存店の売上は大きく落ち込むようになった。2002年、日本の総合DSの草分けで最大手でもあったダイクマは、チェーンの26店舗すべてが家電量販店のヤマダ電機に売却され、その商号は消えた。

者の安田隆夫が述べるように、「単に顧客の生活防衛ニーズを満たす『プアDS』ではない」。図表10−1はドン・キホーテのビジネスモデルを図示したものである。同社のビジネスモデルは、「CV+D+A」と表現される。CVはコンビニエンス、Dはディスカウント、Aはアミューズメントである。ドン・キホーテは、豊富な品揃

えと長時間営業という利便性（CV）および低価格販売（D）に加えて、常に変化する品揃えと、売場を密林のように商品で満たすいわゆる「圧縮陳列」によって、娯楽性（A）を顧客に提供しようとしている。アミューズメント、すなわち「商品の密林」で宝探しをするワクワク感や楽しさ、遊びを顧客に提供しようとすることこそ、ドン・キホーテのビジネスモデルと一般的な総合DSのそれとの最大の違いである。と同時に、ヨドバシカメラやユニクロなど低価格販売の専門量販店チェーンとの競争において同社が生き残ることができた要因でもある。「われわれの究極のライバルは、もしかしたらウォルマートではなく、ディズニーランドなのかもしれない」という安田のコメントは、ドン・キホーテのビジネスモデルの特徴を端的に表現しているといえよう。

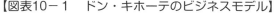

【図表10－1　ドン・キホーテのビジネスモデル】

出所：筆者作成

❖ 「泥棒市場」の経営から生まれたビジネスモデル

　ドン・キホーテの前身は、1978年に安田が東京で開いた小さな安売り雑貨店「泥棒市場」である。ドン・キホーテ独自のビジネスモデルは、安田が泥棒市場を経営した経験から生まれたものである。1970年代はじめ、大学を卒業した安田は、起業の準備をするために不動産販売会社に就職した。しかし、入社10ヵ月目、勤めていた会社が倒産した。1978年、29歳になった安田は、ようやく貯めた800万円を軍資金とし、東京都杉並区西荻窪の住宅街に18坪（約60㎡）の小さな店舗を借り、「泥棒市場」という店名を付けた。泥棒市場は当初現金問屋から商品を仕入れて販売したが、経営がうまくいかなかった。資金が底をついた安田は、仕入れ

❖ 第３部　新たな価値創造に挑む日本の小売業態

戦略を切り替え、返品商品や棚崩れ品など「訳あり」商品を積極的に仕入れるようになった。その後、泥棒市場は繁盛するようになった。その理由は２つあった。

　第１に、深夜営業が多くの顧客を引きつけた。1970年代の日本において、深夜営業の小売店は非常に少なかった。当時は「大規模小売店舗法（大店法）」による規制があり、百貨店や総合スーパーなどの大型・中型の小売店は、夕方６時あるいは７時頃に営業を終了せざるを得なかったのである。一方、セブン-イレブンのようなコンビニもまた、当時は午後11時までしか営業していなかった。このような環境の中、仕入れや陳列、販売業務をたった一人でこなさざるを得なかった安田が、夜中に店舗を開けて陳列作業を行っていたところ、営業中だと勘違いした顧客が店舗に入ってくることがあった。こうした顧客に商品を販売したことで、泥棒市場は夜中も営業しているとの噂が口コミで広まり、深夜に店舗を訪れる顧客が次第に増加したのである。

　また、安田が仕入れた商品の多くは廃番品やサンプルであったため、１回当たりの仕入量が非常に多いだけでなく、再度同じ商品を仕入れることが出来るケースはほとんどなかった。その結果、倉庫を持たない泥棒市場には大量の商品が隙間なく陳列された。また、陳列されている商品の種類は常に変化した。このような店舗で商品を探し回ることに、顧客は面白さを感じていたのである。

　こうして泥棒市場の売上は伸び始めた。また、売上の上昇以上に重要だったのは、安田自身が「CV+D+A」というビジネスモデルが高い集客力を持ちうるという事実を発見したことであった。

　泥棒市場の売上が伸びるにつれて、大口の売り込みを安田に申し込む業者が増加した。安田はこうした売り込みを断らず、泥棒市場の販売能力を超えた大量の商品を仕入れ、余剰商品を他の問屋や小売企業に卸すようになった。卸売事業の規模が拡大したことを受け、1983年安田は泥棒市場（1980年に株式会社ジャストに名称変更した）を売却し、新たに株式会社リーダーを創立した。こうして1988年頃まで、事業の重点を卸売事業に移した。

　しかし1989年、安田は再び小売事業への進出を図り、東京都府中市に総合DSドン・キホーテ１号店を開店した。安田がドン・キホーテを開店した背景には、次のような思惑があった。すなわち、泥棒市場の経営を通じて案出した新しいビジネスモデルと、卸売事業の経営で築いた仕入ネットワーク、蓄積した経営資金を融合させ、新しい小売業態、すなわち日本型総合DSを創造しようとしたのである。

3 店舗運営方法の模索

❖ 業界の常識にとらわれない発想

　ドン・キホーテ１号店が開店した1980年代は、日本において総合DSが大きく成長を遂げた時期である。当時日本の総合DSのほとんどは、米国の総合DSと同じように、大量仕入れや物流の合理化などによってコスト削減を図る一方、低価格販売による集客を目指していた。しかし、ドン・キホーテを開店した安田は、こうした総合DS業界における常識的な戦略をとらなかった。なぜならば、安田は「業界の常識に沿ったやり方をしている限り、必ず資本と情報力に勝る大資本に食われてしまう」と考えたからである。彼は、夜間買い物をする消費者をターゲットに据え、低価格販売に加えて、深夜までの長時間営業、豊富かつ常に変化する品揃えと圧縮陳列という手段によって、低価格＋利便性＋娯楽性という価値を顧客に提供しようとした。

　独自のビジネスモデルを具現化するような店舗を作り上げるために、安田は、売場面積および店舗の運営方法に関してさまざまな工夫を凝らし、革新的な手法を導入した。まず、深夜営業を実現するために、ドン・キホーテ府中店の売場面積を、大店法による出店調整対象店舗の基準を下回る150坪（約496㎡）に設定した。

　また、低価格販売を実現するために、安田はスポット品（一時的に仕入れる商品）を積極的に仕入れた。その理由はスポット品の特徴にある。ドン・キホーテが仕入れる定番品のほとんどはナショナルブランド（NB）の商品であり、販売価格や粗利益率において他の小売企業と差をつけることは難しい。一方スポット品は、無名メーカーの商品や、過剰在庫を抱えたり、金策に行き詰ったメーカーや問屋が突発的に売り込んでくる商品であり、現金支払いの場合は非常に安い値段で仕入れることができる。ドン・キホーテは、こうしたスポット品を仕入れることで、粗利益率を維持しながらも、低価格販売を実現させたのである。商品の仕入れについて、安田は、泥棒市場、リーダー、さらにドン・キホーテの経営を通じて、「仕入れの掟『５つのセオリー』」および「優秀仕入れ担当者の鉄則10ヵ条」（コラム10－２）といったノウハウを蓄積した。スポット品を積極的に仕入れるという姿勢は、今日

> コラム10−2

「仕入れの掟『5つのセオリー』」と「優秀仕入れ担当者の鉄則10ヵ条」

　ドン・キホーテの安田は、泥棒市場、リーダー、さらにドン・キホーテの経営を通じて、商品の仕入れについてさまざまなノウハウを蓄積した。安田はそのノウハウを、「仕入れの掟『5つのセオリー』」および「優秀仕入れ担当者の鉄則10ヵ条」にまとめた。

仕入れの掟「5つのセオリー」
- ① クイックレスポンス
- ② すぐ現金を支払う
- ③ 相手にリスクを負わせない
- ④ ある程度まとまった量を仕入れる
- ⑤ 売り込み着手容易性

優秀仕入れ担当者の鉄則10ヵ条
- ① 商品知識と感性を、顧客の立場に立って常に磨くこと
- ② 売れ筋のベスト10を常に念頭に置いて仕入れをすること
- ③ 1ヵ月以内に販売できる数量を、価格との相関関係を念頭において的確に判断できること
- ④ データを機敏に利用できること
- ⑤ 情報の収集に積極的であること
- ⑥ 売り込みに対して速やかに回答すること
- ⑦ 過剰仕入れを常に戒め、予算枠を超えないようにすること
- ⑧ 商談を短時間で効率よく終了できること
- ⑨ 脇役商品を価格や演出で主役商品に転換できる、柔軟な発想をもっていること
- ⑩ 仕入先に誠意をこめたお願いができること

　「仕入れの掟『5つのセオリー』」および「優秀仕入れ担当者の鉄則10ヵ条」は、他社の経営を模倣したものではなく、安田が自らの起業経験を通じて得た知恵と知見に基づいたものである。こうしたノウハウは、いつ、どの商品を発注するかといった詳細についてはマニュアルが示されない一方、「CV+D+A」というビジネスモデルを体現する売場づくりへと導くような仕入れの指針が明確に示されている。例えば、仕入れ担当者自身の趣味ではなく、顧客の視点から売場を見ること、仕入れ先との互恵関係を重視すること、脇役商品（無名メーカーの商品やス

> ポット品など）を積極的に仕入れることなどは、「CV+D+A」の実現に重要であろう。
> （安田隆夫『ドン・キホーテの「4次元」ビジネス：新業態創造への闘い』広美出版事業部、2000年。）
> （安田隆夫・月泉博『情熱商人：ドン・キホーテ創業者の革命的小売経営論』商業界、2013年。）

もドン・キホーテの仕入れ担当者が従う仕入れ作業原則の1つとなっている。

　さらに、娯楽性という価値を提供するべく、安田はスポット品の仕入れを通じて品揃えを常に変化させるとともに、圧縮陳列という独特の陳列法を導入した。ドン・キホーテの圧縮陳列とは、天井などさまざまなスペースを活用し、膨大な種類の商品を陳列する、という陳列方法である。例えば、ドン・キホーテ府中店の売場面積は150坪であったが、そこには約3万品目の商品が陳列されていた。大手コンビニの店舗は約3,000品目の商品を取り扱っていることを考えると、ドン・キホーテ府中店に陳列された商品の品目数がいかに多かったかがわかる。ドン・キホーテは圧縮陳列を通じて、膨大な種類の商品の中から宝探しをするワクワク感や、意外な掘り出し物を発見した時の喜びを顧客に感じさせようとしたのである。

❖ 圧縮陳列と権限委譲

　ただ実際のところ、ドン・キホーテ府中店が開店した当初は、思うように圧縮陳列を実現することができなかったという。開店当初、安田は仕入れ業務を担当し、仕入れた商品の陳列に関しては従業員達に任せていた。従業員達に圧縮陳列のスキルを身につけさせようと、安田は、圧縮陳列の技術を言葉で説明すると同時に、自ら陳列作業を実際に行って、その様子を従業員達に観察させることを繰り返した。しかし、従業員達はなかなか圧縮陳列の技術を身につけることができなかった。その結果、ドン・キホーテ府中店の売場は、顧客に面白さ・楽しさを感じさせることができないだけでなく、大手総合DSのようなわかりやすさにも欠けるものとなった。安田が理想とするような圧縮陳列を実現することができず、ドン・キホーテ府中店の1年目の売上高は、目標の約3分の1しか達成できなかったという。

　打開策を見出せなかった安田は、思い切って仕入れの権限を従業員に委譲してみた。すると従業員達は、自分が面白そうだと思う商品や、売れそうだと思う商品を

次々と仕入れ始めた。自ら仕入れた愛着のある商品であるだけに、従業員達は一生懸命工夫し、小さな売場に商品を「圧縮」して陳列するようになった。また、その商品のお薦めポイントを手書きしたPOPを数多く配置した。このように、仕入れの権限を委譲された従業員達が圧縮陳列の技術を修得するにつれて、安田が理想とするような圧縮陳列が実際の店舗において徐々に実現するようになった。1992年、府中店の売上高は開店初年度（1989年度）の3倍を超え、ようやく開店初年度の売り上げ目標を達成した。

　こうして安田は、圧縮陳列の技術を従業員に修得させるプロセスにおいて、従業員に対して積極的に権限を委譲するというドン・キホーテ特有の店舗運営方法を見出すに至った。この方法は、従来のチェーンオペレーションとは全く異なる方法であり、ドン・キホーテが成長を遂げた要因の1つでもある。

4　権限委譲の店舗運営方法の確立

❖ 権限委譲

　近代的小売業において、複数の店舗を経営する際に用いられる代表的な手法は、チェーンオペレーションである。これは、仕入れ機能と販売機能とを分離し、本部が各店舗の仕入れや物流、広告などの活動を一括して行う一方で、各店舗は本部が定める経営方針に従って販売活動に専念する、という手法である。チェーンオペレーションでは、仕入れおよび物流、広告業務の本部集約によって規模の経済性を達成することができ、また、各店舗における販売業務の専門化と標準化によって販売コストを削減することができる。チェーンオペレーションには、意思決定をできる限り本部に集中し、現場に近い従業員は標準化された作業をマニュアルどおりに行う、という特徴がある。そのため、店舗イメージを統一し、標準化された売場を作り出すためには非常に有効な手法であるといえる。しかし、面白い売場を作り出すという目的には適さない。

　ドン・キホーテにおける権限委譲という店舗運営手法は、チェーンオペレーションとは根本的に異なるものである。今日ドン・キホーテの店舗は、売場面積が1,000㎡から3,000㎡であり、取り扱う商品は4万品目から6万品目にのぼる。ド

ン・キホーテ店舗における売場は、①フード・リカー（食品・酒類）、②ライフスタイル（消耗品・雑貨品・スポーツ用品・自転車・玩具）、③トレンドセレクト（アパレル・ブランド品・家電）と大きく３つのカテゴリーに分けられている。各カテゴリーを管理する売場責任者には、仕入れと陳列、販売に関して大きな権限が与えられているが、その一方で売場責任者向けの作業マニュアルは存在しない。売場責任者に与えられているのは、「圧縮陳列」、「ジャングル」、「サムシングニュー」など、売場のイメージを表すキーワードだけである。売場責任者は、キーワードによって表現された売場を造り上げることを目標とし、実際に仕入れる商品および仕入れ価格、陳列方法、販売価格を決定する。売場責任者はまた、仕入れと陳列、販売の作業を自ら担うと同時に、部下の従業員達を管理する。これこそが、ドン・キホーテ特有の権限委譲型の店舗運営方法である。

　もちろんドン・キホーテの売場責任者が自主裁量の商品を仕入れるにあたり、本部からなんら支援を得られないわけではない。本部は２つの支援を提供することで、売場責任者の負担を軽減し、また、彼らの経営業績を高めようとしている。１つは、「一括商談」制度であり、もう１つは、本部による情報提供である。一括商談制度とは、売場責任者が把握している仕入れ先情報を本部が集約し、本部の担当者が商談作業を行い、その結果を売場担当者に伝え、店長や売場担当者が実際にその商品を仕入れるかどうかを決定する、という制度である。すなわち、仕入れに関する意思決定を下すのは売場責任者であるが、商談作業は本部が一括して行っている。ドン・キホーテは、一括商談制度により、売場責任者の負担を軽減させ、仕入れ作業の効率を高めようとしている。本部はまた、全国350以上の店舗のPOS（販売時点情報管理）データを分析し、その結果から明らかになった売れ筋商品情報などを瞬時に各店舗に伝達している。ドン・キホーテ本部は、こうした情報提供により、売場責任者による適切な仕入れおよび陳列、ひいては経営業績の向上を支援している。

❖ 人事制度

　ドン・キホーテの店舗運営手法の最大の特徴は権限委譲である。であるが故に、現場の従業員の創意工夫をいかに喚起するかが、同社の経営業績を左右する。ドン・キホーテは、従業員の動機づけを行うために、多くの日本企業に見られる年功序列の給与待遇ではなく、働きに応じた能力給を採用している。

ドン・キホーテは、昇進・昇格と賞与を半年ごとに決定する「半俸制」を導入している。店舗経営の中核従業員である売場責任者の人事評価は、彼らが自主裁量によって仕入れた商品の販売実績ともリンクしている。担当する売場の売上高と粗利益率、在庫回転率などの数値も評価に大きく影響する。能力に基づいて従業員を評価するドン・キホーテにおいて、パート従業員が売場責任者に抜擢されるケースや、若手社員が速いスピードで昇進・昇格を遂げるケースが少なくない。一方、従業員の降格も珍しくなく、一度降格された社員の中には敗者復活を遂げる者も多い。こうした人事制度により、従業員達が、単に雇われ人としてではなく、独立した商人のように働けるよう、動機づけようとしているのである。

5　おわりに

　総合DSドン・キホーテが成功を収めることができたのは、革新的なビジネスモデルと独自の店舗運営方法、人事制度の三拍子が揃ったからである。一般的な総合DSが提供する低価格販売というサービスに加えて、ドン・キホーテは、長時間営業および、豊富かつ常に変化する品揃え、特徴的な陳列手法によって、利便性と娯楽性をも顧客に提供しようとしている。こうしたコンセプトを体現するような店舗を作り上げるために、ドン・キホーテは、近代的小売業に一般的に見られるチェーンオペレーションという多店舗運営手法を採用せず、現場に対する権限委譲という独自の方法を案出した。さらに、従業員の創意工夫を引き出すために、年功序列ではなく、能力に基づいて従業員を評価する人事制度を導入している。ビジネスモデルと店舗運営方法、人事制度のすべてにおいて革新を起こしたからこそ、ドン・キホーテは、小さな「泥棒市場」から日本最大手の総合DSへと成長を遂げたのである。

　可処分所得の低下や人口減少など、近年日本の小売市場を取り巻く環境は決して芳しいものではない。しかし、このような状況の下でも成長を続ける小売企業は存在する。業界の常識に束縛されることなく、ビジネスモデルとそれを実現するための方法について常に革新を起こし続けることこそ、小売企業を成長へと導く最も重要な要因である。この点は、ドン・キホーテの事例にはっきりと示されている。

第10章　総合ディスカウントストア

❓ 考えてみよう

1. 日本の小売市場において、ドン・キホーテのビジネスモデルが消費者に受け入れられた理由を考えてみよう。
2. 近年、都心に立地するドン・キホーテの店舗では、従来の中核顧客である若者に加えて、訪日観光客の来店が急速に増加している。ドン・キホーテが観光客を引きつける理由について考えてみよう。
3. 現場に権限委譲をするドン・キホーテの店舗運営方法は、店舗が増加するにつれて、同社の経営にどのような問題をもたらしうるかを考えてみよう。また、その問題に対しどのような解決策があるかを考えてみよう。

次に読んでほしい本

畢滔滔「Case10　ドン・キホーテ：独自のビジネスモデルと環境対応の店舗運営システムによる急成長」米倉誠一郎編『ケースブック　日本のスタートアップ企業』有斐閣、2005年。

安田隆夫『ドン・キホーテの「4次元」ビジネス：新業態創造への闘い』広美出版事業部、2000年。

安田隆夫・月泉博『情熱商人：ドン・キホーテ創業者の革命的小売経営論』商業界、2013年。

第11章

家電量販店
―家電から住宅へと品揃えを拡大するヤマダ電機

1　はじめに
2　松下電器（現・パナソニック）の系列店から独立した山田昇
3　ヤマダ電機の物流戦略・資金調達戦略
4　ヤマダ電機の出店戦略
5　家電量販店から住宅・家丸ごとの提案へ
6　おわりに

❖ 第3部　新たな価値創造に挑む日本の小売業態

1　はじめに

　家の中を見渡してほしい。白物家電と呼ばれる冷蔵庫、洗濯機、掃除機、電子レンジ、炊飯器、エアコン、黒物家電と呼ばれるテレビやハードディスクレコーダーは、現代の生活に不可欠なものになっている。このような家電はどこで買うだろうか。家電でなくとも、携帯電話やスマートフォンを、比較検討する時はどうするだろうか。

　家から注文できるインターネット販売も考えられるが、やはり実物を見て、比較検討して選ぶであろう。そこで多くの人が足を運ぶ店は家電量販店である。本章では、日本の家電量販店における新たなビジネスモデルを先駆的に築き上げたといえるヤマダ電機についてみていこう。

2　松下電器（現・パナソニック）の系列店から独立した山田昇

　ヤマダ電機の創業者であり会長の山田昇（やまだのぼる）は、もともとは町の電気店の経営者であった。町の電気店とは、駅前や商店街に存在する小規模でメーカー名の看板を掲げている電気店である。その町の電気店から、家電量販店業界ナンバーワン企業に成長させた。しかし、その成長の過程は、決して順調ではなかった。

❖ 困難を極めたヤマダ電化センター

　山田は、1943年宮崎県に生まれ、テレビ技術の専門学校を経て、日本ビクターに入社した。日本ビクター（2008年にケンウッドと統合しJVCケンウッド）とは、犬が蓄音機を聞くマークで知られるメーカーで、戦前からテレビの技術開発を手掛け、世界初のVHSビデオを開発したことでも知られる音響メーカーであった。山田は日本ビクターを退社し、工場があった前橋市において、ナショナルという銘柄の商品（2008年に松下電器産業株式会社からパナソニック株式会社への社名変更以来、パナソニック・ブランド商品）を主に販売する町の電気店「ヤマダ電化センター」を開店した。山田がナショナル・ブランドを扱う店を開業した理由は、ナ

ショナル商品が白物家電においてトップシェアを確保していたこと、日本ビクターは当時松下電器のグループにあったことが考えられる。1973年の開業当時は、多くの家電製品が家庭に普及した成熟期に入っており、決して爆発的に売れる成長期ではなかったが、山田は無料のサービスを駆使し、顧客に食い込む戦略を展開した。

具体的には、山田は出店地域の周辺家庭をカラーテレビの調整・点検名目に、無料で訪問サービスを行った。当時のカラーテレビは、真空管を使い、不具合や突然故障するなどのトラブルが多々あった。山田は、ビクターで身に付けた技術を生かし、テレビの調整と同時に家の中を見渡し、ナショナル以外の商品があれば、将来の顧客としての余地があるとし、顧客名簿を作成した。山田は、その名簿に従い訪問販売を行い、顧客を開拓していった。この経験によって、アフターサービスの重要性を認識した山田は、1994年から有料で保証期間を3年間、5年間に延長する制度である総合保守サービス「The 安心」をスタートさせている。

ヤマダ電化センターは、開店5年後には5店、年商5億円までに拡大し、順風満帆のように見えた。しかし当時の家電販売は、セールスマンに依存することが多く、人的販売による訪問販売・定価販売が主流であった。ヤマダ電化サービスは、優秀なセールスマンを抱えていたが、商売の面白さを理解すると独立志向が強いセールスマンは、自ら電気店を設立し、同時に顧客情報を持ち出して離れていった。つぶれる一歩手前に立たされた山田は、廃業することも考えざるを得なかった。山田は支店をすべて閉じ、前橋市の本店1店のみを残した。支店にあった商品は、2、3割引のセールで販売し、在庫を処分した。このセールは多くの顧客を集め、価格を前面に出せば、おのずと訪問販売をせずに、顧客が来てくれることを、山田は肌で感じることになる。これをきっかけに、山田は、1981年にナショナル商品だけではなく、東芝・シャープなど複数メーカーを扱い、かつ安く売る量販店に転換する。

❖ 多店舗展開に立ちふさがるライバル

ヤマダ電化センターは、1982年に2号店を群馬県高崎市に出店し、翌1983年には株式会社ヤマダ電機に社名を変更する。そしてヤマダ電機は、1985年には埼玉県深谷市に進出する。

しかしヤマダ電機の本丸といえる高崎市に、1990年ごろから、広島からダイイチ（現・エディオン）、大阪から上新電機も進出したことで、家電戦争が激しくなり、上州戦争と呼ばれた。この上州戦争に対して、ヤマダ電機は低価格販売で対抗

❖ 第3部　新たな価値創造に挑む日本の小売業態

した結果、2社は群馬県から撤退した。

　このような上州戦争の因縁もあり、ヤマダ電機はダイイチが本社を置いた広島市を重点地域として、中心部、郊外部の両方に出店している。具体的には、広島市の中心部・八丁堀の百貨店天満屋跡に大型店であるラビ広島を開店し、広島市近郊まで含め全体で合計4店舗を展開している。

　その後、ヤマダ電機にとって強力なライバルが群馬県に進出する。隣の栃木県からコジマ（2012年からビックカメラグループ）、ヌマニウ（現在は家電販売から撤退し、ブックオフ・ハードオフをフランチャイズチェーンにて展開）、その隣の茨城県からカトーデンキ（現・ケーズデンキ）が進出し、競争がますます激しくなった。この競争から、ヤマダ電機は、コジマなどのライバルの家電量販店が出店していない無風地域へ出店することになる。

3　ヤマダ電機の物流戦略・資金調達戦略

　ヤマダ電機は成長軌道に乗りかけたが、2つの壁が立ちふさがった。第1の壁は物流の壁であり、第2の壁は資金調達の壁である。この壁を独自の戦略で打破するとヤマダ電機にとって、法律の改正という追い風が吹き始めた。

❖ メーカーに頼らない物流網の構築

　ヤマダ電機は、北関東での競争を教訓にコジマなどのライバルが進出していない地域へ出店することになる。しかし大きな壁が立ちふさがり、その象徴的な事例が、1989年に富山県で起こった。ヤマダ電機が進出を表明した当時、富山県に家電量販店は、上新電機以外にはなく、いわば無風地帯であった。この状況の中、町の電気店は、ヤマダ電機の進出によって起きる価格競争を恐れていた。そこで業界団体である電機商組合は、安売りを展開するヤマダ電機に対し、開店時期や営業時間、チラシ内容を事前に開示するなど要求を出した。そして町の電気店の仕入れ先である卸売段階にある販売会社に対して、富山のヤマダ電機の店舗向けには商品供給をしないように圧力をかけた。そこでヤマダ電機は、本社のある群馬県から、幹部自らトラックに乗り商品を運び、開店にこぎつけた。このような出店妨害から、自社物流の構築の必要性を感じ、メーカーに頼らない物流網の構築に乗り出した。

コラム11-1

北関東価格

　南関東の東京都、神奈川県、千葉県、埼玉県に対し、北関東と呼ばれる群馬県、栃木県、茨城県は、日本でも車を利用した買い物行動が多く見られる地域である。車での買い物行動による北関東家電戦争は、他の地域の家電量販店の競争とは異なり、熾烈な価格競争が繰り広げられた。一例では、パソコン1台1円やテレビ1台5円などの競争を繰り返し行ったため、公正取引委員会からあまりにも安売りのために他店の経営を阻害する不当廉売に該当するとして警告を受けるものもあった。北関東には、ヤマダ電機の他に、栃木県からコジマ、茨城県からケーズデンキが成長し、それぞれの社名のローマ字表記の頭文字をとりYKKと略され、いずれも現在の家電量販店業界の上位企業である。北関東から家電量販店が多く生まれてきた要因は、北関東の地域特性にある。

　北関東は、県民所得や1世帯当たりの自動車保有率が高く、自動車での買い物行動が多く見られる地域である。県民所得とは、県民の生産活動で生み出された正味の付加価値を、労働・土地・資本の生産要素に分配したものであり、雇用者所得、財産所得、企業所得で構成される。2014年度の県民所得は、47都道府県中、栃木県は4位、群馬県は10位、茨城県は11位になっている（内閣府『平成26年度県民経済計算』）。

　また2013年度の1世帯当たりの自動車保有率は、栃木県は1位、茨城県は2位、群馬県は3位になっている（国土交通省『平成27年度自動車輸送統計調査』）。このような地域で成長した3社は、商店街や駅前などの中心市街地でなく無料駐車場を備えた、道路沿いのいわゆるロードサイドへの出店を行ってきた。そして北関東には、旧三洋電機をはじめ、家電メーカーの工場がたくさんあり、そこから生産過剰の製品を調達しやすかった供給側の背景もあったとされる。北関東では、YKK3社が県境を越えて出店すると、自動車での購買行動のため、買い回ることによる比較購買も容易となり、価格競争をより激しくさせた。このような需給双方に見られる地域特性は、家電量販店の上位企業を生む要因になったといえよう。

　自社物流の仕組みは、店頭までメーカー負担で輸送していた形を改め、自社物流センターまでにすることである。そして自社の物流網において複数メーカーの商品を同時に、店頭へと流す一括物流を実現した。当時はメーカー別にばらばらに商品が到着し、その都度検品、陳列を余儀なくされたが、この一括物流によって所定の

❖ 第3部　新たな価値創造に挑む日本の小売業態

時間に全メーカーの納入を可能にし、人員、作業の効率化にも貢献するものであった。同時に一括物流は、メーカー側にとっても各店別の納品作業を簡素化できる利点を生み出した。一括物流は、自社ですべてをまかなうように見えるが、第三者の物流業者を使い自らの負担を抑える形で運営されている。

❖ 銀行に冷たくあしらわれ、資金調達の多様化へ

　物を作る上で原材料を用意することを調達というように、経営のためにお金を用意することを資金調達という。ヤマダ電機は、この資金調達方法を、他の家電量販店とは異なる方法で行ってきた。企業が資金調達をする一般的な方法は、銀行などの金融機関に対して借り入れを要請する。しかし土地などの担保を多く持たないことで金融機関から冷たくされたヤマダ電機は、証券のプロをスカウトすることにより、1989年に店頭市場に株式を上場させ、1990年から社債を発行し、2000年には東京証券取引所第1部に上場した。特に1997年から2年間は、ヤマダ電機は、37店出店したが、この出店費用は、3回にわたるスイスフラン建て転換社債を計1億3,000万フラン（約120億円）発行してまかなっている。このような資金調達方法を多様化する財務戦略は、出店戦略、物流戦略のための資金を賄い、家電量販店業界の競争を勝ち抜く原動力となったといえよう。

4　ヤマダ電機の出店戦略

❖ 新しい形の家電量販店業界の競争—ライバル店の真横に出店

　1980年代までは、戦国時代の武将のように各家電量販店は、暗黙の了解のもとにテリトリーが決められ、お互いの地域に、進出しない紳士協定のようなものが存在した。一例をあげると、北海道はそうご電器（2002年破たん）、東北はデンコードー（現在はケーズデンキの100％子会社）、北陸は100満ボルトというような状況であった。そして家電量販店の業界団体であるNEBA（日本電気大型店協会、2005年に解散）が作られ、それぞれの経営者同士の交流、メーカー間の交流が行われた。NEBA加入の家電量販店は、過度な安売りをしないことと引き換えに、

第11章　家電量販店

> **コラム11－2**
>
> ### 間接金融と直接金融
>
> 　ヤマダ電機の成長要因の1つに、出店戦略があったことは述べてきたが、その出店戦略を支えてきたのが、直接金融を軸とした資金調達方法である。
> 　この資金調達を流通業が行うことを、流通金融という。資金調達には大きく分けて、2つの方法がある。間接金融は銀行などの金融機関が、集めた預金を企業などに貸し出す形態である。金融機関は、預金者に元金を必ず返す（元金保証）、利息を払うことを約束して預金者から集めた資金を必要とする企業に貸し出す。金融機関は、元金保証を約束している以上、貸し出す企業を調査し、借り手企業に借入金を返すことができなくなった時に弁済する担保の提供を求める。すなわち、お金の流れは預金者から預金として銀行に入り、銀行から貸出金として企業に貸し出され、間に金融機関を介する形態を間接金融という。
> 　直接金融は、資金を必要とする企業とお金の出し手を直接結び付ける形態である。企業は株式や社債を発行し、それらを出し手に購入してもらうことで資金を調達する。
> 　社債とは、株式と違い議決権は発生しないが、一定の利子を付け、一定の期間後に、償還するものであり、現金として投資家に還元するほか、株式と交換する転換社債などもある。すなわち、お金の流れは出し手から株式・社債の代金として企業に入ることになり、この形態を直接金融という。

メーカーに対しては新製品、売れ筋商品の供給を要望するいわば、お互いにメリットがあるウィンウィンの関係が構築された。しかしYKKの各社は、そのような古い慣習を壊し、次々に出店地域を拡大した。

　ヤマダ電機は、コジマをはじめとするライバル店の近くを狙い出店した。一例をあげると、千葉県柏市の国道16号線沿いには、ヤマダ電機の他にコジマ、ケーズデンキが半径200m以内に近接している。

　家電は、高額になればなるほど、いくつかの店を回り比較検討する買回り品であり、家電量販店が集まることにより、それが容易になる。そして自店の安さ・品ぞろえの良さを際立たせることに成功し、ヤマダ電機は、「～よりも安くします」を謳い、ライバル店よりも高い商品があると申告すれば、その価格以下にする最低価格保証制度などをも導入した。

❖ 第3部　新たな価値創造に挑む日本の小売業態

❖ ヤマダ電機に吹いた追い風

　前述の資金調達方法を用いて、1990年代半ばからヤマダ電機は家電量販店では異例の売場面積3,000㎡の大型店を出店する。この大型店出店戦略は、品揃え面で大きな力を発揮した。当時は、Windows95によるパソコンの操作性の向上もあってパソコンが家庭に普及する時期と重なり、プリンターをはじめとする関連商品も選択できる大型店は、顧客の支持を集めることになった。

　ヤマダ電機よりも先行して成長していたコジマは、栃木を出て、東北そして南関東に、いち早く全国展開を行ったが、当時の出店は大規模小売店舗法（大店法）の基準である売場面積500㎡に抵触しないタイプであった。大規模小売店舗法とは、小売企業が大型店を出店する時に守らなければならない法律で、大型店と中小小売店が競争する上での調整政策を目的としている。この法律は1974年に施行され、2000年に廃止された。小売業が大型店を出店するには、この法律に照らして地元中小商業者等との調整を必要とし、手続きには最長で2年ほどかかり、地元商業者からの反発が想定されるような大型店は作れない例、出店そのものを断念せざるを得ない例が多々あった。

　ヤマダ電機の成長時期は、この大規模小売店舗法の規制緩和期であり、大型店出

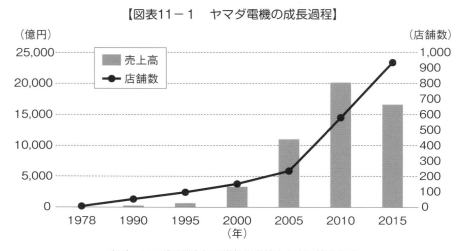

【図表11－1　ヤマダ電機の成長過程】

出所：ヤマダ電機有価証券報告書等を参考に筆者作成

店のハードルは低い時代であった。よってコジマの大規模小売店舗法に抵触しないタイプの店に対して、ヤマダ電機の大型店は、品揃え面で大きな差が付き、競争を優位に進めた。いわば一周遅れのヤマダ電機が優位に立ったといえ、大型店規制の緩和が追い風になったといえよう。

　この大型店出店と合わせて出店の標準化、店舗運営の標準化を行った。標準化とは仕事の仕方、手続き、処理、結果の基準を明確にして例外行動をなくすことである。この結果、誰が行っても、同じ結果を引き出せるため、仕事を効率化することができる。

　出店の基準を商圏別に分類し、タイプ別の出店を行った。商圏とは店舗に来る可能性が高い顧客が住むあるいは勤務している地域である。ヤマダ電機は、その商圏を人口30万人に売場面積3,300㎡の店舗とし、この形態を標準タイプとし、現在では商圏人口50万人の都市型店舗であるラビから商圏人口15万人まで、3タイプの店舗を出店している。

　その標準化の例が店舗構造にも見ることができる。ヤマダ電機は1階が駐車場、上下のエスカレーターで2階と結び売場にする、独自に生み出したピロティ方式を採用することにより、人員配置や陳列の仕方など店舗運営面の標準化を行った。

　ピロティ方式の利点は、土地を有効に活用できる点、雨の日でも濡れずに店舗に行くことができる点、商品を持ち帰る際に搬入口に車を横付けできる点などがあげ

【写真11－1　ピロティ方式の店舗・テックランド東大阪新家店　大阪府東大阪市】

出所：筆者撮影（株式会社ヤマダ電機許諾）

られる。その後ピロティ方式は郊外型家電量販店の標準モデルとなり、コジマ、エディオン、ケーズデンキを中心に採用されている。

5　家電量販店から住宅・家丸ごとの提案へ

家電から日用品へ

　ヤマダ電機は、2002年に神奈川県を中心に展開していたディスカウントストアのダイクマを、イトーヨーカ堂グループから買収した。この買収の狙いは、ヤマダ電機の大型店のサイズ、ダイクマの店のサイズが似ており、過大な投資をせず、建物をそのまま使ういわゆる居抜き物件で、人口の多い神奈川県内の店を倍増させることとみられていた。

　しかし、当初買収した店舗は、ダイクマからヤマダ電機へ転換したものの、顧客からの要望を受け、ダイクマとヤマダ電機を併存させた。そこでヤマダ電機は、食品・日用雑貨等の仕入れノウハウを学習し、品揃えを拡大し、全国の店舗へノウハウを移植した。このノウハウから家電以外の品揃えを拡大したことによって、家電で貯めたポイントの使い道の多様化を実現でき、他の家電量販店との差別化を実現した。

リフォームから家丸ごとへ

　2010年代以降、家電量販店各社はリフォームやオール電化、太陽光発電に代表される住宅設備分野を拡大させた。その中でヤマダ電機は、積極的に他社を買収し、住宅設備・住宅分野を強化している。

　住宅設備分野と家電の関係は、メーカー段階ではパナソニックとパナソニック電工が合併、以前からパナホームや過去のサンヨーホームズのように家電メーカーから住宅分野への進出は見られた。太陽光発電は、シャープや三洋の独自技術を取り入れたパナソニックも注力する分野であり、これらの商品展開に障害となるのは、大がかりな設置作業を要することである。それらの設置には、従来地場の工務店を下請けとして活用する例が多かったが、自前で研修設備を整備し、取扱い範囲を広

げる家電量販店も多くなっている。しかしこの分野は、ホームセンターや電力会社、ガス会社も注力しており、競争はたやすくないといえる。

そのような競争が激化する中、ヤマダ電機は、一歩踏み込んだ展開を行っている。その代表例が、ヤマダ電機が2011年に行った中堅住宅メーカーのエス・バイ・エル（旧・小堀住研）の買収である。そして独自の住宅メーカーとしてヤマダ・ウッドハウスを2013年に設立している。ヤマダ電機は、エスバイエル、ヤマダ・ウッドハウスを活用し、住宅そのものを販売し、その住宅にさまざまな設備を付加し、スマートハウスとしても販売している。スマートハウスとは、次世代の省エネ住宅であり、太陽光発電設備やエコキュート等の自然エネルギーを賢く活かした創エネと、余剰電力を充電できる蓄電池等を活用した蓄エネ、更にLED照明等をセットで販売する省エネをトータルに提案するもので、光熱費ゼロを目指すものである。

また住宅関連では、関連機器にも拡大し、日立グループからシステムバス、システムキッチンを製造する企業であるハウステックを買収している。

ヤマダ電機はグループの力を活かし、店舗駐車場内にモデルハウスを開設し、店舗内にはキッチン、バス、トイレなどの実物を展示することにより、実感が湧きやすい売り場を作っている。特に東京都立川市の店舗では、ラビライフセレクトと称する新たなビジネスモデルを展開し、コンセプトを「最新家電からリフォームまであなたにピッタリ、選んで叶える快適ライフをトータル提案」とし、相談しながら、家に関するさまざまなものを１ヵ所で選ぶことができる点をアピールしている。このよう動きは、IoT（Internet of Things）といい、電化製品などあらゆるものを

【写真11－2　ヤマダ電機の敷地内にあるモデルハウス　岐阜市】

出所：筆者撮影（株式会社ヤマダ電機許諾）

❖ 第3部　新たな価値創造に挑む日本の小売業態

インターネットにつなぐこととして注目されている。このIoTにより、外出先から家の様子をリアルタイムに知ることができ、炊飯器やエアコンを操作する、また電気の使用状況の把握などが可能になる。このようにインターネットと住宅と家電は、近年IoTを介してますます関係が深まりつつある。

　住宅関連として不動産業や住宅ローンを行う金融会社ヤマダファイナンスサービスを設立した。ヤマダファイナンスサービスは、新築住宅やリフォームの資金を顧客に貸し出す企業であり、資金面で、住宅購入、リフォームをバックアップするものである。貸し出す際の手数料をヤマダ電機のポイントで還元することにより、引越し時の家電の買い替えを促進し、住宅関連と家電の相乗効果をさらに狙うものである。さらに2017年には、前橋市に家具やインテリア雑貨、食器等を扱うインテリアリフォームヤマダを開店している。このようにヤマダ電機は、家電の他に住宅、金融という3つの柱を中心に拡大している。

6　おわりに

　家電販売は、商品は原則プライベートブランド（PB）ではなく、家電メーカーが製造したナショナルブランド（NB）に依存することから、家電流通を見る上ではメーカーの動きを見なければならない。日本の家電メーカーにおいては、2009年のパナソニックによる三洋電機の買収、2016年には台湾の鴻海精密工業（ホンハイ）によるシャープの買収、2016年には、中国の家電メーカー美的集団(midea)による東芝の白物家電部門の買収など話題に事欠かない。よって川上と呼ばれるメーカーと川下と呼ばれる小売である家電量販店の間における、異なる段階の競争である縦の競争（垂直的競争）も変化するであろう。ヤマダ電機は、小売間すなわち同一段階である横の競争（水平的競争）を勝ち抜き、仕入れる量と仕入れる力を蓄えた上で、縦の競争を優位に進め、2位（ビックカメラ、約7,790億円）に約2倍の差をつけ、売上高の家電量販店業界1位を不動なものにしたといえよう。

？考えてみよう
1. ヤマダ電機が家電商品だけではなく、ゲームや日用品、家まで取り扱うようになった理由を、品揃えの問題から考えてみよう。

2．ヤマダ電機と競争関係にある家電量販店、ネットショップを取り上げ、その店舗、価格、販売方法の特徴について比較してみよう。
3．かつての大規模小売店舗法などの法律が小売店の戦略に与える影響を考えてみよう。

次に読んでほしい本

石原武政・矢作敏行編『日本の流通100年』有斐閣、2004年。

渦原実男『流通・マーケティング革新の展開』同文舘出版、2017年。

得平司『図解入門　業界研究　最新家電量販業界の動向とカラクリがよ～くわかる本』秀和システム、2010年。

第12章

紳士服量販店
―市場の流れを読み解いて
売れる仕組みを創った洋服の青山

1 はじめに
2 仲間との試行錯誤から成長のチャンスをつかんだ青山五郎
3 紳士服量販店業態の創造と普及
4 紳士服量販店業態を支える仕組み
5 おわりに

❖ 第3部　新たな価値創造に挑む日本の小売業態

1 はじめに

　皆さんがリクルートスーツを買いに行く時、まずどの店舗に買いに行こうと思うだろうか。「洋服の青山」と思い浮かべる人も多いのではないだろうか。買ったことがないという人でも、郊外の主要幹線道路沿いに「洋服の青山」と書かれた大きな看板を持つ店舗を見たことがある人は多いのではないだろうか。本章で取り上げる紳士服量販店業態を創り出してきた「青山商事株式会社（以下、青山商事）」が展開する店舗である。

　青山商事は、それまで常識だった街の中心への出店ではなく、郊外への出店を選択し、他の紳士服量販店を主導する地位を築いてきた。この選択の背景には、スーツを買おうとしている目的買いの顧客をしっかりつかもうとする仕組みが密接に関連していた。では、青山商事は、どのような経緯で郊外への立地を決断し、独自のビジネスモデルを考案するに至ったのだろうか。その結果創られた紳士服量販店業態の仕組みとは、どのようなものだろうか。

2 仲間との試行錯誤から成長のチャンスをつかんだ青山五郎

❖ 起業に至るまで

　青山商事は、冒頭に示した主力の「洋服の青山」に加え、「ザ・スーツカンパニー」、「ユニバーサル ランゲージ」などを展開している大手紳士服量販店である。青山商事を創業し、紳士服量販店という業態を創り出してきた当事者が、青山五郎である。

　青山は、1930年に広島県府中市で生まれた。教育熱心な父のもと、兄は皆有力な高校に進学してその後東京の有名大学に進学するという家庭環境だった。そのため、自分も兄に負けずいい大学に進学しようと考えていた。しかし、高校受験の前後に原因不明の謎の病を患い、半年間の休学を余儀なくされる。なんとか復学するも、学校からは半年間の休学で高校進学は絶望的だと判断され、進学の道は途絶え

る。優秀な兄たちと同じ道を辿るという彼の目標は無残にもここで潰えてしまったのである。旧制中学はなんとか卒業したものの目標を失った青山は、不本意ながらも大蔵省専売局（現・日本たばこ産業）に就職する。この時の不本意な気持ちは、のちの青山の人生を大きく支える。この経験は「兄に負けたくない」という強烈な負けじ魂を植え付け、「30歳になって社会的に信用されるようになったら起業して一旗揚げるしかない」と考えるようになった。

【写真12-1　「洋服の青山」店舗外観】

出所：青山商事株式会社提供

　会社では、主に工場の経理業務に従事した。仕事だけでなく仲間との遊びにも全力で、労働組合の幹部を務めるなどして顔は広かったが、34歳の時、退職を決意する。

❖ ボランタリー・チェーンの設立

　会社を辞めた青山は、弟ほか4人で自宅の店舗で紳士服を扱う青山商事を創業する。素人同然ながらも取扱い品を紳士服にしたのは、弟が生地メーカーの勤務経験があり、最低限の知識を持っていたからだった。当時はまだスーツの普及率は低く、オーダーメードが中心で会社員には高嶺の花だったが、大衆社会の到来で既製服を中心に市場は拡大すると考えた。

　しかし、当初はうまくいかなかった。店舗だけでは売れず、会社の購買部などに

営業に行ってもなかなか売れなかった。資金繰りにも苦しんだが、地元の友人や会社勤めの時の人脈が活きた。広島県下の労働組合が指定店に指定してくれて商売は軌道に乗り始め、創業4年で年商1億になった。

　この年、他地域の年商1億円程度の中小紳士服店280社を集めてボランタリー・チェーン（コラム12－1参照）を設立する。全国各地の中規模小売店が自主的にチェーン加盟店となり、共同仕入で大手量販店に対抗できる規模の経済を生み出すと共に、販促や店舗運営のノウハウを相互学習することを目的としたものである。当時、長野を地盤にしていた「AOKI」、岡山の「はるやま」、九州の「フタタ」など、のちに青山商事の競合となる企業も加盟していた。

　同時にこの頃、青山は駅前に次々登場していたショッピングセンターに注目していた。駅前という好立地に総合スーパーと専門店が入居し、圧倒的な集客力で成功を収めていたからである。1973年までに関西のダイエー7店舗に出店した。高度経済成長期の当時、好景気がウィンドウショッピングしながら衝動買いをする消費パターンを後押ししていた。

　しかし、1972年になると景気は急速に悪化し、売上は急落する。景気悪化と共に消費者の財布のヒモが固くなり、目的買いで来店する消費パターンへと急速に変化していると感じた。そして、日本経済は翌1973年に石油ショックという大きな転換点を迎える。

3 紳士服量販店業態の創造と普及

❖ 紳士服量販店の仕組み考案のきっかけ

　1972年、今のやり方では近く限界を迎えると感じていた青山は、ボランタリー・チェーンの仲間と米国視察に出かける。そこで見たのは、周囲に何もない平原に立地する巨大なショッピングセンターだった。こんな立地で商売が成り立つのはなぜか。彼が気づいたのは、経済がいち早く成熟して完全に車社会が定着し、多くの消費者が車で買い物に来ていることだった。それまで日本のすべての紳士服専門店が街の中心にあったことを考えれば、目からウロコである。

　帰国後、米国のやり方を日本で実現する方法を検討するために消費者調査を実施

> **コラム12−1**
>
> ## ボランタリー・チェーン
>
> 　ボランタリー・チェーンは、同じ目的を持つ多数の独立卸・小売企業が連携してチェーンオペレーションを展開する形態である。仕入や物流を複数の企業で共同化してコストを引き下げたり、加盟各社で経営ノウハウの共有を図ることなどが目的である。特に中小企業は、1社だけでは大量仕入を実現できないため価格競争の面で圧倒的に不利だが、ボランタリー・チェーンへの加盟でこの不利を克服できる。本章で登場するのは、「日本洋服トップチェーン」である。全国各地の中小洋服店が、当時台頭していた総合スーパーや百貨店に対抗する必要性を感じて作った。大規模化する競合に対し、協働することで競合への対抗力をつけようとしたのである。
>
> 　ボランタリー・チェーンと類似した形態にフランチャイズ・チェーンがあるが、加盟店同士の横のつながりがあるかどうかに大きな違いがある。後者は、例えばセブン-イレブンのように独立した1社のチェーン本部のもとに加盟店が加入するのに対し、前者は、加盟企業の連携のもとにチェーン本部が創られるため、加盟店同士の横のつながりがあり、相互助成ができる。
>
> 　本章でもふれるように日本洋服トップチェーンは徐々に弱体化していく。加盟企業同士で商圏の重複が増え、競合として対峙するようになったことや、ボランタリー・チェーンで得た経営ノウハウをもとに各社が成長を重ね、大規模化して協働するメリットが薄まったことが背景にある。ボランタリー・チェーンは、加盟企業の成長を促すほど弱体化するというジレンマを抱えているようにもみえる。
>
> 　しかし、ボランタリー・チェーンが新業態をふ化させる役割を果たしてきた点は見逃せない。本章の青山商事、ドラッグストアのマツモトキヨシのように、ボランタリー・チェーンが現在の各小売業態を支える有力企業の創業期を支えてきた。このほか、現在も積極的な活動を続けている例として、全国各地の食品スーパー251社が加盟するシジシージャパンなどが挙げられる。
>
> （矢作敏行「ボランタリー・チェーンの再評価」嶋口充輝・竹内弘高・片平秀貴・石井淳蔵編『マーケティング革新の時代④営業・流通革新』有斐閣、1998年）

した。すると、消費者の多くが紳士服は「品揃えが豊富」で「立地のいい」店で購入したいと思っていることが見えてきた。更に、彼らがイメージする豊富な品揃えの実現には150坪（約500㎡）の店舗面積が必要だとわかった。30坪程度（約

❖ 第3部　新たな価値創造に挑む日本の小売業態

100㎡）が標準的だった既存店とは全く異なる大きさで、この店舗を賃料の高い中心市街地に出店して収益を出すのは困難だと判断した。市街地がビジネス街に変わり消費者の生活の場所が郊外にシフトしていたため、車社会は日本にも到来して郊外のほうが立地のいい場所になると予測した。これらの気づきから、消費者の潜在ニーズに応えるには、深い品揃えを実現できる店舗を郊外に構え、目的買いの消費者を狙った仕組みを創ることだと考えた。

❖ 紳士服量販店の普及と競合との対峙

1974年、郊外型１号店を広島県西条市にオープンした。中心市街地と郊外の住宅地を結ぶ幹線道路と生活道路が交わる交差点に立地した店舗に、スーツ800着、ジャケット300着などを用意した。百貨店に納入している有名メーカーの同等品を、半値で買えるという低価格訴求だった。半径15km圏内の家庭にチラシを撒布し、目的買いの消費者を次々とつかんでいった。その後も次々と郊外への出店を重ね、1983年には年商100億円を突破した。

【写真12－2　「洋服の青山」店舗内観】

出所：青山商事株式会社提供

これらの店舗では低価格が訴求されたが、安かろう悪かろうでも薄利多売でもなかった。実際、同社の粗利益率は業界平均36％を上回る約50％で、また、この数字は百貨店業界の平均の約２倍だった。

この理由の１つは郊外の土地や人件費の安さである。郊外型店舗では目的買いの

> ### コラム12−2
>
> ## カテゴリーキラー
>
> 　カテゴリーキラーは、紳士服、家電、医薬品、玩具など、特定の商品カテゴリーの商品だけを豊富に品揃えし、低価格で販売するという小売業態の総称である。例えば、本章で取り上げた「洋服の青山」や「はるやま」（紳士服）、「ヤマダ電機」や「ビックカメラ」（家電）、「マツモトキヨシ」や「ツルハドラッグ」（医薬品）、「トイザらス」（玩具）などがある。
>
> 　百貨店や総合スーパーが幅広い商品カテゴリーの商品を品揃えするのとは対照的に、カテゴリーキラーは特定の商品カテゴリーに特化して、その中で深い品揃えと低価格を強みとする点が特徴的である。カテゴリーキラーと呼ばれるのは、カテゴリーキラーが進出すると、彼らの深い品揃えと低価格を前に、近隣の百貨店や総合スーパーがその商品カテゴリーの取扱いの縮小や撤退に追い込まれることが多いためである。
>
> 　伝統的には、カテゴリーキラーは単体で出店することが一般的だった。近年では、例えばドラッグストアの隣にお酒の専門店や家電量販店があるといったように、異業種のカテゴリーキラーを集めたショッピングセンターも見られるようになった。このようなショッピングセンターは「パワーセンター」と呼ばれ、大きな敷地に異なる商品を扱う複数のカテゴリーキラーが集積して出店するため、単体での出店より強力な顧客誘引力を形成できる。つまり、より広域なエリアからの集客が見込める点がメリットである。
>
> 　百貨店や総合スーパーから顧客を奪ったカテゴリーキラーも、近年では、アマゾンのように、幅広くかつ深い品揃えを実現しつつ更にカテゴリーキラーを上回る低価格を売りにしたネット通販の台頭で顧客を奪われる立場になったと指摘する声もある。皆さんの中にも、店頭にはいろんな商品を見に行くだけで、実際の注文はアマゾンなどネット通販でするという人もいるのではないだろうか。カテゴリーキラーにも、更なる業態を創るための新たな戦略が求められている。
>
> （田島義博・原田英生編著『ゼミナール流通入門』日本経済新聞社、1997年）

比率が高く、接客の手間が比較的少ない。そのため、店舗面積の割に少ない従業員で運営できた。しかし、理由はそれだけではなかった。

　もう１つは、取扱品を紳士服に特化して、大量一括仕入を実現したことである。取扱品を紳士服に絞ることで各商品の大量仕入が可能になり、価格を抑えられた。特に青山商事は、委託仕入という従来の衣料品の商慣行に倣わず買取仕入をしてき

たことも大きかった。これらのメリットは多店舗化するほど大きくなる。そのため、同社はその後も出店速度を高めた。この時、ここでも標準化の工夫を徹底し、80％以上の店舗で店舗面積を150坪（約500㎡）に統一して他店舗の運営ノウハウの活用を容易にしたのである。

　この仕組みは各地のボランタリー・チェーンの仲間と共有された。その結果、各社が基盤とする地域で次々と成功を収め、紳士服量販店の業態は全国に普及していった。紳士服量販店は、それまで百貨店でしか買えなかったスーツ市場の裾野を広げて新しい市場を創造した。カテゴリーを絞った低価格の実現で百貨店や総合スーパーから顧客を奪っていったため、カテゴリーキラー（コラム12－2参照）とも呼ばれた。

　一方、紳士服量販店の普及は新たな現実も生み出した。各社が成功してそれぞれ地盤としていた地域から全国展開することで、ボランタリー・チェーンの仲間同士で商圏が重なることが増え、今度は競合として彼らと対峙することになったのである。紳士服量販店業態を生み出す役割を果たしたボランタリー・チェーンは、1976年の青山商事の退会を皮切りに有力他社の退会が相次ぎ、次第に弱体化した。競争上の焦点は、彼ら競合との差別化に変化した。

　青山商事は、高収益を元手にした大量の広告宣伝で集客力の向上を図りながら全国に出店攻勢をかけ、更なる大量仕入を実現し、仕入価格の低減を進めた。流通業は店長が支える産業だと考え、販売状況を把握できるよう情報システムを導入しながら店長に価格決定権を委譲し、各商圏での競争力向上を図った。

　1991年には、バブル崩壊で賃料が下がった東京銀座に出店する。9割引のスーツに長蛇の列ができて注目を浴び、波及効果が生まれて年商1,500億円を達成した。郊外では競合がこぞって出店して飽和する一方、中心市街地では消費者の求める売場が空洞化していたことに注目したのである。

　業態内の競争は激しさを増している。近年の青山商事は、既存の業態とは一線を画した都心型店舗の運営も進める。「ザ・スーツカンパニー」・「ユニバーサル ランゲージ」などがそれである。また、青山商事だけでなく、各社とも都心型店舗の開発や事業の多角化などでしのぎを削る。これまで築いてきた紳士服量販店の仕組みを手がかりに、さらに新しいビジネスモデルを創り出すチャレンジが始まっている。

4 紳士服量販店業態を支える仕組み

　このように、青山が郊外に店舗を立地して目的買いの顧客を取り込もうと考えたのは、アメリカでの小売現場の視察を契機に日本でその仕組みをアレンジして展開したことがきっかけだった。市場の変化を的確に読み解きながら日本での展開方法を精査した結果が、当時は異色で珍しかった郊外での立地を決断することにつながった。また、その仕組みはボランタリー・チェーンの仲間と共有されることで普及し、紳士服量販店業態が生成したことがわかる。では、紳士服量販店業態を支える仕組みとはどのようなものだろうか。これまでの経緯を振り返りながら、その仕組みを確認していこう。

【図表12－1　紳士服量販店の仕組み】

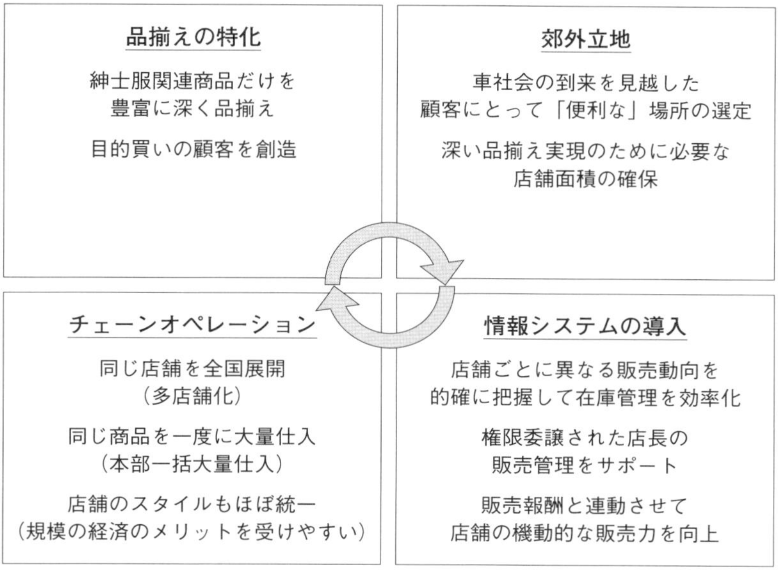

品揃えの特化	郊外立地
紳士服関連商品だけを豊富に深く品揃え 目的買いの顧客を創造	車社会の到来を見越した顧客にとって「便利な」場所の選定 深い品揃え実現のために必要な店舗面積の確保
チェーンオペレーション	情報システムの導入
同じ店舗を全国展開 （多店舗化） 同じ商品を一度に大量仕入 （本部一括大量仕入） 店舗のスタイルもほぼ統一 （規模の経済のメリットを受けやすい）	店舗ごとに異なる販売動向を的確に把握して在庫管理を効率化 権限委譲された店長の販売管理をサポート 販売報酬と連動させて店舗の機動的な販売力を向上

出所：筆者作成

❖ 第3部　新たな価値創造に挑む日本の小売業態

❖ 紳士服量販店業態を支える４つの仕組み

　第１に、品揃えの特化である。洋服の青山は、紳士服に品揃えを特化して、深い品揃えを行っていた。紳士服だけを豊富に用意することで店舗の魅力を高め、主に目的買いの顧客の来店を促した。来店客が高い確度で購買するよう図ったのである。競合への対抗という点でも、紳士服に特化した深い品揃えは強力な武器となった。「洋服の青山に行けば自分にぴったりの商品が見つかる」という強いイメージを顧客に付与したことが、百貨店や総合スーパーから多くの顧客を奪うことに大きく貢献した。

　第２に、郊外での立地である。洋服の青山は、主に郊外の幹線道路沿いの交差点に立地した。郊外に立地した理由の１つは、車社会の到来だった。大きな看板は車で来店する目的買いの顧客がすぐにそれとわかるようにするための工夫だった。青山は、顧客のいう立地のいい場所が街の中心から郊外にシフトすることを、米国視察でいち早く予見したのである。

　郊外に立地した理由はそれだけではなかった。その理由は、深い品揃えと密接に関わっていた。青山は、消費者調査の結果から、これからの紳士服販売では豊富な品揃えが重要だと把握し、顧客がいう深い品揃えの実現に必要な店舗面積がそれまでとは大きく異なる150坪程度になると割り出した。顧客のいう深い品揃えを実現しながら企業として収益を出すには、土地単価の安い郊外で立地する必要があった。これは小売業にとって難しい決断だったはずである。というのも、一般的には、店舗の来客数は店舗周辺の顧客数に比例する傾向があるからである。

　だが、青山は目的買いの顧客をターゲットとして深い品揃えで対応すれば、郊外にこそ新しい顧客を創造するチャンスがあると考えたのである。たしかに、郊外は市街地に比べれば集客力は圧倒的に劣る。しかし、目的買いの顧客をターゲットに深い品揃えを用意し、来店した顧客が確実に購買するようにすればよい。店舗から半径15km圏内の家庭にチラシを撒布したのは、目的買いの顧客を創る仕組みの１つだった。郊外型店舗だと冷やかしの顧客の割合も減る。そのため販売員数を抑えながらしっかり接客できるメリットもある。実際、郊外型店舗では都心型店舗に比べて１人の販売員が担当する店舗面積は２〜４倍になるというが、少人数の販売員でも十分な接客が行われている。青山は、「来客数が多いほどいい店舗だ」という概念を覆し、郊外の少ない集客を逆手にとって目的買いの顧客に確実に購買しても

らうことを考えたのである。

　第３に、深い品揃えで目的買いの顧客を店舗に迎え入れても、品質が魅力的ではなかったり価格が手頃でなければ、顧客を創造することは難しかっただろう。これらを実現したのが、チェーンオペレーションである。同じ店舗を全国展開して多店舗化すると、同じ商品を一度に大量に仕入れることになる。すると、商品の仕入単価が下がり、同じ商品でも他より安く販売できるようになる。紳士服量販店では取扱品を紳士服に絞っているため、このような規模の経済のメリットが生まれやすい。

　青山商事は、チェーンオペレーションのメリットを最大化するため、他社より出店速度を高め急ピッチで多店舗化に取り組んだ。いち早く好立地の場所を見つけるため、青山商事は土地開発に明るい大和ハウスと提携した。立地は小売業成功の重要なカギを握る。一方で紳士服量販店の仕組みを最大限発揮できる好立地は限られている。そのため、好立地を全国で効果的に確保するために、他社との提携を選択したのである。

　チェーンオペレーションの大きなメリットは、多店舗化による強力な販売力を背景として、一度に大量に仕入れ、商品の単価を安くできる点にある。青山商事は、チェーンオペレーションを採用しながら、同時に、他社に先駆けて異なる仕組みを採用していた。第３章で取り上げた買取仕入である。それまでの一般的な仕入方法は、委託仕入という方法だった。これは、一度仕入れた商品でも売れ残った場合にメーカーに返品できるという方法で、小売店は売れ残りのリスクを抱えずに販売できるメリットがある。一方、買取仕入はこのような返品ができない仕入方法である。小売店からすると、売れ残りのリスクを自分で負うことになるが、リスクを背負うため、そのぶん仕入値を安くできる。自身の責任のもと、確固とした仕組みを構築して販売すれば高い収益があげられる。実際、洋服の青山は、値引きなく当初予定価格で80％の商品を売り切っていたという。紳士服量販店業態の他社との収益力の差を生み出してきた源泉の１つといえるだろう。

　さらに、洋服の青山は、チェーンオペレーションが生み出す規模の経済のメリットが最大化するような工夫を施していた。洋服の青山の店舗は、全店舗の80％以上が、当初青山が起案した150坪（約500㎡）のスタイルに統一（標準化）されていた。これは、別の店舗で成果をあげた販売ノウハウを他の店舗でも効果的に活用できるというメリットを生み出した。商品の品揃えも統一しやすくする効果を生み出し、仕入れ面でも規模の経済のメリットをより一層うけやすくなる。店舗資材も標準化され、店舗資材の発注でも規模の経済から費用の圧縮ができた。

❖ 第3部　新たな価値創造に挑む日本の小売業態

　第4に、情報システムの導入である。具体的には、POSシステムを導入し、すべての商品が、どの店舗で、どの販売員のもと、どの価格で販売されたのかわかるようにしている。チェーンオペレーションのもとで大量に仕入れたとしても、商品の販売動向は店舗ごとに異なるだろう。店舗ごとに異なる販売動向を読み解いて的確な販売戦略を構築するには、情報システムがいくつかの重要な役割を担っている。

　まず、在庫管理である。情報システムを導入することで、どの店舗で、どのサイズの、どの色の、どの商品が、どれだけ在庫されているかわかるようになる。そのため、売れ筋の商品をすぐに把握できる。各店舗の販売状況に応じて売れ筋の商品を迅速に発注したり、機動的に店舗間で商品を移動するといった対応も可能になり、売り損じを抑えながら商品を売り切る能力を高められる。

　更に、情報システムは各店舗で異なる販売動向に対して販売管理がしっかりと行われているかどうか、モニタリングする役割も担う。青山商事の場合、情報システムの導入を、店長への価格決定権の委譲や販売報酬と強く連動させる仕組みを採用した。店長の販売報酬の一部は、担当店舗の売上や収益に応じて変動する。そのため、店長は自分のためにも、担当店舗の販売管理をしっかりと行う必要がある。店長は、情報システムで担当店舗の販売動向を把握し、販売動向に応じて、たとえば値引きなど価格を的確に調整して担当店舗の売上や収益を最大化することが求められる。このような仕組みを採用しているのは、各店舗で異なる販売動向に機動的に対応できるようにするためである。青山商事は、標準化できるところの標準化を徹底して進める一方で、異なる対応が必要になるところでは、権限を販売員に委譲して販売員の判断がサポートされ、その結果が明確に検証できるように情報システムを導入したのである。

❖ 紳士服量販店の強みを生み出す仕組みの連動

　これまで、紳士服量販店業態を支える仕組みとして4つの仕組みを確認してきた。最後に、これらの仕組みがバラバラにではなく相互に関連し合いながら紳士服量販店業態の強さを生み出している点が重要である。

　「品揃えの特化」は、目的買いの顧客を創造して各地で郊外に立地した店舗に誘客する役割を担った。仕入面では一度に大量に仕入れることを可能にした。「郊外での立地」は、深い品揃えで顧客を迎え入れることを可能にし、来客を販売へと着実につなげるための仕組みだった。各地の郊外にいち早く多店舗展開することで販

売力を向上させ、これも商品を一度に大量に仕入れることを可能にする役割を果たした。すなわち、「チェーンオペレーション」で、商品の仕入価格を抑えて魅力的な価格で販売できた。「情報システムの導入」は、仕入れるべき商品の迅速な把握や各店舗での販売における試行錯誤の成否の確認において重要な役割を担っていた。「情報システム」を通じて成果を挙げているとわかった販売ノウハウは、徹底した「チェーンオペレーション」のもと店舗のスタイルが標準化されていたことで、他店舗で活用しやすくなっていた。同時に、各店舗で異なる販売状況への的確な対応も可能にしていた。「情報システム」によって得られた情報が、品揃えや販売ノウハウの向上を通じて、店舗の魅力をより一層高めている。このように、これらの仕組みが相互に強く関連しながら紳士服量販店業態の強さを支えていることが重要である。

5　おわりに

　青山が記した書籍には、「常識的な考えをしていては、皆と同じになる」、「業界の盲点に着目」、「経営とは『矛盾』することを遂行していくことである」といった経営に対する考え方が度々登場する。青山が興した青山商事は、紳士服量販店業態を創造する大きな役割を果たしてきた。その経緯は本章で見てきた通りだが、その背後には、「常識」とされるものを疑い、その中に更なる市場創造の機会を見出そうとしてきた青山の考え方があることがわかる。

　青山商事だけでなく、競合他社も新しいビジネスモデルの模索を進めている。コナカは、郊外路面店への出店をやめ、競争力のあるビジネスウェアだけに特化した小型の都市型店舗の比率を高めている。人口減や若者のクルマ離れを見据えた取り組みである。また、AOKIは、ショッピングセンターでの小型店の新規出店に注力している。既存の業態に留まらない、新しいビジネスモデルを創り出すチャレンジはすでに始まっている。その点で、青山の考え方の重要性は今も全く色あせていないと言えるだろう。皆さんが現在の青山商事の経営者なら、どのような「常識」に注目し、どのような販売の仕組みを打ち立てるだろうか。このような視点で紳士服量販店業態を眺めてみると、今はまだ実現されていない新しい業態を創り出す手がかりが見つけられるのかもしれない。

❖ 第3部　新たな価値創造に挑む日本の小売業態

❓考えてみよう

1. 「洋服の青山」の店舗を訪れ、本章で説明した紳士服量販店業態の特徴や仕組みが実際に見られるか、販売の邪魔にならないように観察してみよう。
2. 青山商事をはじめとした紳士服量販店を経営する複数の企業の戦略を調べてみよう。紳士服事業では各社にどのような違いがあるのかについて、実際に各企業のウェブサイトを確認して整理してみよう。また、各社は紳士服事業以外にどのような事業を展開しているだろうか、各社の事業展開の状況を整理してみよう。
3. 2．で調べた事業は、これまでの紳士服量販店業態を支える仕組みのうちどの仕組みが活用されているだろうか。本章の内容を整理しながら、これまでの業態の仕組みと現在展開している事業との関連性について考えてみよう。

次に読んでほしい本

石原武政・竹村正明編著『1からの流通論』碩学舎、2008年。
田島義博『マーチャンダイジングの知識（第2版）』日本経済新聞社、2004年。
矢作敏行編著『日本の優秀小売企業の底力』日本経済新聞出版社、2011年。

第13章

家具専門店
—ロマンとビジョンで家具業界を動かすニトリ

1　はじめに
2　家具業界に旋風を巻き起こした似鳥
3　国際商品調達ネットワーク
4　垂直統合型ビジネスモデル
5　おわりに

❖ 第3部　新たな価値創造に挑む日本の小売業態

1 はじめに

　家具や生活雑貨用品がほしくなるのはどんな時だろう。単身赴任、引越し、結婚など住まいの環境が変わると、まず家具一式を揃えるのは当たり前である。住まいの環境がよく変わる春先には、ネット上でも新生活特集を組んでキャンペーンをやっている家具通販サイトをたくさん目にする。

　家具販売の最大手であるニトリの店舗でも、新生活にぴったりのアイテムが揃えられ、お得なセット商品や大型商品の無料配送、ランドセルを最長6年間保証するサービスなど、便利で快適な新生活を支えてくれるさまざまな商品やサービスがあふれている。

　本章では、日本の家具製造小売分野で初めてホームファニシングというビジネスモデルを導入し、その展開を支えるニトリのバリューネットワークについての検討を行う。

2 家具業界に旋風を巻き起こした似鳥昭雄

❖ 家具専門店のパイオニア

　ニトリの創業者・似鳥昭雄（にとりあきお）は、1970年代に米国を視察して、目から鱗が落ちる思いがした。その頃は、日本では家具屋が食器や寝装具などを扱うこと自体が珍しく、顧客も家具屋で家具以外のものを扱うことに対して首をかしげた時であった。当時、タンスや食器棚などの箱物が7割を占めていたニトリは、カーテンや寝装具、テーブルなどの脚物（あしもの）を増やし、「ホームファッション」と「ホームファニチャー」を足した新しいビジネスモデル「ホームファニシング」を掲げた。品揃えと安さで認知度が上がり、客数と売上がともに上がるという好循環を生み出した。似鳥が米国で夢見た米国型の商品構成がようやく現実として現れてきたのである。

　何度もつぶれそうになった創業期から、2000年に50店を大きく超え、2003年、100号店を達成した。もはや日本国内最大手の家具専門店に育ったわけだが、そ

れに満足せず、2007年には海外初進出となる台湾に出店し、今では全土で31店を展開しているのをはじめ、中国に37店舗、米国に3店舗を展開している（2019年2月20日時点）。

2018年末現在、ニトリは事業の原点とも言える地の米国で苦戦しているが、グローバル企業として新たな価値創造を目指した仕組みづくりを進めようとしている。

❖ 苦難の創業期

似鳥は札幌にある母方の祖母の家に居候することになった。そこで父は大工をやりながらヤミ米の仕入れと物流を担当しており、母がその販売を担当していた。その姿は後述するニトリの初期の経営に似ていた。似鳥は苦手な販売を妻に任せ、仕入れや物流、店づくりに集中したことで、ニトリを企業として成長させることができたからである。

似鳥は家では殴られながらこき使われ、学校でも飲み込みが悪く、勉強もできなかった。高校に不合格になった時は、校長先生に米1俵を届け、「何としてでも合格したいです」と訴えた。そのおかげで補欠合格となった。大学の卒業後、住み込みで働ける唯一の仕事が東京に本社を置くバス広告会社であった。バスに出す6ヵ月契約の広告を中小企業からとってくる仕事で、1ヵ月50万円の広告獲得がノルマであったが、彼はまったく達成できなかった。その時代の自分がだめだったのは、「ロマン（志）とビジョン（長期計画）がなかったからだ」と似鳥は振り返っている。

結局その会社は解雇され、二度目の就職先も同じく広告会社だったが、「君は成長しない」と言われ、また半年後に首になってしまった。面接を受けてもどこの会社でも全く相手にされず、結局、父の会社で水道工事現場の監督の助手をすることになった。「厳しい仕事ばかり押し付けられる」と不満を感じている現場の作業員、とりわけ季節工をまとめるのは大変だったそうだが、似鳥は、もらった給料を2日間で使い切るぐらい彼らを飲みに連れて行き、彼らと一緒に寝る間も惜しんで働いていた。その結果、道内のどこの現場よりもチームはまとまり、仕事のスピードはどこより速く、利益率も群を抜いた。しかし、作業員宿舎が全焼する事故が発生してしまい、彼らのチームが解散させられたうえに似鳥自身も責任を取って辞職することになった。

そこで似鳥は、父の会社が所有する30坪の土地・建物で商売でもやろうと決め

❖ 第3部　新たな価値創造に挑む日本の小売業態

た。当時の彼には、現在のニトリにおける家具ビジネスの将来性や可能性などについて何か考えがあったわけではない。ただ、周辺を見渡したときに家具屋だけがなかったから、という理由である。当然、チェーン展開という発想もなかった。食べていくための生業として家具販売を選んだだけである。家具屋で働いた経験のある知り合いの紹介で家具問屋を回ってみたが、素人はまったく相手にされなかった。そんな中で唯一、小売に興味のあった問屋を見つけることができ、商品の仕入れ先を確保することができた。こうして1967年12月に、札幌で「似鳥家具卸センター北支店」を開くことになった。

❖ 師匠との出会いと企業文化の確立

　店名に「卸」をつけることで安いイメージを、「センター」は大型店というイメージを与え、別の場所に本店があるかのように思わせることを狙って、「北支店」とした。ところが、4ヵ月経っても売上はまったく伸びない。似鳥が、初対面の客とはまともに商談ができないという性格であったため、接客の従業員を雇おうとしたが、資金的にその余裕はない。そんな折に、商売上手な妻と結婚できたことは、似鳥にとって商売を軌道に乗せる大きなきっかけとなった。かつて自分の両親がそうであったように、夫が仕入れや物流を行って妻が販売を担う、というように互いの長所を活かしての役割分担ができたことは、ニトリのその後の成長の原動力になった。

　1号店が軌道に乗ってきたことにより、第2号店を構えることになった。北海道では初となる郊外型の家具店で、その当時にもっとも大きかった家具店の2倍の広さであった。この店は、2年後に借入金をすべて返済できるほど販売が好調で、1972年には株式会社を設立するまでに至った。ところが、すぐ近くに5倍ほどの大きな売場面積を持つ競合店が出店したとたん、売れ行きが悪くなり倒産寸前にまで追い込まれることになってしまった。

　似鳥にとって憂鬱な日々が続く中、米国の家具店を視察するセミナーの話を持ち掛けられ、同業者と視察に参加することになった。現地で驚かされたのは、洋服タンスや整理タンスなど日本での家庭で当たり前に存在しているいわゆる箱物家具が、米国の家には存在せず代わりにクローゼットの中に組み込まれていることだった。また家具自体も、メーカーが作った商品をただ店に並べて売っているだけでセンスのないコーディネートを客のせいにするような日本とは違って、米国の家具は用途

や価格も絞られており、製造から小売段階までの間に色やデザインがしっかりとコーディネートされていることを目の当たりにした。似鳥の心の中に、日本でも米国のような豊かな生活が実現できるために貢献できるような企業を育てようという、明確なロマンが芽生えたのである。それを実行するためには少なくとも60年が必要と考えた似鳥は、60年の長期計画の中、最初の10年を店づくりに充てることとした。

【写真13－1　東京本部併設の赤羽店】

出所：ニトリホールディングス提供

　1973年、経営が苦しい状況下での3号店の開店に際しては、米国での経験から「卸センター」という看板を下ろし、派手な色調のデザインの外観で「interior nitori」を強調した。ニトリの知名度を上げるには、もっとも大事なのが安売りであった。当時は、問屋の力が強く、他社より安く仕入れることが難しかった。もっと安い商品を仕入れるため、倒産品や資金に困っているメーカーを全国で探し求めた。その結果、「安売りのニトリ」の評判は高まっていたが、さすがにリスクが大きく、計画倒産するような詐欺集団との付き合いなど次第にトラブルに巻き込まれ、そこから手を引くことを決めた。

　結局、問屋からの仕入れをやめ、直接取引できる全国のメーカーを探し回った。問屋を省いての直接仕入れなので、問屋からの反発はあったが、店が増えていることで販売力がついていたために、メーカーから直接家具を仕入れることも可能となり、全体の仕入れの半分以上をメーカーから直接買い取ることができた。

古い経営を見直すために、価格戦略にもメスを入れた。売上を増やすためにやっていた一般客への掛け売りは、代金回収の難しさのため、一切やめることにした。業界では珍しく値段を同一価格に変更したら、最初は他店より高いということで返品もあったが、とにかく同一価格で安さを追求することにした。

 似鳥は、他と同じことをしては生き残れないと信じ続けていた。その先制主義のスタンスは、チェーンストア研究団体「ペガサスクラブ」を主宰し、彼が師と仰ぐ渥美俊一の教えで、今でもニトリの大事な企業文化となっている。店づくりに力を入れていたため、似鳥はおろそかになっていたチェーンストア原理の導入に熱心になった。念願の「ペガサスクラブ」に加盟し、師匠の教えであった「豊かさを育む経済民主主義の実現というロマンチシズムがあってこそ経営ビジョンが生きる」ことを実践していった。

❖ ホームファニシング・ニトリの実現

 家具の同業者の多くがつぶれて取引先も消えていた中で、ニトリは古い経営を見直した結果、徐々に成長し続けていた。出店拡大に伴い、1980年に日本初の家具専用の自動倉庫を完成させた。ニトリの商品構成のうち、家庭用品の構成比率の増加に伴い、家具以外の商品を補完する2階建ての倉庫も設けた。それは「ホームファニシング・ニトリ」の実現のために、流通企業としては初めての画期的な設備であった。この自動倉庫の建設により、メーカーからまとめ買いができるようになり、低価格化と出店拡大に大きな力を発揮した。

 1981年に札幌市以外の地方第1号店の開店に次いで、1983年の道内地方第2号店の出店は、ニトリにとって第1の転換点となった。年間売上高も目標の2倍の12億円にのぼり、その成功で経営利益率も5％を初めて超えたニトリは、チェーンストアとして目鼻がついた。家具の構成比率も7割以下になり、家具と家庭用品を一緒に取り揃えた「ホームファニシング・ニトリ」に変貌していった。この時期に社名を、「ニトリ家具」から「家具」をとって「ニトリ」とした。

 ホームファニシングという新しいビジネスモデルの導入と確立への道は、手探りの連続であった。ひたすら家具ばかり売っていたニトリは、家庭用品の売り方がわからず、当然売れ行きがうまく伸びなかった。たとえばカーテンの場合、柄物ばかりである日本の一般的な売り場と違って、欧米のように無地カーテンも置いてみたところ、まったく売れなかった。柄物に対して2割分だけが無地の商品だった場合、

> **コラム13−1**
>
> ## 家具製品の寿命の長さと品揃えの再編成
>
> 　ホームファニシングの新業態が生み出されたきっかけは、家具製品の寿命の長さにある。家具の場合、消費者は一生使うつもりで買う人もいる。長く使えるのであれば、高めの商品でも構わない。そのため、多くの消費者にとって家具は頻繁には買わない商品でもある。ところが、販売する側からすれば、次にいつ買ってくれるかがわからない商品である。すなわち、買替え需要の周期が長くなる。そこで、季節ごとに買い替えができるような購買周期の短いホームファッション部門を商品構成に加えることによって、売上の変動は解消される。
>
> 　要するに、ホームファニシング・ニトリはカーテンや寝装具などの商品開発や販売に力を入れて、季節ごとに部屋の模様替えをしたい消費者を徹底的に囲い込むことによって、家具製品の寿命の長さから発生する問題を解決しようとした。また、ショールーム（あるいは、モデルルーム）を通じて、部屋全体をトータルコーディネートすることによって、ホームファッション商品だけではなく、比較的寿命の長い家具製品もついでに買ってもらえるような効果を発揮させた。
>
> 　以上のように、品揃えの再編成および需要の発生様式についての発想の転換がホームファニシング・ニトリの成功を導いたのである。

顧客はそれに気づかず残り8割の柄物ばかり売れるため、販売員もあえて無地を売ろうとしない。ところが、無地の比率を3割にまで増やすと、販売員はそれを売らなければ担当部門の目標額を達成できないために、がんばって販売しようとするモチベーションができ、売れるようになっていくことがわかった。現在では無地の商品構成比率を4割にしているが、売上高の点では6割を占めている。このようなことを繰り返しながら、ニトリはホームファニシングというものを根付かせていった。

　1998年に開業した南町田店は売上高がこれまでの成功店の2倍となり、ニトリの成長に弾みをつけてくれた。同店以降は、多少地価が高くても人口が多いエリアでの出店であれば、商品さえ支持されれば成功するとの自信を深めた。その後は年間10店超のペースで店舗数を拡大していった。

3 国際商品調達ネットワーク

❖ 海外仕入先の開拓

　1985年、先進5ヵ国によるいわゆるプラザ合意によって、急速に円高が進行した。安さを前面に押し出して出店拡大に努めていたニトリは、それ以降、輸入を本格化させた。当時は、家具の展示会というようなものもなく、自力で海外の仕入れ先を探すしかなかった。現地で、電話帳を頼りに観光ガイドを通訳に仕立て、タクシーでひたすら家具工場を回るというやり方である。

　輸入する際の海外メーカーへの代金支払い方法さえわからないし、地元の銀行も貿易業務についての経験が乏しいためトラブルも多く、手探りで学んでいき実践していった。こうした試行錯誤が、自前でビジネスを作り上げるというニトリの社風を形づくっていった。

　海外の仕入れ先は主に台湾だったが、湿度が高い台湾では問題ない椅子でも、乾燥しやすい北海道では水分が抜け隙間ができるなど、クレームが多く寄せられた。当時、ニトリはまだ店舗数も仕入れ量も少なかったため、メーカーには独自の要望は聞いてもらえない。それでも断念せず、商品仕入れを海外にまで広げていった。

　1990年代後半からは、海外からの輸入比率を3年で1割から5割に増やすと決め、ホームファニシングの商品を供給できる中国の委託工場を育成していった。当時の中国はまだ、まともに繊維製品を作ることができる工場はなく、日本でミシンまで手配し委託先の社員にその使用方法を指導した。生産拡大のため委託先企業の資金調達まで支援し、ニトリの商品を作る工場が数百ヵ所まで拡大した。粗悪品というイメージを払拭することに専念し、「お、ねだん以上。」の商品を作り上げていった結果、今では日本の消費者を十分に満足させることができている。現在、ニトリの取扱商品の約9割が輸入品で、このうち6割が中国からの商品である。

【写真13-2　豊かな生活を実現させるニトリ】

出所：ニトリホールディングス提供

❖ 自前でビジネスを作り上げる

　こうした調達の仕組みを築くきっかけとなったのは、仕入れで試行錯誤を繰り返しているさなかの1986年、旭川市近郊の家具メーカーであるマルミツ木工の松倉重仁と出会ったことだった。赤字体質であった同社は、商社を通さず、素材を米国やロシア、カナダから買い付けて家具を作る企業だった。マルミツをニトリの傘下に入れれば、海外調達先も広がり、経営合理化が進むと判断した似鳥は、1987年に同社に出資した。当時、北海道産の家具は旭川周辺で作られるものを中心に人気があった。

　ところが、マルミツはニトリの傘下に入った後も、道外の百貨店向けに高価な素材で、サイズの大きな家具を作るばかりで、ニトリ向けの安価で小型の家具は作ってくれなかった。結局、ニトリは1989年にシンガポールに現地法人を設立し、タイや中国で扉などの家具部品を作ることにした。松倉は何とか立て直そうと、シンガポールやタイから家具の部品を輸入し、それを旭川近郊で組み立てるという仕組みを作ったが、依然として業績は改善しなかった。取引相手の工場任せにするのではなく、自ら経営権をしっかり握って工場を運営しないとだめだと痛感した似鳥は、改めてマルミツを通じた海外での現地生産を提案し、松倉をはじめ15人を選抜し

❖ 第3部　新たな価値創造に挑む日本の小売業態

てインドネシアに派遣し、現地生産法人を設立する準備を進めた。

　ニトリが本州に進出した翌年の1993年に、買収したマルミツ（現在の社名はニトリファニチャー）を通じてインドネシアに現地生産法人とともに工場を作った。それまでの旭川近郊の工場は閉鎖し、1996年にインドネシアの工場を本格稼働させた。

　工場を設けたスマトラ島のメダンへは横浜から船が出ており、平均月給も3,000円で首都ジャカルタより2,000円も安いといわれていたのだが、実は大変な町であった。部品や電線などを盗む者が、外からだけではなく身内の社員からも出てくる始末だった。もはや警察では手に負えない状況で、インドネシア海軍の関係会社にまで警備を頼んでやっと犯罪は収まった。

　インドネシアでは華僑が実権を握っており、先住民は差別されている傾向が強い。しかし、ニトリでは数年のうちに工場長や役員をすべてインドネシア人だけにした。みんなが平等であることが経営スタンスで、現地社員も公平に扱うことが経営をグローバル化させるための条件だとニトリでは考えている。今や暴動被害は比較的少なくなり、信頼関係を築くことができた現地社員が団結し、日本人社員を守ってくれている。それが工場の稼働率を維持することにもつながった。

　1997年にタイを震源として起こったアジア金融危機で、インドネシアの現地通貨ルピアの価値は3分1に下落した。その分、現地で支払うべき人件費が節約でき、営業利益率も30％を超え、年間の利益が2億円出るようになった。当時は日本経済が低迷に陥っていたにもかかわらず、それとは裏腹に低価格のホームファニシング・ニトリは家具専門店チェーンとして勝ち組となった。

　インドネシアが軌道に乗ってから、2005年にはベトナムのハノイにも新工場を作った。当時のハノイでは、発電能力の問題で停電も多かったが、賃金が安く豊富な労働力が確保しやすい環境であった。主にタンスやテーブル・椅子などを作っていたが、10年以上経った現在ではベッド、ソファまで生産できるまでに製品ラインが広がっている。社員の帽子の色や背番号で従業員の職歴や役職がはっきりわかるような労務管理を実践していった結果、生産性も高まっている。

4 垂直統合型ビジネスモデル

❖ 少しでも安く売りたい

　ここまで紹介した、ニトリの成長の軌跡を整理しよう。海外から商品を輸入しても、販売量が少ないままではコンテナでまとめて調達しコストを低くすることができない。そこで、取引量を多くするために店舗数を増やすと同時に、低価格販売にも拍車をかけていった。問屋任せにはできない安さと品揃えのために考えたのが、メーカーとの直接取引であった。それは問屋からの圧力によってニトリを苦しめることになるわけだが、それでも直接取引をやめることはせず、自分たちでトラックを手配したり、倉庫を借りるなどして乗り切ろうとした。少しでも安く売ることができる調達方法を見つけるため、トラブルの連続の中でも最後まで打開策を探し続ける粘り強さが、現在のニトリを作り上げてきたと言っても過言ではない。

❖ 「製造小売業」から「製造物流小売業」へ

　自ら海外生産に乗り出したのは、より安い価格、不良品のない品質、そしてニトリ主導でトータルコーディネートされた商品づくりを実現するための試みであった。
　直接海外生産に乗り出す前に、ニトリは10社ぐらいの協力企業を集め勉強会をやりながら、同社で企画・提案した商品を開発してもらおうとした時期もあったのだが、思いどおりには行かなかった。デザインやスタイル、色、価格帯を統一しようとしても、さまざまな理由で断られるばかりだったからだ。結局、似鳥は勉強会を解散し、苦労してもいいから、すべて自分のところでやろうと考えたのである。
　ベトナムに第2工場を建てたのは、インドネシアの1つの工場だけに生産を依存することで発生するリスクを分散するためだった。もちろん海外での生産は軌道に乗るまで苦難の連続だったが、円高が進めば国内生産では立ち行かなくなるということを予想し、海外生産に向かうという決断に踏み切れたのである。
　そもそも、メーカーが作った商品を仕入れ、販売業務に専念していた家具屋が、自分で家具を作ることなどできるわけがないと非難されることもあった。しかし似

❖ 第3部　新たな価値創造に挑む日本の小売業態

鳥は、自分が作り方を知らないなら作り方に詳しい人材を引っ張ってきて任せればいいだけだという意地で、これまでやってきたのである。

　たとえば、ベッドづくりでは部品の材料となるウレタンの生産から始まる。他社から調達していたウレタンには、重量当たりで取引価格が決まっていたために、少しでも重くしようと石灰を混ぜているような業者もあった。自社生産をきっかけに、それまでウレタンを納入していた業者の多くと取引をやめることになった。それがわかってからは、商品づくりに当たって、部品を他社から調達するより内製できるような条件を整えるようにした。

　ベッドの自社生産をきっかけに、ニトリは低価格で部材を調達できる業者を開拓したり、製造コストを削減できるように生産工程の改善を進めるなど、「メーカー機能」の向上に努めた。また、自社生産は消費者の要望に沿うように生産段階で対処できることから、その解決に対応しやすい。

　海外輸入品の取扱いや、海外の自社生産工場、そしてロボット倉庫の建設は家具業界では日本でニトリが初めて行ったことである。それまで外に任せていた物流業

【図表13－1　ニトリの製・物・販一貫体制】

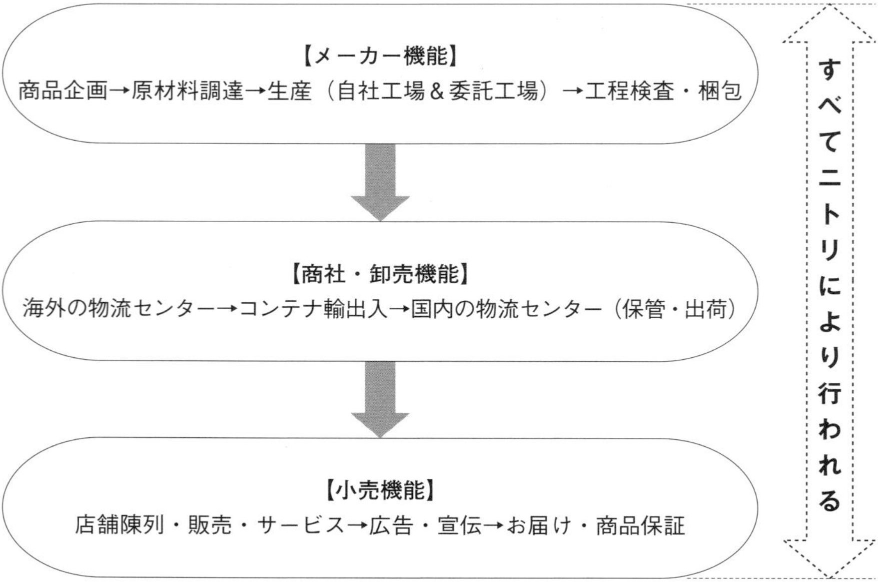

【メーカー機能】
商品企画→原材料調達→生産（自社工場＆委託工場）→工程検査・梱包

↓

【商社・卸売機能】
海外の物流センター→コンテナ輸出入→国内の物流センター（保管・出荷）

↓

【小売機能】
店舗陳列・販売・サービス→広告・宣伝→お届け・商品保証

すべてニトリにより行われる

出所：似鳥昭雄「これからの店づくり、人づくり、商品づくり」『北海道発流通・サービスの未来』中西出版、2009年、73頁を参照し筆者加筆修正

> **コラム13−2**
>
> ### 日本の家具専門店における競争
>
> 　ニトリは、2002年に売上高882億円で日本家具専門店トップに躍り出た。その２年後には売上高1,294億円となり、第２位の大塚家具（688億円）に大きく水をあけていた。2006年に、世界最大手の家具専門店・イケアが日本に上陸し、競争がさらに激しくなっていたにもかかわらず、ニトリのその年の売上高は1,861億円と成長した。2017年２月期には30期連続の増収増益を達成し、過去最高益の記録を常に塗りかえ続けている状況である。
>
> 　実は、イケアが日本にやってきたのは２度目である。最初の進出は1974年だったが、この時は経営がうまくいかず撤退している。2006年の再進出に際しては、日本の家庭で需要がありそうな引き出し型の家具や焼き魚グリル付きガスコンロをそろえるなど日本市場への現地化も図られている。それを迎え撃つニトリは、イケアに比べて店舗あたりの売場面積で３割程度、取り扱い品目数で７割程度ではあるが、今のところ優位に競争を繰り広げているようである。

務まで自社で行う、商品の企画から販売まで垂直的に一貫したビジネスモデルが構築されていった（図表13−１）。ニトリは、「人々の生活を豊かにする」というロマンの下で、海外工場で製造した商品を船舶で輸入するという物流まで自前で行うシステムを確立し、品質も備わった低価格を実現したのである。

　創業者の似鳥が言い続けているニトリのロマンとは「欧米並みの住まいの豊かさを日本の人々に提供すること」であり、本格的に海外進出に乗り出している現在では「住まいの豊かさを世界の人々に提供すること」である。創業期は家具中心だったが、家具類の比率は年々低下し、今では４割程度となっている。その代わり、ホームファッションと呼ばれる分野の商品、さらに家庭用品全般を合わせて扱い、家の内装全体をトータルでコーディネートしていく新業態・ホームファニシングを日本の家具業界で初めて創り出したと言える。

　圧倒的な低価格と徹底した品質管理、そしてトータルにコーディネートされた美しさは家具小売店をチェーンストア化して初めて実現できるものと信じていた似鳥は、品質の良い商品を安く提供するために、企画もメーカーではなく小売側のニトリ自身が担うようにした。たとえば寝室で考えると、カーテンからベッドまで、製造するのは異なるメーカー（海外の委託工場）であってもトータルでコーディネー

トされた形で揃えられるようになっている。物流も商社を使わず自前で手配する方式に変えた。こうした自前主義によって、ニトリは2019年2月20日の時点で32年連続の増収増益を達成する日本の家具業界No.1企業へと成長したのである。

5　おわりに

　今は好業績のニトリであるが、将来は決して楽な道程ではない。すでに家具業界自体は長期縮小傾向に陥っており、実際に高級家具や輸入家具を扱ってきた大塚家具は赤字を記録している。一方で、低価格品から高級品まで幅広い顧客層から支持を得られている東京インテリアが関西でも続々と出店攻勢に出ている。

　同社は独特の変わった出店戦略でニトリの独走体制に歯止めをかけていて、関西での2店舗はイケアの真隣に出店している。北欧の斬新なデザインで差別化を図っている世界最大手の家具専門店であるライバル企業との競争を避けるよりも、むしろ趣向の異なる家具店同士が近い場所で営業することによって集客力を上げて相乗効果を狙う戦略である。

　生活雑貨が主体の無印良品を展開する良品計画も、家具事業の強化に余念がない。ライバル企業同士が協力関係を築くなど家具業界にさらなる地殻変動が起きているなか、トータルコーディネートを目指したニトリの今後の事業展開と家具業界の動向がますます気になるところである。

❓考えてみよう

1．ニトリが「ホームファニチャー」だけではなく、「ホームファッション」を取り扱うようになった理由を、家具製品に対する消費者の購買頻度の問題から考えてみよう。
2．ニトリと類似したコンセプトで展開している家具専門店を取り上げ、その店舗の特徴とニトリとの違いについて調べてみよう。
3．小売企業なのにニトリが海外に生産工場まで持つようになった理由について考えてみよう。

次に読んでほしい本

似鳥昭雄『運は創るもの：私の履歴書』日本経済新聞出版社、2015年。

似鳥昭雄『ニトリ成功の5原則』朝日新聞出版、2016年。

白　貞壬『小売業のグローバル・イノベーション：競争的相互作用と創造的適応』中央経済社、2019年。

第14章

衣料専門店
―日本から世界トップに挑戦する
　ファーストリテイリング

1　はじめに
2　1代で世界第3位の衣料専門店を創り上げた柳井正
3　ユニクロのSPAの仕組み
4　SPAの類型
5　在庫ロスと販売機会ロス
6　おわりに

第3部　新たな価値創造に挑む日本の小売業態

1　はじめに

　ユニクロは、安価で流行に左右されにくいベーシックなデザインの洋服を、気軽に買い物ができるブランド。学生のみなさんにとって、ヒートテックシャツ、フリースジャケット、ダウンジャケット、ジーンズなど、一度は着用したことがあるかもしれない。例えば、ヒートテックシャツは、すでに累計約10億枚販売されている。また人によっては、ユニクロの服がなければ、大学に通学できないという人もいるかもしれない。

　ユニクロが誕生したのは、1984年である。第1号店は、広島市で「ユニーク・クロージング・ウェアハウス」という名前のカジュアルウェア小売店でスタートした。その名前には、「いつでも服を選べる巨大な倉庫」という意味が込められている。それから、約30数年。現在、ユニクロを展開するファーストリテイリングは、ユニクロ、ジーユー、セオリーなど複数の事業・ブランドを運営し、売上高1兆7,800億円、世界第3位のファッション小売企業となっている。

　この章では、どのようにして、日本の衣料専門店ファーストリテイリングが、日本最大、世界第3位のグローバル企業に成長していったのか。またファッション業界で成功するためには、どんなことに注意が必要なのか。それらの要因を学んでいこう。

2　1代で世界第3位の衣料専門店を創り上げた柳井正

❖ ユニクロの誕生

　ファーストリテイリングを率いる、柳井正は1949年に誕生している。その年は、柳井の父親が洋服屋を始めた年である。柳井は大学を卒業後、ジャスコ（現・イオン）に入社したが、1年弱で退社し、父親の会社に入社している。そして、1984年6月、柳井が35歳の時に、ユニクロの1号店を広島市に出店し、その年の9月に父親から社長を引き継いでいる。柳井は2代目社長ではあるが、実質的には、

【写真14－1　ユニクロ1号店】

出所：株式会社ファーストリテイリング提供

ファーストリテイリングの創業者と言える。

　次頁の【図表14－1】は、「世界の主なアパレル製造小売業の売上高（2016年）」である。ファーストリテイリングは、現在、ZARA（ザラ）2兆8,000億円、H&M2兆4,000億円に次いで、世界第3位の売上を上げている。

　ユニクロは、アメリカの大学生協にヒントを得て誕生した。「10代の子供たち向けに流行に合った低価格のカジュアルウェアを、なるべく接客をすることなく、セルフサービスで提供できないだろうか」というのが最初のコンセプトであった。商品は、当時全盛だった岐阜県のメーカーものが中心で低価格、目玉商品にインポート（輸入）商品を仕入れていた。ほとんどがメンズの10代向けカジュアル専門店という品揃えだった。その後、店舗を徐々に増やしていくが、資金繰りはいつまでたっても楽にならない。従来の衣料品小売業界では、メーカーや卸業者の企画した商品を選択仕入して、「委託販売」する方式が一般的であった。「委託販売方式」は、小売業にとって返品が可能でリスクは少ない分、商品構成の自由度や、販売価格をメーカーや卸業者の指示に従わざるを得なかった。

　そこで、1987年柳井は、「ユニクロ」オリジナル商品を作ろうと思い立つ。最初はデザイナーもパタンナーもいないため、仕様書はいいかげんなものだった。その仕様書をメーカーに渡して製造を委託する。生産管理もできず、メーカー品に負け、希望小売価格では売れず、値下げ販売が多く、苦労が続いた。商品の生産をメーカーに委託していると手を抜いたことはわからないし、商社に委託しても、結

【図表14－1　世界の主なアパレル製造小売業の売上高（2016年）】

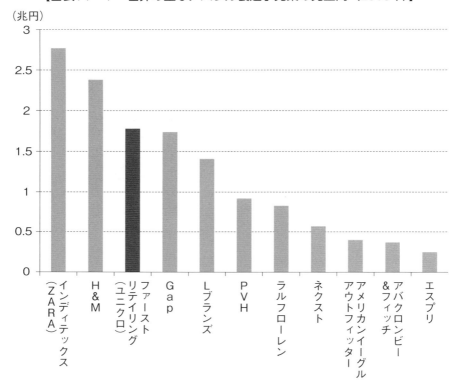

出所：ファーストリテイリング社HPより筆者作成

局はメーカーに丸投げされてしまうと、そこから先は目が届かない。結局、自分たちで仕様を決めて、工場まで出向いて生産管理をやらないと品質は良くならない。低価格で高品質の商品を本気で作ろうとすれば、自分たちで最初から最後までやらざるを得ない。よく考えれば当たり前のことだったが、日本ではだれもやっていないことだった。これが後に、SPAというユニクロの最大の武器となる仕組みの始まりである。

> **コラム14-1**
>
> ## 世界のCEOベスト100
>
> 　同ランキングは、在任期間中の株主総利回り（TSR）および時価総額の増加という視点から、世界で最も優れた財務パフォーマンスを上げているCEOを格付するものだが、2015年からは新たに企業のESG（環境・社会・ガバナンス）指標も要素として採用されている。構成比は、財務パフォーマンスが80％、ESG指標が20％。
>
> 　2016年度のCEOベスト5は、以下のとおりである。
> ①　ノボノルディスク社　Lars Rebien Sørensen（医薬品）（デンマーク）
> ②　WPP社　Martin Sorrell（広告代理業）（英国）
> ③　インディテックス社　Pablo Isla（アパレル）（スペイン）
> ④　アディダス社　Herbert Hainer（アパレル）（ドイツ）
> ⑤　イタウ・ウニバンコ社　Roberto Egydio Setubal（金融）（ブラジル）
>
> 　ベスト100には42位に日本電産の永守重信、46位にファーストリテイリングの柳井正、73位にソフトバンクの孫正義、87位にエーザイの内藤晴夫の各氏がランクインしている。
> 　永守氏、財務パフォーマンス30位、柳井氏、財務パフォーマンス17位、孫氏、財務パフォーマンスは16位と、各人の総合ランキングより高かったが、ESGスコアが低かった。一方、内藤氏は、財務パフォーマンス106位だったが、ESGスコアが支えになってトップ100入りを果たした。
> （『ハーバードビジネスレビュー』ダイヤモンド社、2017年2月号）

❖ ユニクロの急成長

　ユニクロの名が一躍世の中で有名になったのは1998年10月に始まった「フリース・キャンペーン」とその年の11月の東京・原宿店の出店からであろう。それまではスポーツメーカーが取り扱っていた高価な素材のフリース生地を使ったジャケットを、ユニクロが1,900円で提供し、原宿店の1階から3階まである店舗の1階フロアすべてをフリースで埋め尽くしたことが、ブレークのきっかけである。その後、フリースジャケットは、1998年200万枚、1999年850万枚、2000年

第3部　新たな価値創造に挑む日本の小売業態

2,600万枚の売り上げを記録し、急成長をしていった。

　この成功要因は、商品を絞り込んだこと、良質な商品を1,900円という手頃な価格にしたこと、そして新鮮味のある広告宣伝をしたことと整理できる。このキャンペーンによって、以前のユニクロの評判やイメージは「安かろう悪かろう」だったが、フリースを買って実際に着てみたら「安いけど結構いいね」という風向きに変わった。商売のパターンは以前と変わらなかったが、原宿店出店を境にお客様の認識ががらっと変わった、と後に柳井は振り返っている。

失敗の歴史

　一方で、ユニクロは多くの失敗も経験している。

　1994年秋には、関西のおばちゃんがレジの前で「この服、気にいらんから交換して」と言いながら服を脱ぐテレビCMを放映した。当初9月から12月までの放映予定であったが、クレームが相次ぎ、11月には中止を余儀なくされている。

　次に、1997年、フリースブーム以前に、ファミリー向けの「ファミクロ」、スポーツ衣料を中心にした「スポクロ」という業態を開発し、店舗出店拡大を行うと発表していた。これらの新業態は、ファミクロ18店舗、スポクロ17店舗を出店したが、1年弱で、即座に中止を決め、撤退している。柳井は、後に、失敗の原因は、ユニクロ商品との違いが明確に出せず、さらにユニクロ商品をこれらの店舗に回したことで、ユニクロ店自体の商品にも欠品が出始め、両方とも中途半端になってしまったと分析している。

　さらに、2002年には、「SKIP（スキップ）」というブランド名で、野菜事業をスタートさせている。野菜や果物の生産と流通の仕組みを、衣料品のユニクロで培った仕組みを応用し、合理化することを目指した事業であった。しかし、農作物には、生産調整や在庫管理の仕組みが通用せず、わずか1年半で全面撤退となってしまった。

　また、2001年に英国進出で始まった海外事業も、苦戦の連続であった。2003年、21店舗まで拡大した店舗のうち16店舗の閉鎖を余儀なくされた。2017年現在、約500店舗を展開する中国も、当初は店舗を増やせず、全土に広げるまでに約10年かかっている。

　このように、ファーストリテイリングは、多くの失敗を経験している。しかし、柳井はこれらの失敗もすべて前向きに捉えている。それは、新しい事業はそもそも

失敗することが多く、やってみないとわからないことのほうが多いという考えが根底にある。新しい事業を始めるときに、事業計画をいくらきっちり作ってもほとんどその通りに進まないことのほうが多い。しかし、うまくいかなかった失敗を生かすも殺すも経営姿勢次第であり、その失敗に蓋をしてしまったら最後、必ず同じ失敗を繰り返すことになる。失敗を次にどう活かすかが重要だという。「１勝９敗」。柳井が好んで使う言葉だ。失敗を恐れないチャレンジ精神こそ、ファーストリテイリングが大事にする考え方だ。

3 ユニクロのSPAの仕組み

❖ SPAとは

　第３節では、ユニクロのビジネスを支えているSPAのモデルを詳しく見てみよう。
　SPAとは、"S"pecialty Store Retailer of "P"rivate label "A"pparel の略語であり、直訳すると「独自レーベル（ブランド）アパレル（衣服）の小売店」ということだが、一般的には、アパレル製造小売業と訳され、１つの企業で企画・開発・生産・販売までのすべてを手掛ける仕組みのことをいう。アメリカのジーンズ・チェーン専門店のGAP（ギャップ）が生み出した業態と言われ、元々、リーバイスやLeeといったナショナルブランド（NB）のジーンズを仕入れて販売していた「GAP」店が、自社のオリジナルのブランド「GAP」ブランドのジーンズを企画・開発・生産し、「GAP」店で販売するようになった。SPA業態は、日本でも1990年代から増加していった。今ではあまりにも当たり前になってしまったため、百貨店やショッピングセンターで、SPAでない業態を探すほうが難しくなった。

❖ ユニクロSPAの主な機能・役割

　次に、ユニクロSPAモデルの各機能について、ユニクロのホームページに掲載されている図から、簡単に整理しておこう。図表14－２は、ユニクロのビジネスモデルである。

❖ 第3部　新たな価値創造に挑む日本の小売業態

【図表14−2　ユニクロのビジネスモデル】

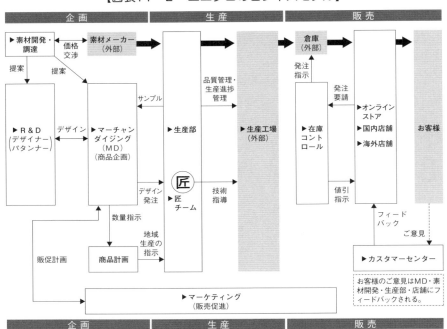

出所：ファーストリテイリング社HPより（2017年4月時点）、ファーストリテイリング社許諾

① 素材開発・調達

　ユニクロは世界中の素材メーカーと直接交渉することで、高品質な素材をローコストで大量に安定調達している。また、大量に素材を発注することで、他のアパレルメーカーよりも有利な条件を得ることができている。コア商品の素材開発は特に重要だと考え、機能性、着心地、風合いなどを徹底的に検討し、改善を重ねている。例えばデニムは、世界中のジーンズメーカーから高い評価を得ているカイハラ（株）から、ユニクロ仕様で紡織・染色したデニム生地を調達している。また、東レ（株）との協働で糸から素材を開発し、ヒートテックのような機能性新素材による商品を生み出している。

② R&D

　ユニクロでは、世界の最先端ファッションやライフスタイル、新しい素材の情報

などを常にリサーチしている。商品発売の約1年前には、それらの情報をもとにした「コンセプト会議」が開かれ、R&D（リサーチ＆デベロップメント）・マーチャンダイジング（MD）・マーケティング・素材開発・生産の各部門の担当者たちが議論を重ねて、秋冬・春・夏の各シーズンのコンセプトを決定する。その後、決定されたコンセプトに沿って、デザイナーがデザインを起こし、サンプルを作成する。

③　マーチャンダイジング

　商品の企画から生産までの過程で、重要な役割を担っているのが、マーチャンダイザー（MD）である。MDは最初に、R&Dのデザイナーと話し合い、シーズンごとのコンセプトに沿った商品企画・デザイン・素材を決定する。次に、秋冬・春・夏の各シーズンの商品構成と生産数量を決定する。MDのもうひとつの重要な仕事は、シーズン中の増産、あるいは減産の決定を行うことである。需要に合わせた生産調整の決定を、商品計画チームとともに行う。

④　生産部

　上海、ホーチミン、ダッカ、ジャカルタ、イスタンブール、バンガロールの生産事務所には、品質・生産進捗管理の生産チームや匠チームが約450名常駐している。生産チームは毎週パートナー工場に出向き、課題を解決する。また、顧客の品質への要望は、この生産部に届くので、問題があった場合は速やかに改善を図る体制が敷かれている。

⑤　匠チーム

　ユニクロの生産工場では、技術の伝承を行う「匠チーム」が存在する。匠チームでは、技術を伝えるだけではなく、工場で働く人々の生産管理に対する心構えを変え、より良い工場に成長させること、つまり日本の優れた技と心を次世代の技術者へ伝承していくことが目標となっている。

⑥　生産工場

　ユニクロ事業のグローバル化が進むにつれ、パートナー工場は、中国だけではなく、ベトナム、バングラデシュ、インドネシアなど世界各地に広がっている。今後も、欧州や北米へユニクロの販売網が広がるに伴って、生産拠点の拡大を検討していく予定である。

⑦ マーケティング

季節ごとにコア商品（フリース、ウルトラライトダウンジャケット、エアリズム、ヒートテックなど）を対象に、キャンペーンを実施している。キャンペーン期間中は、商品の特性や機能性などをテレビCMで広く告知する。また、毎週金曜日に新聞折込みチラシを全国に配布して、シーズンごとの新商品を「期間限定価格（通常価格の約2～3割安いお試し価格）」で提供している。

⑧ 在庫コントロール

在庫コントロールの役割は、週次ベースで各店舗の販売状況と在庫水準を確認し、必要な在庫や新商品を各店舗に送り込み、適正在庫を保つことである。また、店舗からの発注要望にも応え、シーズン終盤には、商品を完全に売り切るために、MDや営業部門と連携をとりながら、売価変更のタイミングを調整している。

⑨ 店舗

2016年8月末の国内ユニクロの店舗数は837店舗（フランチャイズ店39店舗を含む）と、日本全国に広がっている。海外ユニクロは958店舗まで拡大し、エリア別では、グレーターチャイナ（中国・香港・台湾）560店舗、韓国173店舗、東南アジア・オセアニア144店舗、欧州36店舗、米国が45店舗で、特にグレーターチャイナ、東南アジアでの出店が加速している。

以上が、ユニクロのSPAにおける主な機能である。これら、企画からデザイン、生産、販売までのプロセスを一貫して行うビジネスモデルで、独自商品を次々と開発している。

4 SPAの類型

❖ SPAの類型

次に、ユニクロ以外の他社のSPAについても少し見ておこう。
SPAはメーカー型SPA、アパレル型SPA、小売型SPAに分類することができる。

【図表14-3　SPAへの発展イメージ】

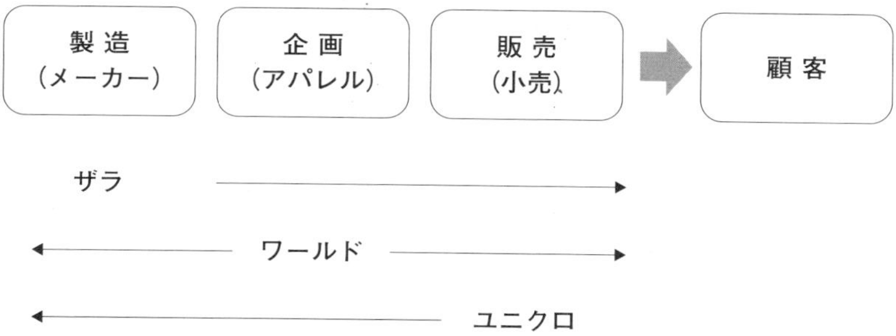

製造（メーカー） → 企画（アパレル） → 販売（小売） → 顧客

- ザラ：製造〜販売
- ワールド：企画〜販売
- ユニクロ：企画〜販売

出所：筆者作成

❖ メーカー型SPAのインディテックス（ザラ）

　現在、売上高世界一のスペインのインディテックス（ザラを運営）の原点は縫製工場である。1963年に創業者のアマンシオ・オルテガがバスローブとランジェリーを製造する会社を設立している。当時は、デザインチームを抱え、生地を仕入れ、縫製して製品を卸すビジネスは手掛けていたが、小売りは行っていなかった。しかし、ある時、卸先のために製造した商品が突然キャンセルされ、製造済みの在庫を換金しないと資金繰りが厳しくなり、会社が倒産しかねない状態に陥ったことで、仕方なく自ら小売店を設け、直接消費者に販売する決断に至った。その後、1975年に現在も本社のあるスペイン西北部のア・コルーニャにザラの1号店を立ち上げている。取引先の小売店の受注に頼るのではなく、店頭で必要な量の商品をそのつど作り、自前の店で売るというビジネスの仕組みがここから始まった。

❖ アパレル型SPAのワールド

　1990年代初めに、アパレル卸のワールドが、オゾックというSPAの第1号ブランドを開発している。それまでワールドは、ミセス向け婦人服の専門店向け卸事業が主体であった。1970年代から80年代の後半まで、ワールドは、専門店が受注した商品を返品せずに、自社が全て買い取る「完全買い取り制」の仕組みで急成長した。しかし、完全買い取り制では、売れ残った商品は専門店に滞留し、売れ筋の商品は追加が行えないというデメリットがあった。そこで、ワールドは、自社で直

❖ 第3部　新たな価値創造に挑む日本の小売業態

営店を運営することで、企画開発・生産・販売の仕組みを作り上げ、変化の激しいファッション衣料において、小刻みな発注と生産を行い、店頭での在庫の適正化を図ることができた。

❖ 小売型SPAのユニクロ

ユニクロは、メンズのティーンズカジュアル専門店がスタートであった。1990年代までは、他社のブランド商品を仕入れて販売をしていた。その後、自社商品を企画し、生産管理機能を強化して、低価格・高品質の商品を生み出してきたことは前述のとおりである。

❖ それぞれの事業がSPAに行き着く

創業当初の最初の事業がそれぞれ異なっていても、ファッションビジネスを代表する3社がSPAという同じ仕組みに行き着いている点が興味深い。メーカー、卸売業（アパレル）、小売業のそれぞれの立場で苦労してきた結果、1つの企業で企画・開発・生産・販売までのすべてを手掛ける仕組みを行うことが必要だと判断し、SPAというビジネスの仕組みにたどり着いている。

柳井は、SPAの強みについて、一般的には、大量ロットで発注して買い取るからコストも下がるし、売価も下げられると理解されているが、それは表面的で一義的な理解である。それよりも重要なことは、まず顧客ニーズがどこにあるかを自分たちで探り、それを企画して実際に商品を作って、店頭で販売して、顧客の反応を見て、生産を中止したり、別の商品に切り替えたりすることで、圧倒的な売れ筋商品を発見するまで何度でも何度でもそのサイクルを自社で回せる。つまりその実験、すなわち試行錯誤ができることがSPAの本当の強みだということである。

ファッションの商品開発は、顧客の反応を見て、いかにその修正が素早く、継続的に行えるかどうかが重要である。

> **コラム14−2**
>
> ### しまむらとの比較
>
> 　ファーストリテイリングに次いで、日本で2番目に衣料品を販売している企業は、「しまむら」である。しまむらは、売上高5,654億円、経常利益500億円（2017年2月期連結）。このコラムでは、ユニクロとしまむらのビジネスの違いを比較してみよう。
> 　この章で学んだように、ファーストリテイリングは、SPA（アパレル製造小売業）で成長を続けている。自社で企画した製品を、自社の直営店で販売する方式である。商品を自社企画するため、デザイナー、マーチャンダイザー（MD）といった職種が重要である。
> 　一方、しまむらは、メーカーから商品を仕入れ、販売する小売業である。しまむらにとっては、バイヤーとコントローラーという職種が非常に重要である。バイヤーとは、メーカーから「どんな商品」を、「いつ」、「何枚」仕入れるかを決定する役割である。コントローラーとは、既に仕入れた商品、すなわち在庫を、いつ、どれくらい値下げするか、店間移動するかを決定する役割である。
> 　SPAのビジネスモデルが全盛の中、SPAモデルではない、しまむらの業績が好調なのは、非常に興味深い。ビジネスの世界は、正解は1つではなく、いろいろな方法で成功できるという好例である。

5　在庫ロスと販売機会ロス

❖ ファッション商品の2つのロス

　流行やトレンドに左右されるファッション商品を取り扱う衣料専門店において、売れ筋商品の欠品と死に筋商品の過剰在庫は永遠の課題である。欠品とは顧客が買いたいのに商品がない状態、過剰在庫とは商品が余っている状態である。

　消費者の立場からすると、「買いたいと思った商品がなかった」という経験は誰しも一度くらいあるだろう。しかし、この情報は企業には届きにくい。企業は売れた情報はPOSデータとして収集できるが、買いたかったという情報は意識して集

めないとなかなか取れない。用意した商品がすべて売れたからといって、素直に喜べるものではない。多くの顧客が「買えなかった」と不満を持っているかもしれない。この欠品の状態を、販売の機会（チャンス）を逃したロスということで、販売機会ロスという。

一方、企業の立場では、売れ残った商品はよく見える。店頭、倉庫に残っている商品は、資金を滞留させたり、その後、値引き販売をすることで利益を減少させたり、また新しい商品の販売を遅らせたりすることで、企業の業績を圧迫する。この過剰在庫でのロスを、在庫ロスという。

このように、消費者の需要に対して、企業の商品供給がぴったりと一致することは至難の業である。

そして、この販売機会ロスと在庫ロスを、少しでも解消しようとすると、製造、商品企画、販売のそれぞれの業務を、トータルで連携させるほうがうまくいきやすい。先ほどみた、製造のザラ、商品企画のワールド、販売のユニクロは、それぞれの立場で、この２つのロスを改善しようと取り組んだ結果、製造、商品企画、販売を一気通貫で行う、製造小売業、すなわちSPAというビジネスの仕組みに行き着いたと言える。

ロスに対する考え方

ロスを全くなくすことは、非常に難しいので、過剰在庫（在庫ロス）と欠品（販売機会ロス）に対して、どのような考え方をするかは、企業の戦略的な判断であると言える。

ザラは、常に変化する新しいファッションアイテムを、次々と開発し、店頭に並べることを重視した、ビジネスの方法を選択している。販売機会ロスについては、少し目をつぶっていると言える。

ワールドでは、売れ筋の追加補充を重視して、販売機会ロスをできるだけ少なくする方法を選択している。

ユニクロは、ベーシックアイテムを中心に、アイテム数を絞り込み、その絞り込んだアイテムは、計画大量生産することで、品質向上を図り、販売機会ロスを起こさないように、注力するSPAだと言えるだろう。

このように、ファッションを取り扱う衣料専門店において、ロスに対する考え方とビジネスの仕組みは、密接に関係している。

❖ 戦略的パートナーシップで商品開発の精度アップとロスの極小化を

　ユニクロのヒット商品は、国内繊維トップメーカーの東レ抜きには語れない。両社の共同開発のスタートは1999年だが、2006年に締結した「戦略的パートナーシップ」は、単に素材の提供とアパレル企業という関係を超え、素材から最終製品までの一貫した共同開発体制を組み、次世代素材開発プロジェクトで、「ヒートテック」、「エアリズム」、「ウルトラライトダウン」などの商品を生み出してきた。東レにとっては、ユニクロは、なくてはならない売上規模の取引先であり、2006年～2010年の第1期の取引累計額は約2,500億円、第2期は約6,000億円、現在進行中の第3期は、1兆円の計画である。ユニクロにとっては、高品質素材、また量を切らさない安定供給が欠かせない。

　この戦略的取り組みによって、ファッションビジネスで重要な要素である、商品開発の精度アップと、在庫ロスと販売機会ロスの低減という2つの要素を同時に解決している。両社は、今後さらに強固なパートナーシップを確立し、最新のデジタル技術を活用、生産拠点のグローバル化に対応して計画を発表している。

6　おわりに

　この章で見てきたように、現在、ファーストリテイリングは、世界第3位のファッション小売企業である。しかし、広島で第1号店をスタートしたユニクロも、最初から成功することが約束されていたわけではなかった。最初は、他社の商品を仕入れて販売する商売でスタートしたが、その方法ではうまくいかず、その後、自分たちで商品をつくろうということでSPAを始めた。その後も、新しい事業を立ち上げたが、必ずしもすべてが成功したわけではなかった。しかし、その失敗にくじけることなく、そのつど、柳井が大きな目標を掲げ、挑戦と試行錯誤を繰り返し、修正してきた結果、現在の地位を確保している。柳井自身も、試行錯誤を繰り返すことがSPAの強みだと語っている。ファッションビジネス業界では、失敗を恐れず、むしろ失敗を活かし、あきらめずに挑戦し続けるチャレンジ精神が必要であることを学んだ。

　また、現在ファッション業界で一般的になっているSPAという仕組みは、ファー

❖ 第3部　新たな価値創造に挑む日本の小売業態

ストリテイリングだけでなく、世界第1位のファッション企業であるインディテックス（ザラ）も採用している仕組みであることを学んだ。ファッション業界では、顧客の変化に対応し、常に魅力ある商品開発を行うと同時に、販売機会ロスと在庫ロスの2つのロスをできるだけ少なくしていかなければならない。そのためには、企画、生産、販売が一気通貫で連携できるSPAモデルは、現時点では最適な仕組みと言えよう。しかし、顧客が常に変化し続ける中で、SPAモデルの仕組み自体も今後さらなる進化が求められていくだろう。今後のファーストリテイリングの進化に注目が集まる。

❓考えてみよう

1．ユニクロの店舗に実際に行ってみて、ビジネスの工夫を探してみよう。
2．ファーストリテイリング（ユニクロ）の問題点を挙げてみよう。その問題点に対してどのような対策が考えられるだろうか。
3．ファッション業界で、ファーストリテイリング以外にも業績を上げている企業を探し、その特徴を整理してみよう。

次に読んでほしい本

石井淳蔵・栗木契・嶋口充輝・余田拓郎『ゼミナール マーケティング入門（第2版）』日本経済新聞出版社、2013年。
尾原蓉子『創造する未来』繊研新聞社、2016年。
楠木建『ストーリーとしての競争戦略』東洋経済新報社、2010年。

第15章

オンラインモール
―人間味あふれるネット通販の場を
提供する楽天

1　はじめに
2　インターネットの力と将来性を信じた三木谷浩史
3　楽天市場の基本的な仕組み
4　利用者の保護と出店者の支援
5　おわりに

第3部　新たな価値創造に挑む日本の小売業態

1 はじめに

　インターネットでモノを買ったことはあるだろうか。いつでもどこにいても気軽に買い物ができ、しかも商品を家まで届けてもらえるので、普段からよくネットでモノを買うという人もいるだろうし、「実物を見ずにネットで買うのは不安」、「配送に時間がかかり不便」などの理由でネットショッピングをほとんど利用したことがない人もいるだろう。実際のところ、日本ではネットでモノがどれくらい売れているのだろうか。経済産業省の調査によれば、2016年のネット通販の市場規模は物販だけで8兆円を超え、百貨店の市場規模（5兆9,780億円、日本百貨店協会調べ）を優に上回り、コンビニの市場規模（10兆5,700億円、日本フランチャイズチェーン協会調べ）に迫る勢いで毎年急成長している。今やネットでモノを買うことはごく当たり前のことなのだ。この本が授業の指定テキストだったので、大学の学習サポートサイトを通じてAmazon.co.jpで購入したという人だっているかもしれない！

　この章では、ネットショッピングの総合サイトであるオンラインモール「楽天市場」を取り上げる。今日の楽天グループは、楽天市場以外にも各種インターネットサービスから通信、金融、プロスポーツ事業まで幅広く事業を展開している。就職活動でお世話になる「みん就（みんなの就職活動日記）」だって楽天の手掛けるサービス事業の1つだし、楽天がスペインの名門サッカーチームであるＦＣバルセロナのメインパートナーになったことを知っている人も少なくないはずだ。この章では、そんな楽天の創業当初から今日までの中心的事業である「楽天市場」の足どりをたどりながら、「日本型」ネット通販の特徴を考えよう。

2 インターネットの力と将来性を信じた三木谷浩史

❖ 創業までの経緯

　楽天株式会社の創業者である三木谷浩史（みきたにひろし）は、1988年に日本興業銀行（興銀、

現・みずほフィナンシャルグループ）に入行したのち、社内制度でハーバード大学経営大学院に留学した。この留学経験で、三木谷は企業家精神を尊重する価値観に触れることになる。つまり、「大きな会社に勤めることが大事なのではない。大切なのは自分自身がどれだけの価値を創出するかである」という考え方だ。それまで、大企業の中で出世することこそがビジネスマンの王道であると考えていた三木谷にとって、この経験は大きな転機となり「自分もいつかは独立・起業しよう」と志すようになった。ただし、社費による留学だったことから「5年は辞められない」と考え、帰国後は興銀に復職した。

　もう1つの大きな転機は、1995年に発生した阪神大震災であった。神戸出身の三木谷は、この震災で親戚や古くからの友人を失くした。命のはかなさを痛感した三木谷は、やりたいことがあるならば「いつか」ではなく「今」すべきだと考えてその年興銀を退職し、起業の準備に着手した。

　起業に当たり検討していた多くの事業アイデアの中から、元手が掛からず、将来性があり、しかも社会に新しい価値を生み出せるという理由で、インターネットを使ったオンラインモール事業が選ばれた。会社の設立は1997年2月（当初の社名は株式会社エム・ディー・エム）、同年5月に楽天市場をオープンした。当初、従業員はたったの6名、サイトにはたったの13店舗が出店したのみだった（写真15－1）。また、最初の月の楽天市場内での取引額はわずか32万円で、うち18万円は三木谷自身による購入分だった。

❖ 当時のネット通販の状況

　楽天市場は、楽天自身が商品を仕入れて販売するのではなく、出店者を集めてネット上にいわば商店街を形づくり、楽天は出店者から出店料などを徴収して収益を上げるというビジネスモデルである。このようなウェブサイトをオンラインモールという。楽天市場の登場以前から、商社などの大手企業がオンラインモールの運営を手掛けていた。しかし、これら先行する他社では、出店者に高額な出店料を課していたため、多くのショップを集められなかった。また、ウェブページの制作を出店者が自分でするのではなくモール運営者に委託する形をとり、しかもページの更新ごとに高額な費用が発生したため、ページのタイムリーな更新ができずに過去のセール情報や季節外れの商品が残ったままになっていた。

　ちなみに、1995年から1996年にかけて、Tシャツ販売の「岸本屋」や「家具

❖ 第3部　新たな価値創造に挑む日本の小売業態

【写真15－1　楽天市場オープン当時のトップ画面】

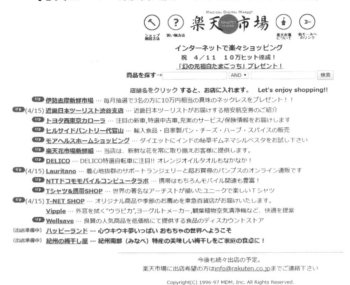

出所：楽天株式会社提供

のアオキ」、照明器具の「てるくにでんき」のように、オンラインモールを通じてではなくショップが自ら独学でサイトを構築してネット通販を行う業者が登場して注目された。しかし、日本でYahoo!ショッピングがスタートするのは1999年、Amazon.co.jpが日本で本のネット販売を開始したのが2000年、千趣会やニッセン、セシールなどカタログ通販企業が本格的にネット通販に参入したのも2000年前後である。楽天の創業時、ネットショップはまだまだ未熟で、多くの人は「インターネットでは人はモノを買わない」と考えていた。

❖ オンラインモールで三木谷が目指したもの

　しかしインターネットの可能性を信じた三木谷は、たとえネットの専門的知識がなくとも情熱さえあれば誰でも自由にネット上で商売ができる仕組みを提供したいと考えた。

　楽天市場を活気あふれる場とするためには、単に必要な商品を必要な時に注文できるだけでは不十分であり、「Shopping is Entertainment！（買い物は楽し

い！）」をネットで実現することが欠かせない。いわば、スピード・効率性第一の"自動販売機"ではなく、売り手と買い手が自由につながり賑わいと人間味に溢れた"バザール（市場）"こそが、三木谷の目指すオンラインモールの理想のかたちだった。この理想を実現するため、楽天市場では出店者による創意工夫や出店者－利用者間の直接的なやりとりが重視され、楽天は出店者の自由な発想と活動をサポートする役割に徹しようとした。

　三木谷は、規模は小さくとも自らと同じように企業家精神を持つ全国の商人たちに活躍の場を与え、インターネットの力で人々と社会を活気づけようとした。この「イノベーションを通じて、人々と社会をエンパワーメントする（活気づける）」という考え方は、今日でも楽天グループの全社的な経営理念である。三木谷をはじめとする創業メンバーは、全国を飛び回ってこの理念に共感する出店者を集めた。

3　楽天市場の基本的な仕組み

❖ 初期のビジネスモデル：定額・低額の出店料

　オンラインモールへの出店に月額で30～100万円程度かかるのが一般的であった当時にあって、オープン当初の楽天市場の出店料は月額固定でわずか5万円だった。出店料を安くできた主な要因は、当初はモールの規模が小さくそれほど大きなサーバーコンピュータを必要としなかったことや、後で述べるとおり、店舗ページの制作・編集を楽天側が行わず出店者に任せることでコストを削減できたことであった。

　たとえ1店当たりの出店料が低額であっても、多様で魅力的な出店者がモールに集まれば、欲しい商品を見つけやすくなったりモールでの買い物がより楽しくなったりして、結果的にモール全体の魅力が高まる。この効果のことを集積の経済と呼ぶ。集積の経済が発揮されればそのモールで買い物をしたいと考える利用者が増え、モールの集客力が高まればさらに多くの出店者が楽天市場に出店しようと思うはずである。出店料を低く抑えた狙いは、この好循環を最初に作りだし、いち早く楽天市場を出店者数と利用者数でダントツのモールに育てることであった。

店舗運営システム「RMS」

楽天は、出店者のショップ経営をサポートするため、以下の4つの基本的な機能を1つにまとめたシステム「RMS」(Rakuten Merchant Server) を整備した。

① ホームページの編集

掲載したい画像のサイズが自動で調整され、ホームページ作成の専門的な知識がない人でも自由にホームページを編集できる。出店者が商品を登録すると、商品名などが自動的に商品検索エンジンにキーワードとして追加される。

② 受注の管理

利用者からの注文内容の確認や、入金・配送状況の管理、請求書の作成などができる。日付別・商品別に検索でき、面倒な事務作業を効率化できる。

③ メールの配信

出店者が利用者とメールで直接コミュニケーションをとることができる。性別や年齢などで送信先を絞り込んで一斉にメールを送信できる。なお、個人情報は楽天側が適切に管理し、メールアドレスは暗号化されて出店者側とやりとりされる。

④ マーケティング分析

店舗の経営状況を具体的なデータで知ることができる。ページ別・商品別・時間帯別のアクセス数（訪問した客の数）、転換率（訪問した人のうち実際に買い物をした人の割合）、客単価（1人当たりの平均買い物金額）がわかる。

RMSは、誰でも気軽にネットショップを経営できるというコンセプトの下、専用のソフトがなくてもウェブ上で自由に操作できるように設計されている。また、これらのシステムは自社で開発されており、出店者や利用者からの要望に応じて機能が追加されバージョンアップされている。

ビジネスモデルの転換：従量課金制への移行

楽天市場の出店数は順調に増え、創業3年で5,000店を超えた（図表15-1）。2000年頃の雑誌記事には「各種インターネット視聴率調査のショッピング系分野では常に1位にランクされ」、「他の追随を許さず」といった表現で好調ぶりが紹介

第15章　オンラインモール

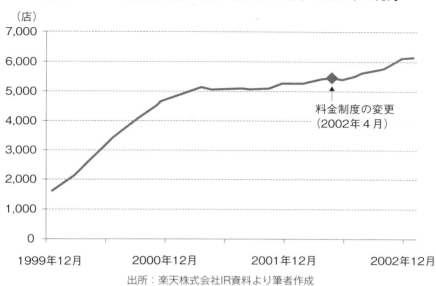

【図表15－1　出店店舗数の推移（1999年12月～2002年12月）】

出所：楽天株式会社IR資料より筆者作成

されており、楽天が他社に先んじてオンラインモールをビジネスとして成功させたことがわかる。

　しかし、楽天市場での取引額が順調に拡大する一方で、2001年以降、出店者数は一時的に伸び悩んだ。楽天市場は出店料を収益源とするビジネスモデルであったため、出店者数が増えなければ収益も増えない。そうなると、アクセス数や取引額の増大に対応するためにサーバーコンピュータを増強したり、システム開発や出店者・利用者支援のための投資をしたりできなくなる。また、そもそも安い出店料設定は、楽天市場が大型のサーバーを必要としない小規模ビジネスであったからこそ実現できたものであり、この時期にはもはやそれが限界を迎えつつあった。当時、1店当たりの月の平均売り上げは100万円を超え、月5万円の出店料だけではシステムの維持すら困難になるのは時間の問題であった。モールの安定的な運営とさらなる事業拡大のために、楽天はビジネスモデルの転換を迫られたのである。

　そこで楽天は、2002年4月からそれまで定額だった料金制度を従量課金に改めた。従量課金とは、サービスなどの利用量に応じて料金が発生する仕組みである。この新料金制度は、月額5万円の基本出店料に加えて、販売手数料（月間売り上げが100万円を超えた場合、超過分の売り上げの2～3％）とその他システム使用

❖ 第3部　新たな価値創造に挑む日本の小売業態

料を新たに出店者に課すというものであった。楽天にとっては、たとえ出店者の数が増えなくても楽天市場で商品がより多く売れればそれだけ儲かる仕組みに変わったと言える。一方で出店者にとっては、売り上げが増えれば増えるほど楽天に支払う料金が高くなり、実質値上げであった。このことから出店者の中には新制度へ反発する者もあり、楽天は出店者向け説明会を全国各地で開催し理解を求めた。

　結果的に、料金制度の変更を理由として楽天市場から退店した出店者は30〜40店舗ほどにとどまり、図表15－2を見てもわかるとおり、その後も出店者数や流通総額は順調に増加し続けた。表面的には、従量課金制への移行は大きな影響がなかったように見える。だが実際は、楽天市場のビジネスが単に「出店者を集める」ことから「出店者をサポートして売り上げ拡大に導く」ことへと質が変わったことを意味し、楽天にとって大きな転機であった。

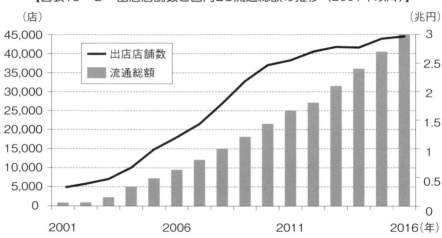

【図表15－2　出店店舗数と国内EC流通総額の推移（2001年以降）】

注：国内EC流通総額とは、楽天（株）が提供する以下のインターネットサービス（2016年末時点）における商品販売額の総額のこと。市場、トラベル（2011年までは予約流通、2012年以降は宿泊流通）、ブックス、ゴルフ、チケット、スタイライフ、ドリームビジネス、ビデオストリーミング、ダイニング、ビューティ、マート、デリバリー、ケンコーコム、爽快ドラッグ、エナジー、カーライフ、楽天ペイ、クーポン、ラクマ、フリル、楽びん、Rebates等。
出所：楽天株式会社提供データおよびIR資料より筆者作成

コラム15−1

電子商取引（EC）：BtoB、BtoC、CtoC

　ECとはElectric Commerce（電子商取引）の略であり、文字通り、電子的に行われる商取引のことである。広い意味ではインターネット以外の専用回線を用いた商取引も含まれるが、今日ではインターネット上の商取引のみを指すことが多い。

　ECは、誰が・誰に商品を販売するかによっていくつかのタイプに分類できる。1つ目は企業が（別の）企業に商品を販売する"Business to Business"というタイプであり、頭文字をとってBtoB（ビートゥービー）、あるいはtoを英語のtwoになぞらえてB2B（読み方は同じ）と呼ばれている。部品・原材料の調達、販売商品の仕入れ、PCや事務用品の購入などで、BtoB-ECは広く活用されている。

　2つ目は企業が消費者に商品を販売する場合であり、"Business to Consumer"つまりBtoC（B2C）である。一般的にネット通販と呼ばれるものは、このBtoC-ECのことを指す。

　3つ目は消費者が（別の）消費者に商品を販売する"Consumer to Consumer"つまりCtoC（C2C）である。近年、ヤフオク！やメルカリなど個人間の売買を可能にするインターネットサービスがよく話題になっているが、これらがまさにCtoC-ECである。

　理屈の上では消費者が企業に商品を販売する場合、すなわちCtoB-ECもあり得る。今のところこの用語が用いられることはめったにないが、もしかすると今後は中古品の買い取りなどを指す用語として定着するかもしれない。

　なお、この章で取り上げたオンラインモールはBtoBtoC（B2B2C）と表現される。一般的には、最初のBが出店者、2つ目のBがモール運営者を指し、B（出店者）とC（消費者）の間を別のB（モール運営者）がつなぐという意味である。ただし楽天では、消費者と直接接するのはあくまで出店者であり、楽天市場は出店者にシステムを提供して支援する立場であるとして、自身のビジネスモデルを「B（楽天）−B（出店者）−C（消費者）」であると説明している。

4 利用者の保護と出店者の支援

❖ 安心してネット通販を利用できる環境の整備

　ネットで買い物をする際は、商品の実物や売り手の顔を直接自分の目で確かめることができず、商品はちゃんと届くか、偽ブランド品や不良品を買わされはしないか、個人情報が悪用されることはないか、などの心配がつきまとう。万が一、楽天市場の中でこれらのことが起これば、モール全体の魅力が低下して利用者・出店者が楽天市場から離れてしまう。これは、楽天にとって最も避けるべき最悪の事態である。

　そこで楽天市場では、出店希望者に対して厳格な審査を実施し、実体のない詐欺目的の業者を排除するとともに違法な商品・ニセ物の販売などの不正行為を未然に防いでいる。楽天市場で開催される各種セールに出店者が参加する際にも、価格表示に不適切な点がないかを楽天が事前にチェックし、ルールに従わない行為を繰り返す出店者に対しては退店を求めるという厳しい姿勢をとっている。

　さらに2005年以降は、利用者がクレジットカードで買い物をする場合、商品を販売する出店者ではなく楽天市場が代わりに決済を行うように改められた。利用者のカード番号やメールアドレスなどの個人情報を出店者に提供せず楽天が直接管理することで、情報流出のリスクを低減している。

　加えて2007年には、楽天市場の全利用者に対して「楽天あんしんショッピングサービス」の無償提供を開始した。これは、購入した商品の未着・遅延、不良品（現在ではブランド模倣品も）が届いた、業者が返品に応じてくれないなどのトラブル時に、50万円（現在では30万円）を上限に年1回（現在は年5回）まで楽天が代金を弁済する補償制度である。

❖ 出店者の商売を指導・支援する取組み

　楽天では、出店者のネットショップ経営を指導・支援するための取組みを強化してきた。その1つが創業直後の1997年7月から始まった「ECコンサルタント」

制度である。これは、地域と商品ジャンルごとに分かれた専門の担当者が出店者それぞれに1人つき、商品の選定や価格設定、サイトの作り方、利用者へ配信するメールの内容などについて、出店者とともに考えてアドバイスをするというものである。2017年現在、本社と全国各地の支社に合わせて600名程度のECコンサルタントが在籍し、出店者のよきパートナーとして活動している。

　加えて、2000年からは出店者を対象に「楽天大学」という有料講座を開講している。この講座で、出店者は楽天市場に蓄積された成功・失敗事例からネットショップ経営に共通するノウハウや考え方の枠組みを学ぶことができる。各地で開催されるこの講座は、出店者間の意見交換の場としても活用されている。2014年からは出店者が動画を通じて無料で学習できるeラーニング講座「RUx」のサービスも追加された。他にも2016年からは、楽天市場内で成功した出店者が他の出店者の経営をコンサルティングする取組み「R-Nations」が開始されている。このように、楽天が出店者を支援するとともに出店者間も互いに教え合うことで、ただ自分のショップを繁盛させるだけではなく楽天市場、さらにはネット通販の市場全体を盛り上げようとする文化が、楽天市場の中には根付いている。

❖ 出店者の成功事例：(株) ヤッホーブルーイング

　楽天市場への出店を通じて成功した事例を紹介しよう。

　1996年に創業したクラフトビール（地ビール）メーカーである（株）ヤッホーブルーイング（ヤッホー）は、楽天市場のオープン直後の1997年6月に出店した。ただし、折からの地ビールブームに乗って「何もしなくても売れ」るような状態であったため、楽天市場のショップは「誰も管理してなくて、注文もほとんどなし」だった。

　しかし、ブームが去った後は売り上げが急降下し、社は倒産の危機に瀕した。そんなさなかの2004年、営業の責任者であった井手直行（現・社長）は、楽天市場へ出店した時に三木谷から受け取った直筆の手紙を見つけた。そこには「このたびは御出店ありがとうございます」「一緒にインターネットで世界を目指しましょう」とあった。ヤッホーと楽天は創業の時期がほぼ同じ、しかも井手と三木谷は年齢が近い。井手は、自分にもできることがあるはずだと奮い立った。

　井手は楽天のECコンサルタントの熱心な誘いもあり、楽天大学に入学してメール・マガジンの書き方やサイト編集の仕方を自ら学んだ。学ぶ中で一番衝撃を受け

たのは、サイト作りのスタンスについてだった。「ウチのページのデザイン、ダメですよね。きれいにしたほうがいいですよね？」と井手が講師に聞いたところ、デザインも大事だがそれよりも「せっかく井手さんがビールに対する思いや、ビールの製品知識などをお持ちなのであれば、それを伝えたほうがいい。見てくれは悪くても、お店の特徴やこだわりを伝えたほうがいいんです」という答えが返ってきた。井手は目からウロコが落ちる気がした。そこで、それまでわずか2～3行しかなかった商品説明を書き直し、味や製品開発者の思いなどを細かく説明するようにした。印刷すると1m以上の長さになったという。

結果はすぐに出た。それまで日に1～2件しかなかった受注は、サイトの内容を変更すると数百件に急増した。その後、口コミでファンが増え始め、それまでは営業に行っても相手にされなかったスーパーや問屋の仕入れ担当者から、逆に多くの問い合わせが寄せられるようになった。

（以上、引用部は、井手直行『ぷしゅ よなよなエールがお世話になります』東洋経済新報社、2016年、103～117ページ。）

ヤッホーが運営するネットショップ「よなよなの里 エールビール醸造所」は、楽天が表彰する「ショップ・オブ・ザ・イヤー」に10年連続で選出され、会社自体も2016年まで12年連続で増収・増益を果たした。北米・アジアへの海外進出にも着手しており、さらにはキリンビールとの資本業務提携を果たすなど、ヤッホーは今やビール業界において一目置かれる存在にまで成長している。このような成功のきっかけを与えたものは、出店者をサポートする楽天市場の仕組み、人間的な"バザール"を目指すという楽天市場のあり方、そして井手の企業家精神に火をつけた三木谷の言葉であったことは間違いない。

5 おわりに

この章では、楽天市場の事例から日本のネット通販の歴史を振り返った。要点をまとめよう。

① オンラインモールの仕組み：モール運営者は、自ら小売事業（仕入れ－販売）を展開するのではなく、出店料＋販売手数料などを出店者から徴収して収益を得る。

② 楽天市場の革新性：楽天市場は、単に商品や出店者をモールに集めているだ

コラム15−2

LTV（顧客生涯価値）とオムニチャネル

　企業全体の売り上げを、店舗とインターネットの売り上げの合計と捉えると、店舗とネットはそれぞれがいわば販売経路の選択肢の一つということになり、企業としてはどちらにどの程度力を入れるべきかを検討することになるだろう。しかし、企業全体の売り上げを、顧客一人一人の購入金額の合計というように捉え直せば、企業にとっては、店舗とネットのどちらで売るかよりもむしろ、各顧客の購入金額をどのようにして伸ばすべきかを考えることこそが重要だと気付くはずである。

　一人の顧客が、取引を始めてから取引がなくなるまでの期間内にその企業にもたらす利益のことを、LTV（顧客生涯価値、Lifetime Value）という。とりあえず費用の問題を考慮の外に置くならば、ある顧客の1回当たりの購買単価・購買頻度・継続購買期間が増えれば、その顧客のLTVが高まり、その分だけ多くの利益を獲得できることになる。

　では、顧客のLTVはどうすれば高められるだろうか。あるアパレルメーカーの調査では、商品を店舗のみで購入する人の年間の平均購入回数・購入金額が1.6回・2万6,000円、ネットのみで購入する人では1.3回・2万1,000円だったのに対して、店舗とネットの両方で購入したことのある人の場合はそれぞれ5.1回・10万2,000円だったという。このことから、顧客が店舗とネットをクロスユースすることでLTVが高まり、その結果企業全体の売り上げが拡大することが分かる。

　店舗とネットをクロスユースしてもらうには、単に2つが存在するだけでは不十分であり、店舗・ネット［(PC版サイト、スマホ版サイト、スマホアプリなどの自社ECサイト)、オンラインモールへの出店、SNSの活用］・カタログなど、あらゆる販売チャネルの顧客情報や接客・閲覧履歴、ポイント、商品在庫などを一元的に管理し、顧客に継ぎ目のない買い物体験を提供することが必要となる。このようにして構築される統合的な販売チャネルを、オムニチャネル（Omniは「すべて」、Channelは「販売経路」を意味する）と呼ぶ。

けではなく、出店者が自由に商売を行える場を提供し、さらには出店者をサポートする役割を担っている。
③　三木谷の考え方・哲学の果たした役割：企業家精神を尊重するという三木谷の思想が、出店者の企業家精神を大切にするという楽天市場のビジネスのあり

方をもたらした。

　日本のネット通販は、情報・通信技術の進歩とともに今後ますます発展するだろう。実際、Amazon.co.jpが総合的な品揃えと迅速な配送を武器にビジネスをますます拡大させているほか、オンラインモールでは、Yahoo!ショッピングが出店料を無料にして広告料で収益を確保する仕組みに転換し、出店者数を急激に伸ばしている。ゾゾタウンのようなアパレルに特化したショッピングサイトの台頭もあれば、BASEやSTORES.jpのように、あらかじめデザインされたテンプレートでネット通販サイトを作成できるサービスを無料で提供する企業も注目されている。

　ただし、この章で学んだ楽天市場の足どりからもわかるとおり、ネット通販の発展は、コンピュータ・プログラムによって自動的にもたらされたわけではなく、ネット通販に関わる人々すべての創意工夫の結果である。さらに言えば、本書全体を通じて述べられてきたとおり、小売業の発展は、これまでも、そしてこれからも、常に事業を担う人間によってもたらされるものなのだ。

❓ 考えてみよう

1. 経済産業省「電子商取引に関する市場調査」の最新版をインターネットで探して、BtoC-ECにおける「物販系分野の商品毎のEC市場規模およびEC化率」を調べてみよう。どのような商品がネット通販に適しているか、逆にネット通販に不向きの商品はどのようなものかについて考えてみよう。
2. アマゾン（Amazon.com、Amazon.co.jp）のビジネスの仕組みについて調べてみよう。楽天とアマゾンの共通点と相違点について考えてみよう。
3. 楽天グループ全体の事業内容を調べてみよう。楽天グループがオンラインモールだけでなく幅広い分野でサービスを提供する狙いについて考えてみよう。

次に読んでほしい本

クリス・アンダーソン（篠原ゆりこ訳）『ロングテール：「売れない商品」を宝の山に変える新戦略』（ハヤカワ・ノンフィクション文庫）早川書房、2014年。

リチャード・ブラント（井口耕二訳）『ワンクリック：ジェフ・ベゾス率いるAmazonの隆盛』日経BP社、2012年。

三木谷浩史『ヒューマン・コマース：グローバル化するビジネスと消費者』角川学芸出版、2014年。

参考文献

■第1章
- 石井淳蔵「小売業態研究の理論的新地平を求めて」石井淳蔵・向山雅夫編著『小売業の業態革新（シリーズ流通体系／1）』中央経済社、2009年。
- 石井淳蔵『中内㓛：理想に燃えた流通革命の先導者』PHP出版所、2017年。
- 石原武政・竹村正明編著『1からの流通論』碩学舎、2008年。
- 石原武政・矢作敏行編『日本の流通100年』有斐閣、2004年。
- クレイトン・クリステンセン（伊豆原弓訳）『イノベーションのジレンマ：技術革新が巨大企業を滅ぼすとき』翔泳社、2001年。
- 佐野眞一『カリスマ：中内㓛とダイエーの「戦後」』新潮文庫、2001年。
- 高嶋克義『現代商業学・新版』有斐閣、2012年。
- 原田英生・向山雅夫・渡辺達朗『ベーシック流通と商業・新版』有斐閣、2010年。
- 矢作敏行『小売国際化プロセス：理論とケースで考える』有斐閣、2007年。
- 矢作敏行「日本流通産業の黎明期」『販売革新』2017年1月号。

■第2章
- 渥美俊一・築山明徳・武川淑・島田陽介『チェーンストアのショッピングセンター経営』実務教育出版、1975年。
- 石原武政・石井淳蔵『街づくりのマーケティング』日本経済新聞社、1992年。
- 満薗勇『商店街はいま必要なのか：「日本型流通」の近現代史』講談社現代新書、2015年。

■第3章
- 関一「小大店舗制度（其一）」『國民經濟雜誌』第1巻、第7号、113-121頁、1906年。
- 高橋潤二郎『三越三百年の経営戦略』サンケイドラマブックス、1972年。
- 藤岡里圭『百貨店の生成過程』有斐閣、2006年。
- 三井文庫編『史料が語る三井のあゆみ』吉川弘文館、2015年。

■第4章
- 小林一三『私の行き方』PHP研究所、2006年（1935年）。
- 末田智樹『日本百貨店業成立史』ミネルヴァ書房、2010年。

❖ 参考文献

- 阪急百貨店社史編集委員会編『株式会社阪急百貨店二十五年史』阪急百貨店、1976年。

■第5章
- ダイエー社史編纂室企画・編集『ダイエーグループ35年の記録』アシーネ、1992年。
- 中内潤・御厨貴『中内㓛』千倉書房、2009年。
- 向山雅夫「総合量販店の革新性とその変容」石井淳蔵・向山雅夫編著『小売業の業態革新（シリーズ流通体系／1）』中央経済社、2009年。
- 矢作敏行「総合スーパーの成立：ダイエーの台頭」嶋口充輝・竹内弘高・片平秀貴・石井淳蔵編『マーケティング革新の時代④ 営業・流通革新』有斐閣、1998年。

■第6章
- 石原武政「新業態としての食品スーパーの確立」嶋口充輝・竹内弘高・片平秀貴・石井淳蔵編『マーケティング革新の時代④ 営業・流通革新』有斐閣、1998年。
- オール日本スーパーマーケット協会『オール日本スーパーマーケット協会50年史 1962-2012』オール日本スーパーマーケット協会、2012年。
- 西山進『関西スーパー北野祐次の完全主義経営』商業界、1983年。
- 矢作敏行『小売りイノベーションの源泉』日本経済新聞社、1997年。

■第7章
- 小川進「コンビニエンスストアの革新性」石井淳蔵・向山雅夫編著『小売業の業態革新（シリーズ流通体系／1）』中央経済社、2009年。
- 鈴木敏文『挑戦 我がロマン』日本経済新聞出版社、2008年。
- 田村正紀『セブン-イレブンの足跡』千倉書房、2014年。
- 森田克徳『争覇の流通イノベーション』慶應義塾大学出版会、2004年。

■第8章
- 青木定雄・鍵山秀三郎・鳥羽博道・矢野博丈『社長の哲学』致知出版社、2005年。
- アジア太平洋資料センター編『徹底解剖100円ショップ』コモンズ、2004年。
- 井本省吾『流通新時代の革新者たち』日本経済新聞社、2000年。
- 木綿良行「均一価格店の現状と展望」『成城大学経済研究』167号、2005年。
- 増田茂行『100円ショップの会計学：決算書で読む「儲け」のからくり』祥伝社新書、2008年。

■第9章

- 今井丈彦「ユニークなCM攻勢で都心に積極出店」『日経ビジネス』2000年1月3日号。
- 大塚英樹『「使命感」が人を動かす』集英社インターナショナル、2015年。
- マツモトキヨシホールディングス『2017年会社案内』、2017年。
- M. M. ジンマーマン著（長戸毅訳）『スーパーマーケット：流通革命の先駆者』商業界、1962年。

■第10章

- 安田隆夫『ドン・キホーテの「4次元」ビジネス：新業態創造への闘い』広美出版事業部、2000年。
- 安田隆夫・月泉博『情熱商人：ドン・キホーテ創業者の革命的小売経営論』商業界、2013年。
- 米倉誠一郎編『ケースブック　日本のスタートアップ企業』有斐閣、2005年。

■第11章

- 学校法人中内学園・流通科学大学『小売・流通用語集』商業界、2016年。
- 関根孝『日本・中国・韓国における家電品流通の比較分析』同文舘出版、2014年。
- 沼上幹・一橋MBA戦略ワークショップ『戦略分析ケースブック』東洋経済新報社、2011年。

■第12章

- 青山五郎『非常識の発想』講談社、1993年。
- 大野誠治『「洋服の青山」急成長の秘密』国際商業出版、1994年。
- 小川進「専門チェーンの台頭　青山商事のビジネスシステム」嶋口充輝・竹内弘高・片平秀貴・石井淳蔵編『マーケティング革新の時代④　営業・流通革新』有斐閣、1998年。
- 田島義博・原田英生編著『ゼミナール流通入門』日本経済新聞社、1997年。
- 矢作敏行「ボランタリー・チェーンの再評価　経営交流の場としての日本洋服トップチェーン」嶋口充輝・竹内弘高・片平秀貴・石井淳蔵編『マーケティング革新の時代④　営業・流通革新』有斐閣、1998年。

❖ 参考文献

■第13章
- 似鳥昭雄「これからの店づくり、人づくり、商品づくり」『北海道発流通・サービスの未来』中西出版、2009年。
- 似鳥昭雄『NHKテレビテキスト仕事学のすすめ：不況をチャンスに変えるニトリホールディングス社長似鳥昭雄』NHK出版、2011年。
- 似鳥昭雄『運は創るもの：私の履歴書』日本経済新聞出版社、2015年。

■第14章
- 石井淳蔵・栗木契・嶋口充輝・余田拓郎『ゼミナール マーケティング入門（第2版）』日本経済新聞出版社、2013年。
- 齊藤孝浩『ユニクロ対ZARA』日本経済新聞出版社、2014年。
- 『(特集) ユニクロ　柳井正最後の破壊』『週刊ダイヤモンド』2017年7月8日号。
- 柳井正『一勝九敗』新潮社、2003年。
- 柳井正『成功は一日で捨て去れ』新潮社、2009年。

■第15章
- 井手直行『ぷしゅ よなよなエールがお世話になります』東洋経済新報社、2016年。
- 西川英彦「ネット型小売の革新性とその変容：楽天市場の変遷を通して」石井淳蔵・向山雅夫編著『小売業の業態革新（シリーズ流通体系／1）』中央経済社、2009年。
- 三木谷浩史『成功のコンセプト』幻冬舎、2007年。
- 三木谷浩史「ショッピングを豊かな経験にするために　楽天は『おもてなし』をeコマースで実現する」『ハーバードビジネスレビュー』39（2）、2014年。

索　引

■欧　文■

Amazon.co.jp ……………… 224・226・236
Amazon.com ……………………………… 236
BASE ……………………………………… 236
B to B ……………………………………… 231
B to C ………………………………… 231・236
C to C ……………………………………… 231
EC …………………………………… 231・236
ECコンサルタント ………………… 232・233
EDLP ……………………………………… 145
FCバルセロナ …………………………… 224
GAP（ギャップ）………………………… 213
GMS（General Merchandise Store）… 10
H&M ……………………………………… 209
IoT（Internet of Things）……………… 173
Kマート …………………………………… 106
LTV（顧客生涯価値）…………………… 235
matsukiyo ………………………………… 140
MK CUSTOMER ………………………… 140
NB商品 ………………………… 140・155・174
NEBA（日本電気大型店協会）………… 168
PB商品 …… 12・62・77・123・139・174
POP ………………………………… 150・158
POS（point of sales）システム
　……………………… 4・112・127・188
POSデータ ……………………………… 127
RDC（リージョナル・ディストリビュー
　ションセンター）…………………… 129
RMS（Rakuten Merchant Server）… 228
R-Nations ………………………………… 233
RUx ……………………………………… 233
SPA ………………………………… 210・213
SSDDS（Self Service Discount
　Department Store）………………… 79
STORES.jp ……………………………… 236

Yahoo!ショッピング ……………… 226・236
YKK ……………………………………… 167
ZARA（ザラ）…………………………… 209

■人名・団体・企業名■

〔あ　行〕

青山五郎 ………………………………… 178
青山商事 …………………………… 178・189
渥美俊一 ………………………………… 30
アマゾン ……………………… 224・226・236
アルジェラン …………………………… 140
イオン …………………………………… 83
イケア …………………………………… 203
池袋パルコ ……………………………… 65
井手直行 ………………………………… 233
伊藤雅俊 ………………………………… 105
イトーヨーカ堂 ……………… 13・83・103
インディテックス
　（ザラ）…………………… 211・217
上島珈琲（現・UCC上島珈琲）……… 77
ウエルシアHD …………………………… 144
ウォルマート・ストアーズ社
　（ウォルマート）………… 150・153
梅田阪急食堂 …………………………… 57
駅ビル …………………………………… 65
エスバイエル …………………………… 173
株式会社エム・ディー・エム ………… 225
オール日本スーパーマーケット協会
　（AJS）………………………………… 90

〔か　行〕

カイハラ（株）………………………… 214
花王 ……………………………………… 12
花王石鹸（現・花王）………………… 76
家具のアオキ …………………………… 225

241

❖ 索　　引

上福島聖天通浄正橋通商店街………… 22
烏山駅前通り商店街
　（えるも〜る烏山）………… 26・30
烏山方式…………………………… 29
カルフール………………………… 16
関西スーパー……………………… 86
関スパ方式………………………… 97
岸本屋…………………………… 225
北野商店…………………………… 88
北野祐次…………………………… 86
キャンドゥ………………… 118・124
キリンビール…………………… 234
クレイトン・クリステンセン…… 13
桑島俊彦…………………………… 26
グンゼ……………………………… 78
高質食品専門館…………………… 97
コジマ…………………………… 166
コスモス薬品…………………… 145
小林一三…………………… 52・65

〔さ　行〕

サウスランド社………… 13・103・110
サミット…………………………… 97
ザラ……………………………… 220
サンドラッグ…………………… 144
資生堂……………………………… 12
しまむら………………………… 219
清水フードセンター…………… 106
株式会社ジャスト……………… 154
ジョン・F・ケネディ…………… 12
白木屋……………………………… 56
スギ薬局………………………… 144
鈴木敏文…………………… 13・103
西友………………………… 112・150
西友ストアー（現・西友）…… 111
セービング……………………… 79
セシール………………………… 226
セブン＆アイ・ホールディングス…… 13
セブン-イレブン…………… 13・16・82
セブン-イレブン・ジャパン…… 102・106

セリア……………………… 118・124
千趣会…………………………… 226
ゾゾタウン……………………… 236

〔た　行〕

ターミナル型百貨店……………… 60
ダイイチ（現・エディオン）…… 165
ダイエー………… 7・11・70・90・111
ダイクマ…………………… 152・172
大創産業…………………… 118・124
ダイソー………………………… 118
ダイソージャパン……………… 128
ダイソービズ…………………… 128
ダイヤスタンプ…………………… 26
髙島屋……………………………… 64
髙島屋十銭ストア……………… 121
宝塚歌劇団………………………… 55
宝塚唱歌隊………………………… 54
宝塚新温泉………………………… 54
ディズニーランド……………… 153
てるくにでんき………………… 226
東洋紡……………………………… 78
トポス…………………………… 152
豊橋ステーションビル…………… 65
ドラッカー………………………… 38
東レ（株）……………………… 214
泥棒市場………………………… 153
ドン・キホーテ………………… 150

〔な　行〕

中内功……………………… 11・70
長戸毅…………………………… 145
中村金治郎………………………… 22
ニッセン………………………… 226
ニトリ……………………… 8・192
似鳥昭雄………………………… 192
日本ビクター…………………… 164
日本洋服トップチェーン……… 181
ノーブランド商品………………… 78

〔は　行〕

パナソニック株式会社…………… 164
阪急オアシス……………………… 97
阪急百貨店………………………… 52
阪急マーケット…………………… 58
阪神急行電鉄株式会社…………… 56
ビッグ・エー……………………… 97
日比翁助…………………………… 42
ファーストリテイリング… 8・208・221
ファミリーマート……………… 14・111
ペガサスクラブ…………………… 30
ホームファニシング・ニトリ…… 196

〔ま　行〕

マイケル・カレン………………… 145
松倉重仁…………………………… 199
松下電器（現・パナソニック）… 12・76
松下電器産業株式会社…………… 164
松本清……………………………… 134
マツモトキヨシ………………… 8・134
松本南海雄………………………… 135
マルミツ木工……………………… 199
丸和フードセンター……………… 88
三木谷浩史………………………… 224
三井高利…………………………… 36
三越…………………………… 7・39・70
三越呉服店………………………… 6
箕面有馬電気軌道株式会社……… 54
みん就（みんなの就職活動日記）… 224
民衆駅……………………………… 65
メルカリ…………………………… 231

〔や　行〕

安田隆夫…………………………… 152
（株）ヤッホーブルーイング
　　（ヤッホー）………………… 233
柳井正……………………………… 208
矢野博丈…………………………… 119
矢作敏行…………………………… 181

ヤフオク！………………………… 231
ヤマダ電機……………………… 8・164
山田昇……………………………… 164
雪印乳業…………………………… 106
ユニクロ………………………… 8・208
洋服の青山………………………… 178
ヨーカ堂…………………………… 103
ヨークセブン……………………… 103
吉川洋……………………………… 76
よなよなの里 エールビール醸造所… 234

〔ら　行〕

楽天………………………………… 8
楽天あんしんショッピングサービス 232
楽天市場……………………… 224・234
楽天株式会社……………………… 224
楽天グループ……………………… 224
楽天大学…………………………… 233
株式会社リーダー………………… 154
ルミネ……………………………… 65
レチノタイム……………………… 140
ローソン……… 14・81・111・217・220

〔わ　行〕

ワールド…………………………… 217
ワッツ……………………………… 118

■ 事項索引 ■

〔あ　行〕

アクセス数………………………… 228
アジア人観光客…………………… 2
圧縮陳列……………………… 128・153
粗利ミックス………………… 124・145
粗利率……………………………… 124
委託仕入……………………… 44・183
委託販売…………………………… 209
市…………………………………… 4
一括商談…………………………… 159
一括物流…………………………… 167

❖ 索　引

〔あ　行〕

イノベーションのジレンマ……………… 13
売上仕入……………………………………… 45
売れ筋……………………………………… 109
売れ残りリスク…………………………… 124
オムニチャネル…………………………… 235
卸売商………………………………………… 5
オンラインモール……………………… 8・224

〔か　行〕

外商………………………………………… 37
改正薬事法………………………………… 138
買取仕入………………………………… 44・183
価格決定権の奪取………………………… 70
価格破壊…………………………………… 79
革新的経営者……………………………… 12
掛け売り…………………………………… 37
過剰在庫（在庫ロス）………………… 108・220
仮説検証…………………………………… 111
カテゴリー………………………………… 123
カテゴリーキラー……………………… 123・183
株式………………………………………… 168
間接金融…………………………………… 169
関連購買……………………………………… 4
機会損失…………………………………… 108
企業家精神………………………………… 225
技術の臨界点……………………………… 40
北関東家電戦争…………………………… 167
規模の経済………………………………… 180
規模の経済性……………………………… 158
客単価……………………………………… 228
業種………………………………………… 40
業種店………………………………………… 4
行商…………………………………………… 4
業態………………………………………… 40
業態店………………………………………… 6
均一価格店……………………………… 11・118
クラフトビール…………………………… 233
クロスユース……………………………… 235
黒船の来襲………………………………… 16
経済の高度成長…………………………… 75

欠品（販売機会ロス）…………………… 220
権限委譲…………………………………… 158
郊外地域（suburb）……………………… 30
郊外立地…………………………………… 185
工場を持たないメーカー………………… 77
小売業態……………………………………… 2
小売商………………………………………… 5
小売ライフサイクル理論………………… 8
固客化……………………………………… 26
コミュニティ機能………………………… 24
コンビニエンスストア（コンビニ）
　………………………………………… 8・102

〔さ　行〕

在庫ロス…………………………………… 219
座売り方式………………………………… 42
自給自足時代………………………………… 3
資金調達…………………………………… 166
自社物流…………………………………… 166
下請法……………………………………… 125
品揃え……………………………………… 182
品揃えの特化……………………………… 185
死に筋……………………………………… 109
社債………………………………………… 168
集積の経済…………………………… 29・227
従量課金…………………………………… 229
消化仕入…………………………………… 44
商業論…………………………………… 3・8
商圏………………………………………… 171
仕様書発注方式…………………………… 77
常設市………………………………………… 4
商店街………………………………………… 7
商人…………………………………………… 4
消費者主権………………………………… 70
商品取扱い技術…………………………… 40
正札………………………………………… 38
食品スーパー…………………………… 8・86
ショッピングセンター………………… 8・80
所有と利用の分離………………………… 33
新小売業態………………………………… 14

244

衰退期……………………………… 8
スーパー…………………………… 72
スクラップ&ビルド……………… 123
スタンプ事業……………………… 26
スポット品………………………… 155
生活提案…………………………… 82
成熟期……………………………… 8
成長期……………………………… 8
製品ライフサイクル
　（Product Life Cycle）理論…… 8
セルフサービス…………………… 72
先行者利益………………………… 130
先発者優位性（first-mover advantage）
　………………………… 14・16・111
専門チェーン……………………… 82
専門店……………………………… 8
総合スーパー…………… 7・82・103
総合生活産業化…………………… 81
総合ディスカウントストア
　（総合DS）……………………… 150
外売………………………………… 61

〔た　行〕

大規模小売店舗法
　（大店法）……………… 121・154・170
大量一括仕入……………………… 183
大量仕入…………………… 10・118
大量販売…………………… 10・118
縦の競争（垂直的競争）………… 174
多店舗化…………………………… 184
店前売り…………………………… 38
多頻度小口配送…………… 13・108
ダブルチョップ商品……………… 78
単品管理…………………………… 109
チェーンオペレーション…… 158・185
チェーン経営……………… 10・72
チェーンストア…………… 10・73
チェーン展開……………………… 121
中央卸売市場……………………… 93
中間経費…………………………… 124

直接金融…………………………… 169
陳列販売方式……………………… 42
定期市……………………………… 4・5
ディスカウント…………………… 151
ディスカウントストア…………… 11
デパートメントストア宣言……… 6・39
デベロッパー……………………… 32
転換率……………………………… 228
電子商取引（EC）………………… 231
店舗忠誠度（ストアロイヤルティ）… 16
導入期……………………………… 8
登録販売者………………………… 138
独占禁止法………………………… 125
ドミナント方式…………… 13・108
ドラッグストア…………………… 11

〔な　行〕

仲卸業者…………………………… 93
ナショナルチェーン……………… 113
ナショナルブランド（NB）
　………………………… 140・155・174
日常的業務の束縛………………… 30
日本型小売業態…………………… 10
日本型コンビニ…………………… 108
日本型総合スーパー……………… 79
ねたみ……………………………… 30
ネット通販………………………… 224
年功序列…………………………… 159

〔は　行〕

ハードディスカウンター………… 97
バイイングパワー………………… 124
ハイパーマーケット業態………… 16
バイヤー…………………………… 128
薄利多売…………………………… 118
派遣店員制度……………………… 43
バザール…………………………… 227
バックヤード……………………… 86
バッタ屋…………………………… 119
バリューネットワーク…………… 13

245

❖ 索　引

パワーセンター……………………………… 183
販売機会ロス………………………………… 219
半棒制………………………………………… 160
比較購買………………………………………… 6
ビジネスモデル…………………………… 2・11
ビジュアルマーチャンダイジング…… 128
1つの経営体………………………………… 23
百貨店………………………………………… 7・36
標準化…………………………………… 171・184
ピロティ方式………………………………… 171
不定期市………………………………………… 4
不当廉売……………………………………… 167
部門別管理制度……………………………… 43
プライベートブランド（PB:
　Private Brand）
　………………… 12・62・77・123・139・174
フランチャイズ・システム…………… 106
フランチャイズ・チェーン
　…………………………… 104・123・181
フランチャイズ方式……………………… 108
フルライン………………………………… 151
フルライン・ディスカウントストア 151
変化対応…………………………………… 111
変化対応業………………………………… 112
ポイントカード…………………………… 26
ホームファニシング……………………… 192
ボランタリー・チェーン……………… 179
本部一括大量仕入………………………… 185

〔ま　行〕

マーケティング調査……………………… 61
マーチャンダイザー（MD）………… 215
マーチャンダイジング（MD）……… 215
街商人……………………………………… 25
まちづくり会社……………………… 33・231
無店舗販売業態…………………………… 8
モータリゼーション……………………… 80

〔や　行〕

屋敷売り…………………………………… 36
優越的地位の濫用……………………… 125
所縁型組織………………………………… 30
横の競争（水平的競争）……………… 174
横の百貨店………………………………… 24
萬屋………………………………………… 4

〔ら　行〕

立地戦略…………………………………… 63
立地のイノベーション………………… 61
流通革命…………………………………… 70
流通論…………………………………… 3・8
ローコスト運営………………………… 122
ロスリーダー…………………………… 124

〔わ　行〕

ワンストップ・ショッピング
　………………………………… 6・42・143

執筆者紹介 （担当章順）

崔　相鐵（ちぇ　さんちょる）……………………………………………第1章
関西大学　商学部　教授

濱　満久（はま　みつひさ）……………………………………………第2章
名古屋学院大学　商学部　教授

坂田　隆文（さかた　たかふみ）……………………………………………第3章
中京大学　総合政策学部　教授

新井田　剛（にいだ　たけし）……………………………………………第4章
J.フロント リテイリング株式会社 経営戦略統括部コーポレートガバナンス推進部 専門部長

森山　一郎（もりやま　いちろう）……………………………………………第5章
静岡文化芸術大学　文化政策学部　教授

岸本　徹也（きしもと　てつや）……………………………………………第6章
日本大学　商学部　教授

清水　信年（しみず　のぶとし）……………………………………………第7章
流通科学大学　商学部　教授

岡野　純司（おかの　じゅんじ）……………………………………………第8章
愛知学院大学　商学部　准教授

島永　嵩子（しまなが　たかこ）……………………………………………第9章
神戸学院大学　経営学部　教授

畢　滔滔（びい　たおたお）……………………………………………第10章
立正大学　経営学部　教授

中嶋　嘉孝（なかしま　よしたか）……………………………………………第11章
拓殖大学　商学部　准教授

日高　優一郎（ひだか　ゆういちろう）……………………………………………第12章
岡山大学大学院　社会文化科学研究科　准教授

白　貞壬（べっく　じょんいむ）……………………………………………第13章
流通科学大学　商学部　教授

三宅　敦（みやけ　あつし）……………………………………………第14章
大阪産業大学　経営学部　准教授

大内　秀二郎（おおうち　しゅうじろう）……………………………………………第15章
近畿大学　経営学部　准教授

■編著者紹介

崔　相鐵（ちぇ　さんちょる）

関西大学商学部教授。博士（商学）。
1997年　神戸大学大学院経営学研究科博士課程修了。
専攻は、流通論、マーケティング論。
著書に、『日本の流通における勝つ企業』（韓国経済新聞社）、『流通チャネルの再編』（共編著、中央経済社）、『小売企業の国際展開』（共編著、中央経済社）などがある。

岸本　徹也（きしもと　てつや）

日本大学商学部教授。博士（経営学）。
2011年　法政大学大学院経営学研究科博士課程修了。
専攻は、流通論。
著書に、『食品スーパーの店舗オペレーション・システム』（白桃書房）、『日本の優秀小売企業の底力』（共著、日本経済新聞出版社）、『デュアル・ブランド戦略：NB and/or PB』（共著、有斐閣）などがある。

1からの流通システム

2018年4月15日　第1版第1刷発行
2021年11月15日　第1版第13刷発行

編著者　崔　相鐵・岸本徹也
発行者　石井淳蔵
発行所　㈱碩学舎
　　　　〒101-0052　東京都千代田区神田小川町2-1　木村ビル10F
　　　　TEL 0120-778-079　FAX 03-5577-4624
　　　　E-mail info@sekigakusha.com
　　　　URL http://www.sekigakusha.com
発売元　㈱中央経済グループパブリッシング
　　　　〒101-0051　東京都千代田区神田神保町1-31-2
　　　　TEL 03-3293-3381　FAX 03-3291-4437
印　刷　東光整版印刷㈱
製　本　㈲井上製本所

Ⓒ 2018　Printed in Japan

＊落丁、乱丁本は、送料発売元負担にてお取り替えいたします。

ISBN978-4-502-26191-6　C3034

JCOPY〈出版者著作権管理機構委託出版物〉本書を無断で複写複製（コピー）することは、著作権法上の例外を除き、禁じられています。本書をコピーされる場合は事前に出版者著作権管理機構（JCOPY）の許諾を受けてください。
JCOPY〈https://www.jcopy.or.jp　eメール：info@jcopy.or.jp〉